Kohlhammer

Die Herausgeber:innen

Meike Watzlawik hat Psychologie studiert, hat sich im Rahmen der Promotion auf die sexuelle Identitätsentwicklung im Jugendalter konzentriert und ihre Habilitation über Geschwisterbeziehungen im Jugendalter verfasst. Aktuell hat sie den Lehrstuhl für Entwicklung, Bildung und Kultur an der Sigmund Freud Privatuniversität in Berlin inne und leitet dort sowohl das Department Psychologie als auch den Masterstudiengang Klinische Psychologie.

Holger von der Lippe ist Psychologe und hat zu einem familienpsychologischen Thema am Max-Planck-Institut für Demografie in Kooperation mit der Otto-von-Guericke-Universität Magdeburg promoviert. Sein zentrales Interessensgebiet ist seither die vergleichende Beziehungsforschung im Rahmen von familiensystemischen Netzwerkansätzen in der Psychologie. Seit 2014 lehrt er als Professor für Entwicklungspsychologie mit Schwerpunkten Erwachsenenalter und Familienpsychologie an der MSB Medical School Berlin im Bachelor- und Masterstudiengang Psychologie und Psychotherapie.

Meike Watzlawik
Holger von der Lippe (Hrsg.)

Geschwisterbeziehungen

Herausforderungen und Ressourcen
für die Entwicklung

Verlag W. Kohlhammer

Dieses Werk einschließlich aller seiner Teile ist urheberrechtlich geschützt. Jede Verwendung außerhalb der engen Grenzen des Urheberrechts ist ohne Zustimmung des Verlags unzulässig und strafbar. Das gilt insbesondere für Vervielfältigungen, Übersetzungen, Mikroverfilmungen und für die Einspeicherung und Verarbeitung in elektronischen Systemen.

Pharmakologische Daten, d. h. u. a. Angaben von Medikamenten, ihren Dosierungen und Applikationen, verändern sich fortlaufend durch klinische Erfahrung, pharmakologische Forschung und Änderung von Produktionsverfahren. Verlag und Autoren haben große Sorgfalt darauf gelegt, dass alle in diesem Buch gemachten Angaben dem derzeitigen Wissensstand entsprechen. Da jedoch die Medizin als Wissenschaft ständig im Fluss ist, da menschliche Irrtümer und Druckfehler nie völlig auszuschließen sind, können Verlag und Autoren hierfür jedoch keine Gewähr und Haftung übernehmen. Jeder Benutzer ist daher dringend angehalten, die gemachten Angaben, insbesondere in Hinsicht auf Arzneimittelnamen, enthaltene Wirkstoffe, spezifische Anwendungsbereiche und Dosierungen anhand des Medikamentenbeipackzettels und der entsprechenden Fachinformationen zu überprüfen und in eigener Verantwortung im Bereich der Patientenversorgung zu handeln. Aufgrund der Auswahl häufig angewendeter Arzneimittel besteht kein Anspruch auf Vollständigkeit.

Die Wiedergabe von Warenbezeichnungen, Handelsnamen und sonstigen Kennzeichen in diesem Buch berechtigt nicht zu der Annahme, dass diese von jedermann frei benutzt werden dürfen. Vielmehr kann es sich auch dann um eingetragene Warenzeichen oder sonstige geschützte Kennzeichen handeln, wenn sie nicht eigens als solche gekennzeichnet sind.

Es konnten nicht alle Rechtsinhaber von Abbildungen ermittelt werden. Sollte dem Verlag gegenüber der Nachweis der Rechtsinhaberschaft geführt werden, wird das branchenübliche Honorar nachträglich gezahlt.

Dieses Werk enthält Hinweise/Links zu externen Websites Dritter, auf deren Inhalt der Verlag keinen Einfluss hat und die der Haftung der jeweiligen Seitenanbieter oder -betreiber unterliegen. Zum Zeitpunkt der Verlinkung wurden die externen Websites auf mögliche Rechtsverstöße überprüft und dabei keine Rechtsverletzung festgestellt. Ohne konkrete Hinweise auf eine solche Rechtsverletzung ist eine permanente inhaltliche Kontrolle der verlinkten Seiten nicht zumutbar. Sollten jedoch Rechtsverletzungen bekannt werden, werden die betroffenen externen Links soweit möglich unverzüglich entfernt.

1. Auflage 2025

Alle Rechte vorbehalten
© W. Kohlhammer GmbH, Stuttgart
Gesamtherstellung: W. Kohlhammer GmbH, Stuttgart

Print:
ISBN 978-3-17-043528-5

E-Book-Formate:
pdf: ISBN 978-3-17-043529-2
epub: ISBN 978-3-17-043530-8

Für Ellen.
Und die Viertelgeschwister.

Inhalt

1	**Geschwisterbeziehungen im 21. Jahrhundert: Was ist (nicht) neu?** .... *Meike Watzlawik und Holger von der Lippe*	9
I	**Geschwisterbeziehungen: Verschiedene Perspektiven**	
2	**Geschwisterbeziehungen aus entwicklungs- und persönlichkeitspsychologischer Sicht** .... *Franz J. Neyer, Elisabeth Borschel und Judith Lehnart*	19
3	**Geschwisterbeziehungen aus psychoanalytischer Sicht** .... *Gerd Lehmkuhl und Ulrike Lehmkuhl*	32
4	**Geschwisterbeziehungen aus systemischer und familientherapeutischer Sicht** .... *Christiane Wempe*	46
5	**Geschwisterbeziehungen aus kultureller Perspektive** .... *Bettina Lamm*	59
II	**Spezifische Geschwisterbeziehungen**	
6	**Zwillinge, Drillinge und … So viele Mehrlinge wie noch nie!** *Meike Watzlawik*	77
7	**Stief- und Halbgeschwister in Stieffamilien** .... *Christine Entleitner-Phleps, Susanne Witte und Sabine Walper*	89
8	**Pflege- und Adoptivgeschwister** .... *Ina Bovenschen, Paul Bränzel und Selina Kappler*	101
9	**Trauernde Geschwister** .... *Birgit Wagner*	115

III Besondere Geschwisterbeziehungen

10 Geschwister psychisch erkrankter Menschen **131**
Reinhard Peukert und Leonore Julius

11 Geschwister von chronisch erkrankten Kindern und Kindern mit Behinderungen **149**
Melanie Jagla-Franke

12 Die dunkle Seite der Geschwisterbeziehung: Sexualisierte Gewalt durch Geschwister **166**
Esther Klees

IV Fazit und Ausblick

13 Synergien unterschiedlicher Perspektiven auf Geschwister in Forschung und Praxis **185**
Meike Watzlawik und Holger von der Lippe

V Verzeichnisse

Zu den Autor:innen **195**

Stichwortverzeichnis **199**

1 Geschwisterbeziehungen im 21. Jahrhundert: Was ist (nicht) neu?

Meike Watzlawik und Holger von der Lippe

> *Sometimes talking to your sister is all the therapy you need.*
> *Sometimes, after talking to your sister, you need therapy.*
> (Quelle unbekannt)

Vor kurzem bekam ich (MW) diesen Spruch, mit mehreren grinsenden Emojis versehen, von meiner Schwester per WhatsApp. Es handelte sich um ein Foto eines Schildes, das humoristisch die Beziehung zwischen Geschwistern charakterisieren soll. Tatsächlich macht das Zitat deutlich, wie ambivalent Geschwisterbeziehungen sein können. Dies war auch bei mir und meiner Schwester nicht anders: Mit ihr habe ich mich, zum Leidwesen meiner Mutter, früher oft gestritten. Vier Jahre Altersabstand und sehr unterschiedliches Temperament trugen sicherlich dazu bei. Hinzu kam, dass ich großes Glück mit meiner Schule sowie den Mitschüler:innen hatte und sozial fest eingebunden war, während das bei meiner Schwester phasenweise ganz anders aussah, was aus ihrer Sicht sicherlich unfair erschien. Nach der Schule war ich erst im Ausland und dann im Studium, so dass ich von meiner Schwester gar nicht mehr so viel mitbekommen habe, was sich änderte, als sie mich zur Tante und unsere Eltern zu Oma bzw. Opa machte. Auf einmal hatten wir wieder mehr Kontakt – und andere Rollen im Familiengefüge. Heute ist ein gemeinsames Thema das Altern unserer Eltern und die sich damit veränderten Aufgaben, die wir mittlerweile sehr konstruktiv ausdiskutieren können, auch wenn ich ihr immer noch mit meiner »rational (zu) psychologischen« Art auf die Nerven gehe. Die andere in ihren persönlichen Eigenarten und Bedürfnissen zu sehen und zu akzeptieren, war und ist durchaus ein fortlaufender Prozess.

1.1 Geschwisterbeziehungen: Offene Systeme im zeitlichen Wandel

Oft nehme ich meine Schwester und mich als Beispiel, wenn ich über Geschwisterbeziehungen im Rahmen der Lindauer Psychotherapiewochen referiere, um die Dynamik von Geschwisterbeziehungen beispielhaft darzulegen. Ich leite dort nun schon seit mehreren Jahren Workshops zu diesem Thema, die auch einen Anteil Selbsterfahrung beinhalten (▶ Kasten 1.1 für ein Beispiel). Die Kurse sind jedes Jahr sofort ausgebucht, was zeigt, wie spannend das Thema für viele ist. Sowohl theoretisch als auch persönlich. Für Geschwisterkinder, Einzelkinder, Eltern und Therapeut:innen. Besonders scheint dies dann der Fall zu sein, wenn Spannungen oder Ungeklärtes die Beziehung belasten. Dabei geht es nicht nur um die Geschwister selbst, sondern auch um den Einfluss von Eltern, Partner:innen, Freund:innen etc. Geschwisterbeziehungen sind nämlich keine geschlossenen, sondern *offene* Systeme, die sich, wie oben kurz skizziert, durch die verschiedensten Faktoren und Anforderungen *über die Lebensspanne* hinweg verändern. Auch wenn es offensichtlich erscheinen mag, ist dabei die Tatsache der unumkehrbaren Zeit (*irreversible time*; Valsiner et al., 2021) nicht irrelevant, um zu verdeutlichen, dass Geschehenes nicht rückgängig gemacht, wohl aber anders eingeordnet und verstanden werden kann.

Kasten 1.1

Ich denke, dass du denkst, dass ich denke…

Zur Reflexion der Geschwisterbeziehung können Personen aufgefordert werden, für ein bestimmtes Geschwister (frei wählbar) die folgenden zirkulären Fragen zu beantworten. Es bietet sich an, die Fragen stufenweise zu stellen. Wichtig ist, genügend Zeit für die Beantwortung jeder einzelnen Frage einzuplanen.

- **Frage 1:** Was mögen/schätzen Sie (nicht) an Ihrem Geschwister?
- **Frage 2:** Was vermuten Sie, hätte Ihr Geschwister auf dieselbe Frage in Bezug auf Sie geantwortet?
- **Frage 3:** Wenn ich Ihr Geschwister gefragt hätte, was Sie auf die erste Frage geantwortet haben, was hätte Ihr Geschwister gesagt/vermutet? Was denken Sie?

Während im Rahmen der Lindauer Psychotherapiewochen die Teilnehmenden die Fragen erst einzeln für sich beantworten und später in Kleingruppen besprechen, sind auch andere Settings denkbar, z. B. das therapeutische Einzelsetting. Von Schlippe (2021) weist darauf hin, dass Geschwister bei Interesse an einer Beziehungsklärung die Fragen auch gemeinsam durchgehen können. Hier sollte sich jede:r zu den einzelnen Fragen vorab Notizen machen, bevor im Anschluss im Wechsel die Antworten besprochen werden. Wer beginnt, wird vorher abgestimmt. Auch sollte darauf geachtet werden, »klare Aussagen über positive und kritische Aspekte zu machen«. Zudem sei zentral, »ehrlich, konstruktiv und wertschätzend« zu sein (von Schlippe, 2021, S. 386). Für weitere Anregungen siehe u. a. die Kapitel 3 und 4.

In Bezug auf die Geschwisterbeziehung bedeutet dies, dass Geschwister an verschiedenen Punkten im Lebenslauf die Beziehung zueinander und die damit verbundenen Rollen neu aushandeln können bzw. müssen – mitunter mit therapeutischer, pädagogischer oder sogar juristischer Unterstützung. Manchmal geht es aber auch darum, nach langen *Pausen* den Kontakt wieder aufleben zu lassen oder einen Beziehungsabbruch zu verstehen, zu beheben oder ggf. zu betrauern (▶ Kap. 4).

Geschwisterbeziehungen sind also sehr unterschiedlich, was Bank und Kahn bereits 1982 versucht haben, systematisch durch die Abgrenzung von Typen zu skizzieren (▶ Tab. 1.1).

Tab. 1.1: Geschwisterbeziehungen in Abhängigkeit der Identifikation (vgl. Bank & Kahn, 1982)

Identifikationsgrad	Beziehungstyp	Kurzbeschreibung
sehr hoch ▲	symbiotisch (verschmolzen)	Geschwister betrachten sich als untrennbare Einheit.
	verschwommen	Individuelle Identitäten unklar, Einheit im Vordergrund.
	Idealisierung (*hero worship*)	Ein Geschwister möchte so sein wie das andere.
	gegenseitig abhängig (*loyal*)	Geschwister sind sich ähnlich, brauchen sich.
	dynamisch abhängig	Geschwister wissen um Gemeinsamkeiten/Unterschiede, fordern sich positiv heraus.
	feindselig abhängig	Geschwister sind sehr verschieden, kooperieren wenn nötig.
	starr differenziert	Geschwister lehnen einander/Abhängigkeit voneinander ab.
▼ sehr niedrig	verleugnend	Geschwister mögen und brauchen sich nicht.

Bank und Kahn (1982) spannen das Spektrum von symbiotisch bis verleugnend und machen in den Zwischenstufen die eingangs angesprochene Ambivalenz deutlich, wobei diese in manchen Situationen und Lebensphasen spürbarer sein kann als in anderen, also dynamisch fluktuiert. Was bei der Typologie von Bank und Kahn auf den ersten Blick fehlt, ist daher die Möglichkeit, auf dem Spektrum auf und ab zu wandern. Auch ist bei einer dyadischen Typologie die kontextuelle Einbettung bzw. das erweiterte Familiennetzwerk der Geschwister nicht erkennbar.

1.2 Geschwisterbeziehungen im Kontext

Fast alle Beiträge in diesem Buch weisen auf ein Forschungsdefizit im Bereich der Geschwisterbeziehungen hin. Was verwundert, wenn man bedenkt, dass mehr als zwei Drittel der 19,1 Millionen Kinder in Deutschland im Jahr 2019 mit Geschwistern in einem Haushalt lebten (69 % bzw. 13,2 Millionen; Bundeszentrale für politische Bildung, 2019). Ohne Geschwister lebte entsprechend knapp jedes dritte Kind.[1]

Wer mit *Geschwistern* genau gemeint ist, ist dabei unklar. Unterschieden werden zum einen Voll-, Halb- und Adoptivgeschwister, Konstellationen, die durch den Verwandtschaftsgrad definiert sind. Zum anderen werden auch die gemeinsame Geschichte (gemeinsam/getrennt aufgewachsen) und der (nicht) geteilte Rechtsstatus zur Beschreibung von Geschwisterbeziehungen herangezogen (z. B. Edwards, Hadfield & Mauthner, 2005). Beziehungen zu Pflegekindern oder geschwisterähnliche Beziehungen in alternativen Wohnkonzepten (z. B. Kommunen) können ebenfalls gemeint sein. Ein weiteres Beispiel für die Vielfalt möglicher Konstellationen sind *virtuelle* Zwillinge ein Begriff für Kinder, die keine genetische Verwandtschaft aufweisen, aber seit dem Säuglingsalter zusammen aufwachsen (Segal & Niculae, 2019). Kaum diskutiert werden hingegen Konstellationen, bei denen z. B. beide Kinder nach Ei- und/oder Samenspende von ein und derselben Person ausgetragen wurden und anschließend gemeinsam aufwachsen.

Geschwisterbeziehungen sind also, gerade auch im interkulturellen Vergleich (▶ Kap. 5), extrem vielfältig und komplex, was eine Herausforderung für die Forschung darstellt und eventuell auch zur beklagten akademischen Vernachlässigung der Geschwisterbeziehung beiträgt. Allerdings ist dies sicherlich auch der säkularen Veränderung westlicher Industrienationen der letzten hundert Jahre geschuldet. Durch die gesunkenen Geburtenziffern und Familiengrößen in nahezu all diesen Ländern sind zunächst die absoluten Zahlen von Geschwistern und nachfolgend auch die wahrgenommene Relevanz dieser zurückgegangen. Erinnern wir uns nur an die vormals durchgängig großen Kinderzahlen früherer Jahrhunderte und die damit einhergehende Bedeutung solcher Phänomene wie den Erstgeborenenstatus, mit teilweise erheblichen erbrechtlichen und verantwortungsvollen Konsequenzen für Familien, oder die automatische Einbindung der (meist weiblichen) älteren Kinder in die Pflege der Jüngeren bei hoher Kinderzahl. Natürlich gibt es all dies auch heute noch, aber die Erfahrungen sind in westlichen Industrienationen doch seltener geworden. Zumeist wird dieser Erfahrungsverlust kaum thematisiert, jedoch finden sich auch einige wenige Bildungsbereiche, die dieses Defizit an *Geschwistererfahrungen* bei Kindern wahrnehmen und dem zu begegnen suchen. Ein bekanntes Beispiel dafür sind etwa die altersübergreifenden Gruppen in Kindergärten und Grundschulen, die – neben anderen Lernaspekten – oft auch damit begründet werden, dass vielen Kindern heute die Interaktionserfahrungen mit jüngeren oder älteren Kindern zuhause fehlen und man hier nachsozialisiere (Textor, 1997). In anderen Ländern mit hohen Geburtenraten und großen Familiengrößen stellt sich dies jedoch weiterhin ganz anders dar. In vielen Kulturen gibt es sogar eigene Begriffe und damit verbundene, differenzierte Rollenerwartungen und Aufgaben für unterschiedliche Geschwisterarten (▶ Kap. 5). Wenn wir – wie in diesem Buch – von der akademischen Geschwisterforschung sprechen, so hat man sich bewusst zu halten, dass wir zumeist das westlich-individualisierte und viel zu

---

1 Laut des Lesben- und Schwulenverbandes (2020) ist der Anteil von Geschwistern in Familien mit gleichgeschlechtlichen Eltern (*Regenbogenfamilien*) etwas niedriger: In 50 % der Fälle haben die Eltern zwei oder mehr Kinder.

selten das globalsüdlich-kollektivistische Geschwistermodell vor Augen haben. Mit diesem Hinweis im Hinterkopf laden wir die Leser:innen nun aber ein, sich aus verschiedenen Blickwinkeln vertiefend mit der Geschwisterbeziehung auseinander zu setzen.

1.3 Gang durch das Buch

Der vorliegende Band gliedert sich in drei Abschnitte. Zunächst werden Geschwisterbeziehungen aus *unterschiedlichen theoretischen Perspektiven* (Part I) betrachtet und der aktuelle Forschungsstand dargelegt. Gleich das erste Autor:innenteam macht deutlich, dass eine streng wissenschaftliche Betrachtung geboten ist, »weil sich viele ungeprüfte Vorannahmen und Mythen um Geschwisterbeziehungen ranken, die nicht nur unsere alltäglichen Erwartungen an und den Umgang mit Geschwistern beeinflussen, sondern mitunter auch unser professionelles Handeln, z. B. in Familienberatung und Psychotherapie« (Neyer, Borschel & Lehnart, Kapitel 2). Während Neyer, Borschel und Lehnart (Kapitel 2) dies aus der entwicklungs- und persönlichkeitspsychologischen Perspektive leisten und dabei u. a. mit Mythen, die sich um die Bedeutung der Geschwisterreihenfolge ranken, *aufräumen*, geben Lehmkuhl und Lehmkuhl (Kapitel 3) einen Überblick über verschiedene psychoanalytische Betrachtungsweisen und greifen dabei entwicklungspsychologische Aspekte erneut auf. Auch ein Bezug zur Behandlungspraxis fehlt hier nicht, so dass deutlich wird, wie Beziehungserfahrungen nicht nur theoretisch eingeordnet, sondern auch gezielt praktisch in Therapie- und Beratungsprozesse mit eingebunden werden können. Auf den praktischen Anteil legt Wempe im vierten Kapitel ebenfalls den Fokus, allerdings aus systemischer Perspektive. Das Kapitel stellt Schwerpunkte der systemischen Geschwisterarbeit vor und konzentriert sich dabei auf die Dynamik der Geschwisterbeziehung im Erwachsenenalter. Letztere hat im Vergleich zu der Beziehungsdynamik im Kindes- und Jugendalter bisher wenig Aufmerksamkeit bekommen. Genau wie der bereits oben erwähnte Blick über den eigenen kulturellen Raum hinaus, weshalb Lamm den ersten Abschnitt des Buches mit einem Einblick in die kulturvergleichende Geschwisterforschung abschließt (Kapitel 5).

Im zweiten Teil des Buches (Part II) stehen *spezifische Geschwisterkonstellationen* im Mittelpunkt, um einen Überblick über die Vielfalt von Geschwisterbeziehungen zu geben. Der Abschnitt beginnt mit dem sechsten Kapitel zum Thema Mehrlinge, wobei sich der Großteil der Forschung auf ein- und zweieiige Zwillinge konzentriert. Zu Drillingen gibt es vereinzelt Befunde, höhergradige Mehrlinge sind nur selten Gegenstand der Forschung, kommen im Vergleich aber auch nur selten vor.

Im siebten Kapitel dieses Buches behandeln Entleitner-Phleps, Witte und Walper Besonderheiten der Stief- und Halbgeschwisterschaft. Dem systemischen Ansatz folgend gehen sie zunächst auf die Eltern-Kind-Beziehung ein, wobei sowohl leibliche als auch soziale Eltern gemeint sind. Anschließend werden Befunde zu Geschwisterbeziehungen in Stieffamilien und deren Veränderung über die Lebensspanne zusammengetragen. Deutlich wird hier, dass sich die Forschung vor allem auf primäre Stieffamilien konzentriert – also auf die Familien, in denen die Kinder die meiste Zeit verbringen. Befunde zu den sogenannten *Wochenendstieffamilien* (sekundäre Stieffamilien) sind aktuell noch rar.

Im achten Kapitel stehen dann Adoptiv- und Pflegegeschwister im Mittelpunkt. Bovenschen, Bränzel und Kappler machen dabei zunächst auf die besondere Familiensituation und die damit verbundenen rechtlichen Rahmenbedingungen aufmerksam, bevor den Fragen nachgegangen wird, ob leibliche Geschwister eher gemeinsam oder eher getrennt in Pflege- oder Adoptivfamilien untergebracht werden sollten und ob – im Falle der getrennten Unterbringung – der Kontakt zwischen den Geschwistern weiterhin aufrechterhalten bzw. möglich sein sollte. Allgemeingültige Antworten lassen sich aufgrund der Komplexität auch hier nicht formulieren, aber die Befundlage zeigt doch gewisse Tendenzen auf, aus denen sich Empfehlungen für die Praxis ableiten lassen.

Das letzte Kapitel in diesem Abschnitt von Wagner (Kapitel 9) nimmt sich den *vergessenen Trauernden* an, nämlich den Kindern bzw. Jugendlichen, die ein Geschwisterteil verloren haben. Besonderes Augenmerk wird zum einen auf die Faktoren gelegt, die die Geschwistertrauer beeinflussen (z. B. die Umstände des Todes), zum anderen werden die Auswirkungen des Geschwistertodes auf die psychische Gesundheit des trauernden Kindes sowie Unterstützungsmöglichkeiten vorgestellt.

Der dritte Abschnitt des Buches (Part III) widmet sich *besonderen Geschwisterbeziehungen*. Hier geht es um besondere Entwicklungsherausforderungen, aber auch -möglichkeiten. Den Anfang machen Peukert und Julius im zehnten Kapitel, indem sie das Kernerleben, aber auch die Sorgen und Ängste sowie mögliche Rollen und Coping-Strategien von Menschen beschreiben, deren Geschwister psychisch erkrankt sind bzw. erkranken. Dies betten sie in den Gesamtkontext Familie und Gesellschaft ein und weisen bereits auf Unterschiede zu Geschwistern hin, bei denen ein Kind chronisch erkrankt ist oder eine Behinderung aufweist.

Detailliert werden diese letztgenannten Geschwisterbeziehungen im elften Kapitel behandelt: Jagla-Franke erläutert, warum diese sehr heterogene Geschwistergruppe eine potentielle Risikogruppe darstellt, da neben *typischen Entwicklungsaufgaben* oftmals besondere Herausforderungen in ihrem alltäglichen Leben zu bewältigen« sind. Wie das Risiko minimiert werden kann, wird durch die Vorstellung verschiedener Unterstützungsangebote deutlich, wobei es kein *One-Size-Fits-All*-Modell geben kann, sondern bedarfsspezifisch und altersgerecht agiert werden muss. Zudem gilt es, die einseitige Defizitorientierung in der Geschwisterforschung zu erweitern und Anpassungsleistungen und positive Aspekte mit in den Blick zu nehmen.

Eine gleichermaßen differenzierte und informierte Sichtweise wird sehr dringend im vorletzten Kapitel 12 dieses Buches eingefordert, bei dem die sexualisierte Gewalt durch Geschwister zum Thema gemacht wird. Dies ist vor allem deshalb wichtig, da es sich weiterhin um ein Tabu handelt – und dies nicht nur aus Sicht der betroffenen Kinder und Familien. Auch unter Fachkräften finden sich weiterhin Tabuisierungs- und Bagatellisierungstendenzen, wenn sie mit Fällen sexualisierter Gewalt durch Geschwister konfrontiert werden. Klees gibt hier einen ersten Überblick und Anregungen, wie sich diesem schwierigen Thema konstruktiv und differenziert genähert werden kann, wobei auch hier, wie in allen anderen Kapiteln, ein klares Forschungsdefizit und Aufklärungsbedarf benannt werden.

Das Fazit und der Ausblick dieses Buches (Part IV) greifen zentrale Aspekte und Gemeinsamkeiten der vorherigen Kapitel auf und laden die Leser:innen ein, sich über das Buch hinaus mit Geschwistern jeglicher Art auseinanderzusetzen, Anregungen aus diesem Buch mit in die Praxis zu nehmen und konstruktiv weiterzudenken. Es gibt, wie deutlich werden wird, viel zu tun!

Literatur

Bank, S. P. & Kahn, M. D. (1982). *The sibling bond.* Basic Books.
Bundeszentrale für politische Bildung (2019). *Familienhaushalte nach Zahl der Kinder.* Verfügbar unter: https://www.bpb.de/kurz-knapp/zahlen-und-fakten/soziale-situation-in-deutschland/61597/familienhaushalte-nach-zahl-der-kinder/ [Zugriffsdatum: 25.03.2024].
Edwards, R., Hadfield, L. & Mauthner, M. L. (2005). *Children's Understandings of Their Sibling Relationships.* Jessica Kingsley Publishers.
Lesben- und Schwulenverband e. V. (2020). *Gleichgeschlechtliche Eltern: Studien über Kinder in Regenbogenfamilien.* Verfügbar unter: https://www.lsvd.de/de/ct/817-Gleichgeschlechtliche-Eltern-Studien-ueber-Kinder-in-Regenbogenfamilien [Zugriffsdatum: 25.03.2024].
Segal, N. L. & Niculae, F. J. (2019). Fullerton Virtual Twin Project: Overview and 2019 Update. *Twin Research and Human Genetics, 22*(6), 731–734.
Textor, M. R. (1997). Vor- und Nachteile einer weiten Altersmischung in Kindertageseinrichtungen. In K. Schüttler-Janikulla (Hrsg.), *Handbuch für ErzieherInnen in Krippe, Kindergarten, Vorschule und Hort.* Mvg-Verlag. Verfügbar unter https://www.kindergartenpaedagogik.de/fachartikel/krippen-bzw-hortpaedagogik/weite-altersmischung/29/. [Zugriffsdatum: 25.03.2024].
Valsiner, J., Demuth, C., Wagoner, B. & Christensen, B. A. (2021). The Future of Cultural Psychology: An Interview with Jaan Valsiner. *European Journal of Psychology, 17*(4), 322–329.
von Schlippe, A. (2021). Geschwister: Zwischen Nähe und Distanz, zwischen Intimität und Feindseligkeit. *Kontext, 52*(4), 382–394.

I Geschwisterbeziehungen: Verschiedene Perspektiven

2 Geschwisterbeziehungen aus entwicklungs- und persönlichkeitspsychologischer Sicht

Franz J. Neyer, Elisabeth Borschel und Judith Lehnart

Geschwisterbeziehungen zählen zu den komplexesten sozialen Beziehungen, die wir Menschen unterhalten können. Ihre Vielschichtigkeit kommt in unseren ganz persönlichen Lebenserfahrungen, aber auch in kulturell geteilten Beziehungsnarrativen zum Ausdruck und lässt sich zwischen den Extremen Geschwisterliebe auf der einen und Geschwisterrivalität auf der anderen Seite breit und facettenreich verorten. Trotz rückläufiger Geburtenzahlen in den letzten Jahrzehnten ist Geschwister zu haben für die meisten Menschen heute noch immer eher die Regel als die Ausnahme. So wachsen derzeit rund 75 % aller Kinder und Jugendlichen unter 18 Jahren in Deutschland mit mindestens einem Geschwister auf (Statistisches Bundesamt, 2022), unabhängig davon, ob es sich um Zwillings-, Voll-, Halb-, Stief- oder Adoptivgeschwister handelt. Bezogen auf die gesamte Lebensspanne kann angenommen werden, dass Geschwisterbeziehungen zu den konstantesten Beziehungen überhaupt zählen. Betrachtet man das persönliche Beziehungsnetzwerk eines Menschen als eine Art Konvoi, der ihn ein Leben lang begleitet, so sind Geschwister permanente Mitreisende, denn sie gehören zur Familie. Geschwisterbeziehungen zählen zwar auch zu den Peerbeziehungen, d. h. Beziehungen zwischen Altersgleichen, weil sie aber gleichzeitig Familienbeziehungen sind, haben sie im Gegensatz zu Freundschafts- oder Partnerschaftsbeziehungen eher ein geringes Risiko, aufgekündigt oder ganz aufgegeben zu werden (Neyer & Lang, 2003; Wrzus, Hänel, Wagner & Neyer, 2013).

Über die Lebensspanne betrachtet besitzen Geschwisterbeziehungen eine unvergleichliche Dynamik und weisen eine extreme Vielfalt auf, so dass es sinnvoll erscheint, sie sowohl aus entwicklungs- als auch aus persönlichkeitspsychologischer Sicht zu betrachten. Während alterstypische Veränderungen eher mit allgemeinen Entwicklungsprozessen assoziiert sind, ist die Vielfalt von Geschwisterbeziehungen eher Ausdruck beträchtlicher Persönlichkeitsunterschiede, welche grundsätzlich einen nachhaltigen Einfluss auf die Gestaltung sozialer Beziehungen ausüben, aber auch umgekehrt von ihnen beeinflusst werden können (Neyer & Asendorpf, 2024). Eine streng wissenschaftliche Betrachtung ist hier geboten, weil sich viele ungeprüfte Vorannahmen und Mythen um Geschwisterbeziehungen ranken, die nicht nur unsere alltäglichen Erwartungen an und den Umgang mit Geschwistern beeinflussen, sondern mitunter auch unser professionelles Handeln, z. B. in Familienberatung und Psychotherapie.

2.1 Entwicklungspsychologische Sicht

Entwicklungspsychologisch gesehen erfahren Geschwisterbeziehungen im Lebensverlauf eine wechselhafte Relevanz als enge Bindungsbeziehung oder Quelle sozialer Unterstützung, aber auch als Ort von Rivalität und Konflikt. Hinsichtlich ihrer Enge, d. h. ihrer Interaktionsquantität und -qualität, lässt sich empirisch ein U-förmiger Entwicklungsverlauf nachzeichnen, der eng mit alterstypischen Entwicklungsthemen verknüpft ist (z. B. gemeinsames Aufwachsen, Auszug aus dem Elternhaus, Berufsstart, Familiengründung, Kindererziehung, gemeinsame Sorge um die alternden Eltern). Nachdem in Kindheit und Jugend die Beziehung besonders eng ist, erscheint sie im jungen und mittleren Erwachsenenalter eher gelockert, bevor sie im höheren Alter wieder enger wird. Dieses Muster scheint für alle Arten von Geschwisterbeziehungen zu gelten, auch für Zwillingsbeziehungen (Neyer, 2002). Diese typischen Verläufe werden natürlich beeinflusst vom Geschlecht (z. B. sind Schwestern einander näher und unterstützen sich häufiger als gemischtgeschlechtliche Geschwister oder Brüder), von der genetischen Verwandtschaft (z. B. fühlen sich leibliche Geschwister in der Regel enger verbunden als Halb- oder Stiefgeschwister), aber auch der geografischen Nähe, weil sie mehr Gelegenheiten zum Austausch schafft, und schließlich von der Persönlichkeit der Geschwister, die ihrer Beziehung die individuelle Note verleiht. Nach allem, was wir heute wissen, sind die Unterschiede zwischen Geschwisterbeziehungen hinsichtlich ihrer Qualität und Intensität über die Lebensspanne recht stabil, d. h., es gibt gute und weniger gute Beziehungen, deren Grundstein vermutlich in Kindheit und Jugend gelegt wird (vgl. McHale, Updegraff & Whiteman, 2013, für eine Übersicht).

Geschwisterbeziehungen (mit Ausnahme von Zwillingsbeziehungen) sind aufgrund ihres Altersunterschieds in der Kindheit zunächst hierarchisch strukturiert, da das ältere Geschwister stets einen Wissens- und Kompetenzvorsprung hat. Sie werden im Entwicklungsverlauf, insbesondere ab der Adoleszenz, aber zunehmend egalitärer (Campione-Barr, 2017). Für die Kindheit gilt jedenfalls: Je größer der Altersunterschied ist, umso weniger eng ist die Geschwisterbeziehung. Dies zeigt sich dann etwa auch in selteneren Konflikten zwischen Geschwistern. Dafür können deutlich ältere Geschwister gegenüber den jüngeren Geschwistern Erziehungs- oder Vorbildfunktionen übernehmen und damit die Entwicklung prosozialer Einstellungen und Verhaltensweisen fördern (Hughes, McHarg & White, 2018). Jambon et al. (2019) zeigten zum Beispiel, dass schon im Vorschulalter ältere Geschwister die Empathiefähigkeit ihrer jüngeren Geschwister positiv beeinflussen können. Bereits Alfred Adler wies aber auch auf mögliche Schattenseiten hin, dass nämlich die *Entthronung* des Erstgeborenen bei der Geburt des Zweitgeborenen oft eine Herausforderung ist, insbesondere bei geringem Altersabstand, auch wenn nach derzeitigem Kenntnisstand die Manifestation längerfristiger Probleme oder gar psychologischer Auffälligkeiten eher unwahrscheinlich sein dürfte (vgl. Asendorpf, Banse & Neyer, 2017, für eine Übersicht).

Aus Sicht der Bindungstheorie können Geschwisterbeziehungen ähnlich wie frühe Eltern-Kind-Beziehungen eine sicherheitsspendende Funktion erfüllen – mit dem Unterschied, dass Geschwister nicht einseitig, sondern wechselseitig Sicherheit spenden. Demnach kann ein Geschwisterkind – ähnlich wie ein Elternteil – wie ein sicherer Hafen sein, in den man bei Gefahr oder in Stresssituationen zurückkehrt und sich geschützt fühlt. Gerade im Erwachsenenalter suchen sicher aneinander gebundene Geschwister immer wieder den Kontakt, wenn wichtige positive oder negative Dinge zu besprechen und verarbeiten sind. Dies kann auch erklären, warum unter Hochaltrigen die Nähe zu Geschwistern hochgeschätzt wird, z. B., wenn Partner:innen versterben und die persönlichen Netzwerke immer kleiner werden (McHale et al., 2013; Stocker et al., 2020). Dass vermutlich aber nicht jede Geschwisterbeziehung wie ein sicherer Hafen ist und Bindungscharakter hat, dürfte systematisch mit dem Grad der Vertrautheit bzw. Intimität variieren, die während Kindheit und Jugend entstanden ist und als die Summe der gemeinsamen positiven wie negativen Erfahrungen definiert werden kann. Geschwister, die gemeinsam in unmittelbarer Nähe aufwachsen und viel Zeit miteinander verbringen, werden miteinander vertrauter sein und eher eine sichere Bindung entwickeln als Geschwister, die räumlich getrennt aufwachsen und seltener interagieren. So wird z. B. verständlich, dass eineiige Zwillinge zeitlebens besonders enge Bindungen unterhalten, die sogar bindungssicherer erscheinen als die zwischen zweieiigen Zwillingsgeschwistern (Neyer, 2002). Ob sich darüber hinaus verschiedene Arten von Geschwisterbeziehungen hinsichtlich ihrer Bindungsqualität unterscheiden, ist uns nicht bekannt. Sollten aber leibliche Geschwister sicherer gebunden sein als Halbgeschwister und diese wiederum sicherer gebunden sein als Stief- oder Adoptivgeschwister, dürfte dies durch Vertrautheitsunterschiede in der Kindheit erklärt werden können, die wiederum mit Unterschieden im Grad der genetischen Verwandtschaft korreliert sind (Neyer & Lang, 2003). Angesichts der Vielfalt von familiären Konstellationen mit unterschiedlichsten Arten von Geschwisterbeziehungen wäre hier weitere systematische Forschung wünschenswert.

Obwohl Geschwister in der Regel in ein und derselben Familie aufwachsen und ein gewisses Maß an Vertrautheit teilen, ist davon auszugehen, dass sich ihre persönlichen Umwelten nur teilweise überlappen (vgl. Neyer & Asendorpf, 2024, zum Konzept der persönlichen Umwelt). Dies ist nicht nur Ausdruck ihres Altersunterschieds, sondern auch ihrer unterschiedlichen Persönlichkeit. Geschwister nehmen beispielsweise nicht nur ihre Elternbeziehungen auf verschiedene Weise wahr, sondern auch ihre Beziehung miteinander können sie ganz unterschiedlich bewerten. Selbst eineiige Zwillingsgeschwister, die genetisch identisch und sich deshalb sehr ähnlich sind, können völlig unterschiedliche Sichtweisen auf ihre familiäre Situation haben. Wenn sie z. B. diskrepante Auffassungen darüber haben, ob ihre Eltern sich getrennt haben (oder nicht) oder ob es finanzielle Probleme in der Familie gibt und wie schwerwiegend diese sind, kann der objektive Beziehungsstatus der Eltern oder ihr tatsächlicher sozioökonomischer Status ganz unterschiedliche Einflüsse auf beide ausüben (Turner, D'Ambrosio, Vögele & Diewald, 2020).

Solche subjektiven Asymmetrien können auch miterklären, warum Geschwisterbeziehungen in Kindheit und Jugend zu den konflikthaftesten überhaupt zählen, wobei gerade zwischen Geschwistern häufige Konflikte und eine starke positive Verbundenheit sich keineswegs ausschließen, sondern Hand in Hand gehen. Campione-Barr und Killoren (2019) argumentieren, dass diese besondere Form der Ambivalenz (d. h. das gleichzeitige Auftreten von positiven und negativen Emotionen füreinander) im Jugendalter ganz normal und am stärksten ausgeprägt sei. Erst dann entscheide sich, wie diese Ambivalenz aufgelöst wird und ob sich fortan eine positiv-engagierte oder distanzierte Geschwisterbeziehungen zeigt.

Geschwisterkonflikte sind ein durchaus normales Phänomen, das evolutionsgeschichtlich mit der Rivalität um begrenzte Ressourcen erklärt werden kann, zu denen insbesondere die elterliche Liebe und Fürsorge zählt, ohne die das Überleben bis zu einem fortpflanzungsfähigen Alter nicht möglich ist. Geschwisterrivalität ist somit eine fundamentale soziale Erfahrung in der Kindheit und erscheint im Kulturvergleich auch universell (McHale et al., 2013; ▶ Kap. 5). Weiterhin wird wahrgenommene und tatsächliche Ungleichbehandlung durch die Eltern relativ häufig berichtet, selbst von eineiigen Zwillingen, und dürfte auch durch die Unterschiedlichkeit der Geschwister selbst mit beeinflusst werden. Sie kann sich sogar langfristig negativ auf die Qualität der Geschwisterbeziehung im Erwachsenenalter auswirken (Asendorpf et al., 2017, für einen Überblick; Boll, Ferring & Filipp, 2003). Auch wenn die meisten Eltern gern sozialen Normen folgen möchten und für sich in Anspruch nehmen, ihre Kinder gleich zu behandeln, dürfte Ungleichbehandlung eher die Regel als die Ausnahme sein und sollte deshalb nicht tabuisiert oder gar sanktioniert werden – denn wenn Geschwister so verschieden sind, verhalten sich auch ihre Familienmitglieder ganz unterschiedlich zu ihnen. Weiterhin illustrierten Jensen et al. (2023) in einer umfassenden Metaanalyse, dass Ungleichbehandlung dann am stärksten ist, wenn es sich um gegengeschlechtliche Geschwister handelt und der Altersabstand größer wird. Dies zu reflektieren, muss sich nicht nachteilig auf die Geschwisterbeziehung und das Familienleben auswirken, sondern kann sie mitunter bereichern. Die Forschung zeigt zudem, dass Ungleichbehandlung dann keine negativen Auswirkungen haben muss, wenn sie von allen Beteiligten verstanden und reflektiert werden kann (vgl. McHale et al., 2013, für eine Übersicht).

Aus systemischer Sicht macht es deshalb durchaus Sinn, Geschwisterbeziehungen im Kontext anderer Beziehungen zu betrachten, z. B. der Paarbeziehung zwischen ihren Eltern. Dazu gibt es eine breite Literatur, in der vereinfacht gesprochen zwei Arten von Zusammenhängen diskutiert und zum Teil auch empirisch untersucht wurden. Zum einen könnte es sein, dass eine positive oder negative Elternbeziehung sich auf die Geschwisterbeziehung überträgt, was z. B. durch Beobachtungslernen oder durch externe Stressoren erklärt werden könnte, die von allen Familienmitgliedern geteilt werden. Solche Mechanismen werden Spillover- oder Crossover-Effekte genannt. Zum anderen könnte aber auch eine negative Beziehung zwischen den Eltern dadurch kompensiert werden, dass Elternteile einen positiven Austausch mit ihren Kindern suchen, der sich dann auch positiv auf die Geschwisterbeziehung auswirkt. Weiterhin wurde gemutmaßt, dass eine überaus positive Paarbeziehung zu mehr Rivalität und Streit zwischen den Geschwistern führen könne. Für derartige Kompensationseffekte gibt es allerdings wenig Evidenz. Am ehesten sprechen die vorliegenden Forschungsergebnisse für Spillover- oder Crossover-Effekte, die nach einer neueren Metaanalyse von Zemp et al. (2021) mit einem Effekt von $r = .15$ jedoch so dürftig ausfallen, dass man Familiendynamiken wie die oben beschriebenen nicht überbewerten sollte. Vielmehr wird an diesen ernüchternden Befunden exemplarisch deutlich, dass eine Familiendynamik im Einzelfall zwar durchaus dramatisch sein kann, aber aus wissenschaftlicher Sicht nicht unbedingt verallgemeinert werden darf, denn der Einzelfall ist nach William Stern (1911, siehe auch Neyer & Asendorpf, 2024) immer nur die »Asymptote der Gesetze suchenden Wissenschaft«. Von besonderer Relevanz sind diese Befunde aber immer dann, wenn es um die Frage geht, wie mit diesen Hypothesen und Erkenntnissen in der Anwendungspraxis umgegangen wird. So spielen beispielsweise Annahmen über die Bedeutung der Familiendynamik für Entscheidungen im Rahmen der Kinder- und Jugendhilfe eine Rolle, wenn es um die Frage der gemeinsamen oder getrennten Unterbringung von Geschwistern bei Inobhutnahmen geht (z. B. Walper & Thönnissen, 2012; Schrapper & Hinterwälder, 2012). Weder die nomothetische Annahme einer kompensatorischen noch einer problematischen Rolle von Geschwistern kann der Bedeutung der Geschwister im jeweiligen Einzelfall gerecht werden.

2.2 Persönlichkeitspsychologische Sicht

Über die Bedeutung von Geschwisterbeziehungen für die individuelle Persönlichkeitsentwicklung wurde in der Vergangenheit viel spekuliert, z. B. hinsichtlich Geschwisterposition, Geschlechterkonstellation und der Relevanz geteilter Einflüsse in der Herkunftsfamilie. Die neuesten empirischen Forschungsbefunde legen allerdings nahe, dass diesen Faktoren kaum Bedeutung beizumessen ist, weil sie vermutlich jeweils nur einen sehr spezifischen unter einer Vielzahl von möglichen Einflussfaktoren auf die Persönlichkeit darstellen.

Überlegungen und Untersuchungen zur Relevanz der Geschwisterposition besitzen in der Psychologie seit Alfred Adler eine lange Tradition und wurden auch vielfach untersucht (vgl. Asendorpf et al., 2017, für eine Übersicht). Aus einer breiten evolutionspsychologisch informierten Perspektive diskutierte Sulloway (2010) fünf Mechanismen, die mögliche Geschwisterpositionseffekte erklären könnten: Erstens könnten Eltern unterschiedlich stark sowohl emotional als auch materiell in ihre Kinder *investieren*, was sich u. a. auf Intelligenzvorteile, aber auch auf eine robustere Gesundheit ihrer erstgeborenen Kinder auswirken könnte. Zweitens könnte man annehmen, dass Dominanzhierarchien unter Geschwistern deren differenzielle Persönlichkeitsentwicklung derart beeinflussen, dass insbesondere die älteren und physisch stärkeren Brüder auch in anderen Lebensbereichen dominanter erscheinen. Drittens wird diskutiert, dass Geschwister mit geringem Altersabstand und unmittelbar aufeinanderfolgender Geburtsposition bestrebt sind, sich besonders stark zu unterscheiden bzw. zu *de-identifizieren*, wodurch sie beispielsweise ihre eigenständige Beziehung zu den Eltern zum Ausdruck bringen könnten. Das Ergebnis solcher Dynamiken wird auch als Kontrasteffekt bezeichnet. Damit einhergehend könnten Geschwister viertens unterschiedliche Nischen innerhalb des Familiensystems besetzen, in denen insbesondere die nachgeborenen Kinder sich unkonventioneller, risikobereiter und offener als die erstgeborenen präsentieren. Und schließlich beeinflussen auch gesellschaftlich geteilte Stereotype zur Geschwisterposition mögliche Persönlichkeitsunterschiede zwischen Geschwistern, die allerdings nur schwer von Effekten infolge von Alters- und Geschlechtsstereotypen zu unterscheiden sind. Zwar besitzt jeder der genannten Mechanismen eine gewisse Plausibilität, lässt sich durch Beobachtungen im Alltag illustrieren und wurde zum Teil auch empirisch untersucht und belegt. Belastbare Befunde für deren langfristige Wirkung auf Persönlichkeitsunterschiede und ihre Entwicklung sind allerdings rar.

So wurde in früheren Studien meist nicht beachtet, dass Effekte der Geschwisterposition zum einen bei Vergleichen von Kindern aus unterschiedlichen Familien mit der sozialen Schichtzugehörigkeit und zum anderen bei Vergleichen zwischen Kindern innerhalb ein und derselben Familie mit Altersunterschieden konfundiert sind. Darauf haben erstmals Ernst und Angst (1987) im Rahmen einer umfassenden Analyse verwiesen: Denn die Chance ein erstgeborenes Kind zu sein, steigt z. B. in WEIRD-Ländern (westlich, gebildet (englisch: educated), industrialisiert, wohlhabend (englisch: rich), demokratisch) mit der sozialen Schicht, weil damit die Kinderzahl abnimmt – so dass mutmaßliche Persönlichkeitsmerkmale von Erstgeborenen in Wahrheit sozioökonomische Unterschiede widerspiegeln könnten. Innerhalb von Familien könnten Unterschiede in der Geschwisterposition mit Altersunterschieden verwechselt werden, weil z. B. Eltern aufgrund von Kontrasteffekten ihre älteren Kinder häufig anders als ihre jüngeren Kinder beurteilen bzw. anders mit ihnen umgehen. Nach Kontrolle dieser konfundierenden Variablen verbleibt meist kein substanzieller Geschwisterpositionseffekt auf die Persönlichkeit.

Einen interessanten Ansatz verfolgte jedoch Sulloway (1997) mit der Annahme, dass zweitgeborene Kinder im Vergleich zu erstgeborenen offener für Erfahrungen im weitesten Sinne seien, weil sie sich innerhalb des Familiensystems eine Nische suchten, um die Machtposition der Erstgeborenen und deren relativ privilegierte Position gegenüber den Eltern zu kompensieren, die ja in vielen Kulturen auch durch festgeschriebene Normen wie z. B. im Erbrecht geregelt wird. Offenheit für Erfahrung beschreibt dabei innerhalb des durch die Big Five aufgespannten Persönlichkeitsraums solche Eigenschaften wie künstlerisch-philosophisch-wissenschaftliches Interesse, Intelligenz, Kreativität und Nachdenklichkeit, die auch eher mit nonkonformistischen und liberalen politischen Einstellungen einhergehen. Sulloway versuchte, seine These mithilfe historiometrischer Studien zur Akzeptanz wissenschaftlicher Innovationen im 19. Jahrhundert zu belegen und fand u. a., dass die Evolutionstheorie Darwins von zeitgenössischen Wissenschaftler:innen eher akzeptiert wurde, wenn sie zweitgeborene Geschwister waren. Sulloways historiometrische Arbeiten wurden in der Öffentlichkeit breit diskutiert, aber bislang nicht unabhängig repliziert. Gleichwohl regten sie eine Reihe von persönlichkeitspsychologischen Studien an, welche Geschwisterpositionseffekte im Großen und Ganzen aber nicht belegen konnten.

So untersuchten Rohrer, Egloff und Schmukle (2015), inwiefern sich Erwachsene in den Big Five unterscheiden, wenn man ihre Geschwisterposition in Kindheit und Jugend betrachtet. Diese Geschwisterpositionseffekte prüften sie mit Hilfe einer breiten Datenbasis aus den USA, Großbritannien und Deutschland durch Vergleiche zwischen und innerhalb von Familien. Mit Ausnahme eines kleinen Effekts für Intellekt, einer Subfacette von Offenheit, fanden sich weder für den breiten Offenheitsfaktor noch für die Faktoren Extraversion, Neurotizismus, Verträglichkeit

und Gewissenhaftigkeit Unterschiede nach Geschwisterposition. Folkloristische Annahmen, dass Erstgeborene etwa vernünftiger, verantwortungsvoller und gewissenhafter seien, lassen sich wissenschaftlich also nicht bestätigen. Lediglich hinsichtlich eines mithilfe von Intelligenztests ermittelten Intelligenzquotienten ergaben sich kleine Vorteile für Erstgeborene, die auch schon aus früheren Studien bekannt waren und u. a. erklären könnten, dass Erstgeborene häufiger höhere Bildungsabschlüsse erzielen (Barclay, Hällsten & Meyrkylä, 2017). Allerdings ist fraglich, inwieweit sich der kleine IQ-Vorteil im Einzelfall wirklich als bedeutsam erweist, denn der Effekt schließt nicht aus, dass in etwa vier von zehn Fällen das zweitgeborene Kind doch etwas cleverer ist als das erstgeborene Geschwister. Deswegen sind theoretische Überlegungen, worauf dieser Effekt zurückzuführen ist, nicht wirklich zielführend. In einer weiteren Studie für das Erwachsenenalter zeigten Rohrer, Egloff und Schmukle (2017), wiederum auf einer breiten Datenbasis, dass Geschwisterpositionseffekte ebenso wenig für enger definierte Persönlichkeitsbereiche belegt werden können, darunter Lebenszufriedenheit, Kontrollüberzeugungen, Vertrauen in andere, Reziprozität, Risikobereitschaft, Geduld, Impulsivität oder politische Orientierung. Allerdings konnten sie in dieser Analyse den bescheidenen Effekt für Intellekt aus ihrer ersten Studie replizieren.

Die Befunde von Rohrer et al. (2015) wurden im Großen und Ganzen von Botzet, Rohrer und Arslan (2021) mit repräsentativen Daten aus Indonesien repliziert. Weiterhin ergab eine Metaanalyse von Abdulla Alabbasi, Tadik, Acar und Runco (2021), in die Daten aus den USA, aber auch aus Nicht-WEIRD-Ländern eingingen, einen kleinen Vorsprung Erstgeborener im Hinblick auf divergentes Denken, einer Facette von Kreativität, der durchaus im Einklang mit den kleinen Intelligenzvorteilen zu interpretieren ist, wie er auch in anderen Studien gefunden wurde. Allerdings variierte der Effekt nicht zwischen den verschiedenen Erhebungsländern. Die Ergebnisse von Botzet et al. und Abdulla Alabbasi et al. legen somit die Annahme nahe, dass die Schlussfolgerungen von Rohrer et al. nicht nur für WEIRD-Länder gelten.

Wir können somit davon ausgehen, dass es zumindest für die Persönlichkeit im Erwachsenenalter, und damit langfristig gesehen, fast irrelevant erscheint, in welcher Geschwisterposition jemand aufwächst. Ob es kurz- bis mittelfristige Geschwisterpositionseffekte im Kindheits- und Jugendalter gibt, ist nach unserem Kenntnisstand bislang ungeklärt und bleibt ein wichtiges Desiderat zukünftiger Forschung. Es könnte ja sein, dass sich die von Adler oder Sulloway postulierten Effekte zwar früh manifestieren und relevant sind, aber im Laufe der weiteren Entwicklung von anderen Einflüssen – etwa durch Gleichaltrige – überlagert und nivelliert werden.

Die Arbeiten von Rohrer et al. (2015) sind bemerkenswert, weil sie sich auf eine breite Datenbasis stützen und Erhebungen aus verschiedenen Ländern einschließen. Zudem haben sie methodisch ausgesprochen anspruchsvoll und transparent gearbeitet, um falschpositive Befunde und entsprechende Schlussfolgerungen zu vermeiden. Es erscheint deshalb unwahrscheinlich, dass zukünftig Geschwisterpositionseffekte auf breite Persönlichkeitseigenschaften im Erwachsenenalter jemals auf Basis seriöser empirischer Forschung nachgewiesen werden können, ohne dass die von Rohrer et al. in diesem Feld gesetzten methodischen Standards aufgegeben werden. Genauso fraglich erscheint allerdings, ob damit nun alltagspsychologisch oder auch in Fachkreisen geführte Diskussionen um die Bedeutung der Geschwisterposition beendet sind. Wohl kaum! Zum einen zählt die Geschwisterposition zu den fundamentalsten sozialen Erfahrungen, die Menschen in ihrer Kindheit machen können, und zum anderen sind die wahrgenommenen Unterschiede zwischen Erst- und Nachgeborenen so stark mit Altersunterschieden konfundiert, dass beide in der persönlichen Erfahrung schwer auseinandergehalten werden können und sich als resistent gegenüber der wissenschaftlichen Evidenz erweisen dürften.

Allerdings möchten wir noch einmal betonen, dass dieses Fazit sich primär auf basale Persönlichkeitseigenschaften wie die Big Five und Intelligenz bzw. Kreativität bezieht. Die Persönlichkeit eines Menschen umfasst gleichwohl weitere Aspekte des Verhaltens und Erlebens sowie der körperlichen Erscheinung, für die zum Teil durchaus Geschwisterpositionseffekte ermittelt worden sind, die mehr oder weniger robust und replizierbar erscheinen, aber in ihrer Wirkung nicht überbewertet werden sollten. Dazu zählen u. a. physische Merkmale wie Körpergröße und gesundheitsbezogene Merkmale (z. B. Barclay & Kolk, 2015). Welche zugrundeliegenden Mechanismen dafür verantwortlich sein könnten, wird jedoch kontrovers diskutiert (Ablaza, Kabátek & Perales, 2022; Vilsmeier, Kossmeier, Voracek & Tran, 2023).

Eine in diesem Zusammenhang interessante Frage ist auch, ob Einzelkinder und Geschwisterkinder sich in ihrer Persönlichkeit unterscheiden, denn Einzelkinder werden ja nicht durch nachgeborene Geschwister *entthront*, müssen weder Zuwendung und Aufmerksamkeit ihrer Eltern teilen noch mit Geschwistern um diese rivalisieren. Könnte es sein, dass sie dadurch als Erwachsene narzisstischer sind als andere, wie dies ein in unserer Gesellschaft weit verbreitetes Vorurteil besagt? Dufner, Back, Oehme und Schmukle (2020) untersuchten diese Annahme anhand von Daten einer repräsentativen deutschen Bevölkerungsstichprobe und fanden keine Belege für sie. Dieses Ergebnis wurde von Foster, Raley und Isen (2020) mit Daten aus den USA bestätigt und erinnert daran, dass gesellschaftliche Stereotype falsch sein können und in diesem Fall möglicherweise dazu führen, dass Einzelkinder im Alltag oder auch in der psychologischen Praxis stigmatisiert werden.

Wie relevant ist die Geschlechterkonstellation zwischen Geschwistern? Das Geschlecht der Kinder in einer Familie scheint alltagspsychologisch einen großen Unterschied für die Familiendynamik zu machen, denn in Abhängigkeit von der Geschlechterkonstellation werden die Karten für geschlechtstypische Rollenvorbilder, Interaktionen mit den Eltern oder auch die Aushandlung der Geschwisterrivalität natürlich ganz unterschiedlich gemischt. Aber hat dies auch einen Einfluss auf die Persönlichkeitsentwicklung? Diese Frage wurde seit Jahrzehnten mit durchaus gemischten Ergebnissen immer wieder untersucht und war im Wesentlichen von zwei Annahmen geleitet: Aus Sicht der sozialen Lerntheorie wurde angenommen, dass Geschwister voneinander lernen und sich dementsprechend angleichen, während die soziale Differenzierungstheorie vorhersagte, dass Geschwister aufgrund ihrer Rivalität bestrebt seien, sich voneinander abzugrenzen, und deshalb mit der Zeit unterschiedlicher werden. Konkret sollten nach der Lerntheorie geschlechtstypische Eigenschaften bei Kindern mit einem gegengeschlechtlichen Geschwister schwächer ausgeprägt sein als bei Kindern mit gleichgeschlechtlichem Geschwister. Mit anderen Worten würde man schwächer ausgeprägte geschlechtstypische Eigenschaften eher in gegen- als in gleichgeschlechtlichen Geschwisterdyaden erwarten (z. B. zeigt ein Mädchen eher typisch männliche Eigenschaften, weil es seinen Bruder imitiert). Nach der Differenzierungstheorie sollte es genau umgekehrt sein: Kinder mit gegengeschlechtlichem Geschwister sollten in stärkerem Maß geschlechtstypische Eigenschaften aufweisen als Kinder mit gleichgeschlechtlichem Geschwister (z. B. zeigt ein Mädchen eher typisch weibliche Eigenschaften, um sich von seinem Bruder zu unterscheiden).

Dass solche Unterschiede auch noch durch andere Parameter der Familienkonstellation beeinflusst werden, z. B. Geschwisterzahl, Altersunterschiede sowie soziokulturelle Einflüsse, liegt auf der Hand und wurde teilweise in den vorliegenden Studien auch berücksichtigt. Dennoch leiden die meisten von ihnen an zu geringen Stichprobengrößen und anderen methodischen Schwächen. Erst eine neuere Studie von Dudek, Brenøe, Feld und Rohrer (2022) zeichnete ein (vorerst) ernüchterndes Bild auf der Basis einer umfänglichen Datenbasis mit mehr als 85.000 Personen aus neun unterschiedlichen Ländern (darunter auch Nicht-WEIRD Länder wie Mexiko, China und Indonesien). Sie fand nämlich durchweg keine bedeutsamen Zusammenhänge zwischen geschlechtstypischen Ausprägungen von Persönlichkeitseigenschaften und dem Geschlecht des jüngeren oder älteren Geschwisters, was auch im Einklang steht mit den oben referierten Studien, die keinen Einfluss der Geschwisterposition auf basale Persönlichkeitsunterschiede nahelegen. Es könnte zwar sein, dass solche Effekte unter bestimmten Randbedingungen und mit Blick auf sehr spezifische Merkmale existieren, aber dies zu zeigen ist zukünftigen Forschungsbemühungen vorbehalten. Neuere Studien legen durchaus nahe, dass allein schon die Anwesenheit von Brüdern dazu führt, dass Frauen später weniger Geld verdienen, was möglicherweise durch ihre traditionelleren Familienbilder vermittelt wird, aber natürlich auch durch andere sozioökonomische Faktoren beeinflusst sein könnte (vgl. Dudek et al., 2022, für eine ausführliche Diskussion).

Außerdem verweisen Ergebnisse verhaltensgenetischer Studien darauf, dass die Ähnlichkeit zwischen Geschwistern kaum auf nichtgenetische Einflüsse innerhalb der Familie zurückgehen dürfte, d. h., in einer gemeinsamen Familie aufzuwachsen, hat für die Ähnlichkeit von Geschwistern einen deutlich geringeren Einfluss als ihre zu 50 % geteilten Gene. Dass sie weiterhin 50 % ihrer Gene nicht teilen, dürfte neben außerfamiliären Einflüssen erklären, warum sich Geschwister in ihrer Persönlichkeit eher unterscheiden als ähneln. Diese fundamentalen Erkenntnisse der verhaltensgenetischen Forschung haben traditionelle Annahmen der Sozialisationsforschung radikal in Frage gestellt und nichtgenetische bzw. sozialisationsrelevante Einflüsse auf die Persönlichkeitsentwicklung außerhalb der Familie verlagert, z. B. in die Beziehungen zu Gleichaltrigen. Allerdings können – wie bereits oben beschrieben – geteilte Umweltbedingungen innerhalb der Familie durchaus unterschiedliche Einflüsse auf beide Geschwister zeitigen, weil sie durch genetisch und umweltbeeinflusste Persönlichkeitsunterschiede zwischen Geschwistern vermittelt werden. So können die Trennung der Eltern, der Tod eines Familienmitglieds oder weniger dramatische Erlebnisse wie der gemeinsame Familienurlaub oder der geteilte Musikunterricht ganz unterschiedliche Einflüsse auf Geschwister haben, je nachdem wie sie von ihnen verarbeitet werden – denn z. B. wird nicht jedes Geschwister musikalisch, wenn es wie das andere Hausunterricht bei der gleichen Musiklehrerin hat. Die Überlegung, dass geteilte (Umwelt-)Bedingungen gewissermaßen nichtgeteilte (Umwelt-)Einflüsse ausüben können, hilft, zu verstehen, warum Geschwister so verschieden sind und die Familie keineswegs etwas ist, das in gleicher oder ähnlicher Weise auf sie wirkt (vgl. Neyer & Asendorpf, 2024, für eine ausführliche Diskussion).

Unabhängig davon ist zu fragen, welche Wechselwirkungen zwischen der Qualität von Geschwisterbeziehungen und ihrer Persönlichkeitsentwicklung bestehen. Zu möglichen Einflüssen von Temperaments- und Persönlichkeitsunterschieden auf die Qualität von Geschwisterbeziehungen gibt es zwar seit Jahrzehnten eine umfangreiche Forschung, die jedoch insgesamt ein eher inkonsistentes Befundmuster zeichnet, weil Studien verschiedenste Konstrukte betrachten, aber auch methodisch ganz unterschiedliche Standards anlegen. Außerdem sind Persönlichkeitsunterschiede zwischen Geschwistern immer auch mit Altersunterschieden konfundiert, was ihre Identifikation schwierig macht (vgl. Asendorpf et al., 2017, für eine Diskussion). Für Einflüsse der Qualität von Geschwisterbeziehungen auf die Persönlichkeit und ihre Entwicklung war die bisherige Forschung eher wenig ergiebig. Allerdings scheint es durchaus Einflüsse der Qualität von Geschwisterbeziehungen auf Externalisierungs- und Internalisierungsprobleme zu geben, wie dies in einer Metaanalyse von Buist, Deković und Prinzie (2013) gezeigt wurde: Häufige Konflikte zwischen Geschwistern scheinen sich demnach ungünstig auf diese Anpassungsprobleme auszuwirken; vielleicht gibt es aber auch Rückwirkungen solcher Probleme auf die Geschwisterbeziehung.

Insgesamt ist davon auszugehen, dass mit zunehmendem Alter, etwa ab dem Jugendalter, der Einfluss der Persönlichkeit der Geschwister auf ihre Beziehung stärker ist als umgekehrt, d. h., Geschwister gestalten ihre Beziehungen eher im Einklang mit ihrer individuellen Besonderheit, als dass ihre wechselseitige Beziehung individuelle Persönlichkeitsveränderungen anstößt. Dieses Muster gilt für Wechselwirkungen zwischen Persönlichkeit und sozialen Beziehungen insgesamt, wurde in Längsschnittstudien immer wieder gefunden und kann mit dem zunehmenden Einfluss der Persönlichkeit auf die persönliche Umwelt im Laufe der Entwicklung erklärt werden (Neyer & Asendorpf, 2024). Angewandt auf die Geschwisterbeziehung ergibt sich daraus für die weitere Forschung eine wichtige Implikation: Persönlichkeitsunterschiede zwischen Geschwistern könnten der Schlüssel sein, um zu verstehen, warum Geschwisterbeziehungen so verschieden sind.

2.3 Geschwisterbeziehungen im Kontext

Die Relevanz von Geschwistern für die Persönlichkeitsentwicklung sollte nicht isoliert, sondern im Kontext anderer Beziehungen des sozialen Netzwerks oder Beziehungskonvois betrachtet werden. Geschwisterbeziehungen können z. B. wie Peerbeziehungen als Beziehungen unter (Alters-)Gleichen betrachtet werden, die sich wechselseitig ergänzen und mitunter auch kompensatorisch wirken, so dass als Einzelkind ohne Geschwister aufzuwachsen vielleicht bedauerlich ist, aber nicht unbedingt von Nachteil sein muss (Dufner et al., 2020). So gibt es durchaus Hinweise auf Kompensationseffekte zwischen Geschwisterbeziehungen und Freundschaften im Erwachsenenalter (Wrzus, Wagner & Neyer, 2012). Sind Geschwisterbeziehungen nicht vorhanden und unbefriedigend, können Freundschaftsbeziehungen einen Ausgleich schaffen und natürlich auch umgekehrt. Das persönliche Wohlbefinden scheint jedenfalls umso mehr zu profitieren, je besser dieser Ausgleich gelingt (Neyer & Wrzus, 2018).

Grundsätzlich gilt, dass ein diverses Netzwerk mit unterschiedlichen Beziehungsarten und einer mittelhoch ausgeprägten Propinquität (d.h. Variabilität in Interaktionsdichte und räumlicher Nähe) der individuellen Persönlichkeitsentwicklung und der psychologischen Gesundheit zuträglich sein sollte. Dies zeigen zumindest Studien im Kontext von residentieller Mobilität (Borschel et al., 2019) und Alleinleben (Kersten, Mund & Neyer, 2024). Ziehen Erwachsene über größere Distanzen um oder leben allein, haben sie ein erhöhtes Risiko für soziale Isolation oder Einsamkeit, welches sie durch zufriedenstellende Beziehungen zu unterschiedlichen Personen, am besten vor Ort, reduzieren können. Geschwisterbeziehungen allein können dies nicht leisten und auch an sich nicht glücklich machen. Sie sind zwar in vielerlei Hinsicht einzigartig, entfalten ihre Wirkung aber erst im Kontext anderer Beziehungen bzw. des sozialen Netzwerks einer Person. In Kindheit und Jugend sind Geschwisterbeziehungen vielleicht besonders im Kontext von Peer- und Freundschaftsbeziehungen zu sehen mit dem gewichtigen Unterschied, dass sie zwar in ein familiäres Korsett eingezwängt und damit nicht frei wählbar sind, dafür aber eine höhere Qualität besitzen, weil Geschwister in der Regel jahrelang täglich miteinander interagieren. Demgegenüber können sie im Erwachsenenalter eine identitätsstiftende Brücke zur Herkunftsfamilie darstellen und somit andere oder neue Familien- und Freundschaftsbeziehungen ergänzen. Der Wert von Geschwisterbeziehungen für die persönliche Lebensgestaltung ist deswegen also weniger absolut, sondern eher relativ und unter Umständen sogar inkrementell zu bewerten. Dies erklärt auch, warum ihr Einfluss in Kindheit und Jugend zwar substanziell, aber in Bezug auf die langfristige Persönlichkeitsentwicklung eher marginal erscheint. Sie sind gewissermaßen einer von vielen Mosaiksteinen, die ein erfülltes Leben ausmachen.

Zuletzt möchten wir daran erinnern, dass Geschwister zur Familie gehören – und zwar lebenslang. Nach unserem heutigen Wissen bleibt zwar die Größe des Familiennetzwerks über die Lebensspanne relativ konstant, während die Größe des Freundschaft- und Bekanntennetzwerks nach dem 30. Geburtstag einer Person kontinuierlich abnimmt (Wrzus et al., 2013). Dasselbe Muster zeigt sich für die Häufigkeit von sozialem Kontakt: Während der Kontakt zu Freund:innen und Bekannten ab dem jungen Erwachsenenalter stetig abnimmt, bleibt der Kontakt zur Familie stabil (Sander, Schupp & Richter, 2017). Das Besondere an Geschwistern ist, dass sie bleiben, auch wenn sich die Familie im Laufe des Lebens immer wieder neu zusammensetzt, z.B. durch Geburt oder Tod, Heirat oder Trennung. Geschwister sind ständige Begleiter.

Literatur

Ablaza, C., Kabátek, J. & Perales, F. (2022). Are sibship characteristics predictive of same sex marriage? An examination of fraternal birth order and female fecundity effects in population-level administrative data from the Netherlands. *The Journal of Sex Research, 59*, 671–683.

Abdulla Alabbasi, A. M., Tadik, H., Acar, S. & Runco, M. A. (2021). Birth order and divergent thinking: A meta-analysis. *Creativity Research Journal, 33*, 331–346.

Asendorpf, J. B., Banse, R. & Neyer, F. J. (2017). *Psychologie der Beziehung* (2. Aufl.). Hogrefe.

Barclay, K., Hällsten, M. & Myrskylä, M. (2017). Birth order and College Major in Sweden, *Social Forces, 96*, 629–660.

Barclay, K. & M. Kolk. 2015. Birth order and mortality: A population-based cohort study, *Demography, 52*, 613–639.

Boll, T., Ferring, D. & Filipp, S. H. (2003). Perceived parental differential treatment in middle adulthood: curvilinear relations with individuals' experienced relationship quality to sibling and parents. *Journal of Family Psychology, 17*, 472–487.

Borschel, E., Zimmermann, J., Crocetti, E., Meeus, W. H. J., Noack, P. & Neyer, F. J. (2019). Me and you in a mobile world: The development of regional identity and personal relationships in young adulthood. *Developmental Psychology, 55*, 1072–1087.

Botzet, L. J., Rohrer, J. M. & Arslan, R. C. (2021). Analysing effects of birth order on intelligence, educational attainment, big five and risk aversion in an Indonesian sample. *European Journal of Personality, 35*, 234–248.

Buist, K. L., Deković, M. & Prinzie, P. (2013). Sibling relationship quality and psychopathology of children and adolescents: A meta-analysis. *Clinical Psychology Review, 33*, 97–106.

Campione-Barr, N. (2017). The changing nature of power, control, and influence in sibling relationships. *New Directions for Child and Adolescent Development, 156*, 7–14.

Campione-Barr, N. & Killoren, S. E. (2019). Love them and hate them: The developmental appropriateness of ambivalence in the adolescent sibling relationship. *Child Development Perspectives, 13*, 221–226.

Dudek, T., Brenøe, A. A., Feld, J. & Rohrer, J. M. (2022). No evidence that siblings' gender affects personality across nine countries. *Psychological Science, 33*, 1574–1587.

Dufner, M., Back, M. D., Oehme, F. F. & Schmukle, S. C. (2020). The end of a stereotype: Only children are not more narcissistic than people with siblings. *Social Psychological & Personality Science, 11*, 416–424.

Ernst, C. & Angst, J. (1987). *Birth order.* Springer.

Foster, J. D., Raley, J. R. & Isen, J. D. (2020). Further evidence that only children are not more narcissistic than individuals with siblings. *Personality and Individual Differences, 161*, 109977.

Jambon, M., Madigan, S., Plamondon, A., Daniel, E. & Jenkins, J. M. (2019). The development of empathic concern in siblings: A reciprocal influence model. *Child Development, 90*, 1598–1613.

Jensen, A. C., Jorgensen-Wells, M. A., Andrus, L. E., Pickett, J. M., Leiter, V. K., Hadlock, M. E. B. & Dayley, J. C. (2023). Sibling differences and parents' differential treatment of siblings: A multilevel meta-analysis. *Developmental Psychology, 59*, 644–654.

Kersten, P., Mund, M. & Neyer, F. J. (2024). Does living alone mean being alone? Personal networks of solo-living adults in midlife. *International Journal of Behavioral Development, 48*(1), 14–24.

Hughes, C., McHarg, G. & White, N. (2018). Sibling influences on prosocial behavior. *Current Opinion in Psychology, 20*, 96–101.

McHale, S. M. Updegraff, K. A. & Whiteman, S. D. (2013). Sibling relationships. In G. W. Peters & K. R. Bush (Hrsg.), *Handbook of Marriage and the Family* (S. 329–351). Springer.

Neyer, F. J. (2002). Twin relationships in old age: A developmental perspective. *Journal of Social and Personal Relationships, 19*, 155–177.

Neyer, F. J. & Asendorpf, J. B. (2024). *Psychologie der Persönlichkeit* (7. Aufl.). Springer.

Neyer, F. J. & Lang, F. R. (2003). Blood is thicker than water: kinship orientation across adulthood. *Journal of Personality and Social Psychology, 84*, 310.

Neyer, F. J. & Wrzus, C. (2018). Psychologie der Freundschaft. *Report Psychologie, 43*, 200–207.

Rohrer, J. M., Egloff, B. & Schmukle, S. C. (2015). Examining the effects of birth order on personality. *Proceedings of the National Academy of Sciences, 112*, 14224–14229.

Rohrer, J. M., Egloff, B. & Schmukle, S. C. (2017). Probing birth-order effects on narrow traits using specification-curve analysis. *Psychological Science, 28*, 1821–1832.

Sander, J., Schupp, J. & Richter, D. (2017). Getting together: Social contact frequency across the life span. *Developmental Psychology, 53*, 1571–1588.

Schrapper, C. & Hinterwälder, M. (2012). Wie können wir besser verstehen, was Schwestern und Brüder einander bedeuten, wenn sie in Heimen oder Kinderdörfern leben? In SOS-Kinderdorf e. V. (Hrsg.), *Geschwister* (S. 53–57). SOS-Kinderdorf e.V.

Statistisches Bundesamt. (2022, 8. April). *In Deutschland leben drei Viertel der Kinder mit ihren Geschwistern zusammen*. [Pressemeldung]. https://www.destatis.de/DE/Presse/Pressemitteilungen/2022/04/PD22_N019_12.html

Stocker, C. M., Gilligan, M., Klopack, E. T., Conger, K. J., Lanthier, R. P., Neppl, T. K., Walker O'Neal. & Wickrama, K. A. S. (2020). Sibling relationships in older adulthood: Links with loneliness and well-being. *Journal of Family Psychology, 34*, 175–185.

Sulloway, F. (1997). *Der Rebell der Familie. Geschwisterrivalität, kreatives Denken und Geschichte*. Siedler.

Sulloway, F. J. (2010). Why siblings are like Darwin's finches: Birth order, sibling competition, and adaptive divergence within the family. In D. M. Buss & P. H. Hawley (Hrsg.), *The evolution of personality and individual differences* (S. 86–119). Oxford University Press.

Turner, J. D., D'Ambrosio, C., Vögele, C. & Diewald, M. (2020). Twin research in the post-genomic era: dissecting the pathophysiological effects of adversity and the social environment. *International Journal of Molecular Sciences, 21*, 3142.

Vilsmeier, J. K., Kossmeier, M., Voracek, M. & Tran, U. S. (2023). The fraternal birth-order effect as a statistical artefact: convergent evidence from probability calculus, simulated data, and multiverse meta-analysis. *PeerJ, 11*, e15623.

Walper, S. & Thönnissen, C. (2012). Geschwisterbeziehungen in riskanten Familiensituationen. In SOS-Kinderdorf e.V. (Hrsg.), *Geschwister* (S. 10–29). SOS-Kinderdorf e.V.

Wrzus, C., Hänel, M., Wagner, J. & Neyer, F. J. (2013). Social network changes and life events across the life span: a meta-analysis. *Psychological Bulletin, 139*, 53.

Wrzus, C., Wagner, J. & Neyer, F. J. (2012). The interdependence of horizontal family relationships and friendships relates to higher well-being. *Personal Relationships, 19*, 465–482.

Zemp, M., Friedrich, A. S., Schirl, J., Dantchev, S., Voracek, M. & Tran, U. S. (2021). A systematic review and meta-analysis of the associations between interparental and sibling relationships: Positive or negative? *PloS One, 16*, e0257874.

3 Geschwisterbeziehungen aus psychoanalytischer Sicht

Gerd Lehmkuhl und Ulrike Lehmkuhl

Geschwisterliche Beziehungen, ihre jeweiligen Rollen in der Familie und ihre Bedeutung über die Lebensspanne hinweg, rücken in der psychoanalytischen Theorie und Praxis zunehmend in den Fokus. Der horizontalen Geschwisterebene wird inzwischen ein wichtiger Einfluss auf die Mentalisierungsfähigkeit, Identitätsbildung und Emotionsregulation neben und in Bezug auf die wichtigen elterlichen Primärobjekte und das ödipale Dreieck[1] beigemessen. Auch wenn der vertikalen Beziehungsdimension für die frühkindliche Entwicklung ein zentraler Stellenwert zukommt, spielen soziale Beziehungen mit etwa gleichaltrigen Geschwistern eine wichtige Rolle, wenn es um Aufgaben wie Identifikation, Selbstfindung und soziale Funktionen geht. Die familiendynamische Bedeutung und Auswirkung der Geschwisterposition fand bisher in der therapeutischen Praxis eher eine geringe Bedeutung. Dies mag u. a. auch daran liegen, weil das Übertragungs- und Gegenübertragungsgeschehen[2] vor allem auf die elterlichen Objekte ausgerichtet ist.

Dabei finden sich bereits in der Frühzeit der psychoanalytischen Theorieentwicklung bei Freud und insbesondere bei Adler Hinweise und Fallbeschreibungen, wie wichtig die Geschwisterbeziehung, -position und -konstellation für die Persönlichkeitsentwicklung und Konfliktverarbeitung ist. Dennoch fanden diese Beobachtungen nur eine sehr begrenzte Beachtung und Integration in psychoanalytische Konzepte und erst durch die Objektbeziehungstheorie, Ich-Psychologie und

---

1 Im psychoanalytischen Verständnis wird das Subjekt als Mensch verstanden, der sich seiner selbst als relativ autonomes Wesen bewusst ist, da er sein eigenes Fühlen und Denken wahrnehmen und darauf basierend eigenmächtige Handlungswünsche ausagieren kann. Andere Subjekte, welche über dasselbe Bewusstsein verfügen und mit denen daher zwischenmenschlich interagiert werden kann, werden als Objekte bezeichnet. Weitergehend werden Primärobjekte im Regelfall als vertraute Bezugspersonen während der Kindheit verstanden. In den meisten Fällen hat ein Kind zwei sich kümmernde Elternteile, wodurch eine Dreiecksbeziehung entsteht, in welcher sich gewisse Wünsche entwickeln. So begehrt das Kind die scheinbar allmächtige Mutter, die nicht nur körperliches, sondern auch seelisches Leben zu schenken vermag, welche allerdings teilweise als verloren geglaubt wird, da der symbiotische Bund der frühen Kindheit mehr und mehr zu verfliegen scheint. Der Vater wird somit als Konkurrent in diesem Begehren wahrgenommen und soll nun, ähnlich wie im griechischen Mythos über Ödipus, beseitigt werden, um dessen Platz an der Seite der Mutter einzunehmen.
2 Frühere Erfahrungen, die mit Bezugspersonen gemacht wurden, werden in ähnlichen Situationen bzw. mit ähnlichen Menschen erneut herangezogen, um Bedürfnisse ausdrücken und realisieren zu können. Dies geschieht oftmals auf unbewusster, dennoch das Handeln bestimmende Ebene, und wird von der Psychoanalyse als Prozess der Übertragung, die Gegenreaktion darauf als Gegenübertragung verstanden.

Bindungstheorie waren die Grundlagen vorhanden, auch die horizontale Beziehungsebene zu den Geschwistern inhaltlich neu zu verstehen und zu integrieren.

Ausgehend von frühen und aktuellen psychoanalytischen Vorstellungen zum Einfluss von Geschwisterbeziehungen auf die psychogenetische Entwicklung werden anhand von Fallvignetten psychodynamische Konstellationen und Konfliktfelder dargestellt, wie sie verstanden und bearbeitet werden können. Dabei werden die klinische und praxeologische Bedeutung der Geschwisterübertragung sowie ihre lebensbegleitende Bedeutung mit den vielfältigen Einwirkungen auf die individuelle Persönlichkeitsentwicklung und psychische Befindlichkeit herausgearbeitet.

Geschwister sind allgegenwärtig, selbst wenn sie fehlen, mehrere vorhanden sind und wir uns in der Fantasie oder Realität mit ihnen auseinandersetzen. Manche erfundene begleiten uns virtuell, andere kommen unerwartet hinzu, wenn Eltern sich trennen und neue Familienzusammensetzungen entstehen. Sie stellen wichtige emotionale und soziale Bezugspunkte dar. Mit ihnen kann gestritten und zusammengehalten werden, sie können ärgern und unterstützen, sie nerven und trösten. Sie begleiten uns mehr oder weniger intensiv und nahe auf unserem Lebensweg. Ob wir wollen oder nicht, teilen wir mit ihnen gemeinsame Erfahrungen, erfreuliche wie negative, suchen Kontakt zu ihnen oder gehen ihnen aus dem Weg. Dies alles zeigt, dass sie bedeutsame Bezugspunkte der individuellen Entwicklung darstellen, und wir im Austausch mit ihnen eigene Positionen definieren und sie immer präsent bleiben. Dieses komplexe Wechselspiel kann für unsere seelische Entwicklung nicht unerheblich sein, hinterlässt innere Spuren, kann sich als hilfreich oder belastend für die psychische Strukturbildung erweisen.

So ist es nicht verwunderlich, dass Geschwisterpaare und -konstellationen im Alten Testament, in Mythologie, Märchen und Literatur mit ganz unterschiedlichen thematischen Schwerpunkten auftauchen: Kain tötet Abel, Aschenputtel wird von zwei Stiefschwestern drangsaliert, Hänsel und Gretel gelingt es gemeinsam, die böse Hexe zu überlisten, die vier kunstreichen Brüder stehen in Konkurrenz zueinander, doch am Ende vertragen sie sich. Es finden sich alle Formen von Geschwisterkonflikten, aber auch gemeinsames Handeln. Und fast immer geht es darum, Liebe, Zuwendung und Achtung der Eltern zu erlangen, erfolgreich und tapfer zu sein, sich mit den Geschwistern zu arrangieren oder zu erleben, wie sie der gerechten Strafe zugeführt werden. Es ist daher nicht verwunderlich, dass die Geschwisterthematik bereits früh in psychoanalytischen Publikationen auftaucht, auch wenn ihr keine zentrale, sondern eine eher ergänzende Bedeutung beigemessen wurde. Zu sehr wurden die Väter der Psychoanalyse von ihrer eigenen familiären Herkunft und Geschwisterkonstellation eingeholt und setzte sich diese in einer Art Geschwisterkrieg in der psychoanalytischen Bewegung fort.

3.1 Frühe psychoanalytische Konzepte

Die persönliche Auseinandersetzung mit der eigenen Familiengeschichte war sowohl für Sigmund Freud als auch für Alfred Adler Ausgangspunkt, um sich mit der Geschwisterthematik auseinanderzusetzen. In den von ihnen beschriebenen Kasuistiken und Therapieverläufen wird die Bedeutung von Geschwistern für die Entstehung psychischer Konflikte und Symptome jedoch unterschiedlich interpretiert und gewichtet.

3.1.1 Sigmund Freud: Eltern, Geschwister und der Familienkomplex

Die Familienzusammensetzung von Freud ist komplex. Ellenberger (1985) weist auf die ungewöhnlichen Generationsverhältnisse hin: Zwei deutlich ältere Brüder stammten aus der ersten Ehe seines Vaters, er, wie die weiteren sechs Geschwister, aus der dritten Ehe mit Amalia Nathanson. Der nach ihm geborene Bruder Julius starb im ersten Lebensjahr, mit zeitlichem Abstand folgten fünf Schwestern und mit zehn Jahren Abstand der Bruder Alexander, mit dem ihn eine positive Beziehung verband, während er seine Schwestern eher als Last und Rivalinnen im Kampf um begrenzte Ressourcen empfand (Döll-Hentschker, 2017b; Bank & Kahn, 1980).

Freuds Geschwisterbeziehungen – so Döll-Hentschker (2017a) – waren von der Konkurrenz um Liebe und Aufmerksamkeit von den Eltern bestimmt, wobei er sich der besonderen Wertschätzung durch die Mutter sicher sein konnte. Für Freud (1916–17/1982) gibt es »wahrscheinlich keine Kinderstube ohne heftige Konflikte zwischen deren Einwohnern. Motive sind die Konkurrenz um die Liebe der Eltern, um den gemeinsamen Besitz, um den Wohnraum. Die feindlichen Regungen richten sich gegen ältere wie gegen jüngere Geschwister« (S. 209). So sei es nur nachvollziehbar, dass dem »neuen Geschwisterchen ein sehr unerfreulicher Empfang« (S. 208) bereitet wird und diese Einstellung »durch lange Jahre bis zur Zeit der Reife« (S. 208) von einer zärtlichen Haltung abgelöst »oder sagen wir lieber: überlagert wird, aber die feindselige scheint sehr regelhaft die frühere zu sein« (S. 208).

Ursprünglich negative und ablehnende Gefühle können im Laufe der Entwicklung durch Abwehrmechanismen[3] in positive umgewandelt werden (Adam-Lauterbach, 2020). Andererseits können negative und ambivalente Gefühle das Verhältnis der Geschwister bis in das hohe Erwachsenenalter hinein dominieren.

Die Geschwister haben einen indirekten Einfluss auf sexuelle Impulse und Liebesansprüche des Kindes an die Eltern:

---

[3] Das Phänomen der Abwehr beschreibt im psychoanalytischen Sinne den unbewussten Umgang mit Erfahrungen und/oder Situationen verbundenen Gefühlszuständen, welche als unerträglich wahrgenommen und daher ungelöst verstaut oder umgewandelt, sodass sie aushaltbar gemacht werden. Die verschiedenen Arten des Phänomens entsprechen den besagten Mechanismen.

> Der Ödipus-Komplex erweitert sich zum Familienkomplex und mit dem Heranwachsen dieser Geschwister erfährt die Einstellung zu ihnen die bedeutsamsten Wandlungen. Der Knabe kann die Schwester zum Liebesobjekt nehmen als Ersatz für die treulose Mutter; zwischen mehreren Brüdern, die um ein jüngeres Schwesterchen werben, ergeben sich schon in der Kinderstube die für das spätere Leben bedeutsame Situationen einer feindseligen Rivalität (Freud, 1916–17/1982, S. 329).

Auch wenn es sich hierbei um eine Verlagerung der ödipalen Situation auf die Geschwister handelt, bezieht sich das primäre Sexualziel auf die vertikale Eltern-Kind-Achse.

Dennoch haben Geschwisterbeziehungen keinen Eingang in das Strukturmodell[4] und die metapsychologischen Konzepte in Form von theoretischen Schlussfolgerungen gefunden (Adam-Lauterbach, 2020). Allerdings kommt ihnen, wie Freud (1914/1982) ausführt, eine wichtige Weichenstellung für die spätere Lebensgestaltung zu:

> Die Person, an welche er sich in solcher Weise fixiert, sind seine Eltern und Geschwister. Alle Menschen, die er später kennen lernt, werden ihm zu Ersatzpersonen dieser ersten Gefühlsobjekte (etwa noch der Pflegepersonen neben den Eltern) und ordnen sich für ihn in Reihen an, die von den »Imagines«, wie wir sagen, des Vaters, der Mutter, der Geschwister usw. ausgehen. Diese späteren Bekanntschaften haben also eine Art von Gefühlserbschaft zu übernehmen, sie stoßen auf Sympathien und Antipathien, zu deren Erwerbung sie selbst nur wenig beigetragen haben; alle spätere Freundschafts- und Liebeswahl erfolgt aufgrund von Erinnerungsspuren, welche jene ersten Vorbilder hinterlassen haben (S. 239).

Es sind also jene ersten Bezugspersonen und Vorbilder, deren Erinnerungsspuren dafür sorgen, wie wir spätere Beziehungen aufnehmen und gestalten, uns emotional mit ihnen auseinandersetzen.

3.1.2 Alfred Adler: Familienkonstellation und neurotische Disposition

Adler wurde als zweites Kind nach seinem zwei Jahre älteren Bruder geboren. Es folgten fünf weitere Geschwister, deren Gesellschaft er genoss, als Erwachsener aber nicht eng mit ihnen verbunden blieb (Hoffmann, 1997). Während er der Mutter eher kritisch gegenüber stand, fühlte er sich dem Vater emotional stärker verbunden.

Adler (1933/1973) sah einen Zusammenhang zwischen bestimmten Charakterzügen eines Kindes und seiner Position in der Geschwisterreihe:

> Dieses Gebiet der Kinderforschung, auf die Stellung des Kindes in der Kinderreihe bezogen, ist noch lange nicht erschöpft. Es zeigt sich mit bezwingender Klarheit, wie ein Kind seine Situation und deren Eindrücke als Bausteine benutzt, um sein Lebensziel, sein Bewegungsgesetz, und damit auch seine Charakterzüge schöpferisch auszubauen (S. 146).

Für Adler (1937/1994) besteht eine »gefährliche Stelle auf dem Weg der Entwicklung« (S. 61) in der Geburt eines Geschwisters. Allerdings sei es eine weit verbreitete falsche Annahme, dass Kinder derselben Familie auch in derselben Umwelt auf-

---

4 Das Strukturmodell umfasst das Es als die menschlichen Triebe, das Über-Ich als soziokulturelle Normen- und Wertvorstellungen sowie das Ich als vermittelnde Instanz intrapsychischer Konflikte der beiden potenziellen Antagonisten dazwischen.

wachsen würden, natürlich ist in ein und demselben Haus für alle Vieles gleich, »doch die psychische Situation jedes Kindes sei individuell sehr unterschiedlich« (Adler, 1929/1981, S. 110).

Obwohl Adler und seine Schüler die Stellung in der Geschwisterreihe vorwiegend unter einem pathogen machenden Aspekt betrachteten – hier geht es vor allem um Rivalität, Entthronung, Status, Unsicherheit und Macht – warnten sie auch vor einer übersteigerten Festlegung und Typisierung der jeweiligen Rollen und Auswirkungen. Adler (1929/1981) betont, dass die psychische Situation jedes Kindes individuell ist »und sich insbesondere aufgrund der Geburtenfolge von der anderer Kinder unterscheidet« (S. 110). »Allerdings beeinflusst nicht allein der Rang des Kindes in der Geburtenfolge seinen Charakter, sondern die Situation, in die hinein es geboren wird« (S. 110). Und diese hängt – wie Wexberg (1931/1987) ausführt – entscheidend von dem Verhalten der Eltern ab:

> Die Geburt eines Geschwisters muss nicht unbedingt für das Kind, das bis dahin das einzige war, den Verlust der Mutter bedeuten. Gelingt es dieser, das ältere vom ersten Tag für den Neuankömmling zu interessieren, ihm womöglich kleine Funktionen zuzuweisen, dann ist die Situation wohl auch geändert, aber in einer erträglichen, vielleicht sogar erfreulichen Weise (S. 51).

Es käme darauf an, dass die Hauptbezugsperson, meistens die Mutter, für die neue Situation Verständnis aufbringt und ihr Verhalten demnach ausrichtet. Das neu entstandene, komplexere und erweiterte Beziehungsgeschehen hinterließe Spuren, die fast immer für das Bindungsverhalten und die Ich-Entwicklung entscheidend seien und damit die Grundlagen für Vertrauen und Selbstständigkeit legen würden. Dieses Vertrauen auf die Familie trüge viel zur Stärkung der kindlichen Zuversicht bei (Wexberg, 1930/1987).

Für die erfolgreiche Bewältigung dieser Entwicklungsschritte sollte jedoch auch die Beziehung der Kinder untereinander nicht unterschätzt werden. Letztlich kommt es für die frühen Individualpsychologen darauf an, den sozialen Kontext und die jeweiligen Interaktionsmuster mit in den Blick zu nehmen, denn

> fast jede Familie stelle einen Fall für sich dar, und wiederum innerhalb der einzelnen Familie erweist sich die schicksalsbildende Kraft der Konstellation für jedes Kind in verschiedener Weise. Es gibt keine Position, die für das Kind unter allen Umständen günstig genannt werden könnte, keine, die nicht spezifische und ihrer Eigenart verständliche Gefahren mit sich brächte; freilich auch keine, die zwangsläufig die ungünstige Entwicklung nach sich ziehen müsste. Mit jeder aus der Familienkonstellation erwachsenen Schwierigkeit kann das Kind mit sonst glücklichen Umständen fertig werden, an jeder kann es scheitern (Wexberg, 1930/1987, S. 161).

Zusammenfassend kann mit Heisterkamp (1995) festgestellt werden, dass die Beachtung der Geschwisterposition für die Individualpsychologie zu den wichtigsten Hilfen zählt, um den individuellen Lebensstil von Patient:innen zu verstehen: »Es ist evident, dass die geradezu unausweichlichen und dauernden Interaktionen mit den Geschwistern eine grundlegende Erfahrungsebene bilden, auf der die Kinder durch ihre teilnehmende Interaktion ihre lebensstiltypischen Beziehungsmuster lernen und einüben« (Heisterkamp, 1995, S. 204).

3.2 Geschwisterkomplex und Geschwisterbeziehung

Kaës (2017) plädiert für die theoretische Eigenständigkeit und Abgrenzung eines eigenen Geschwisterkomplexes. Diesem sollte in der Psychoanalyse eine stärkere Beachtung geschenkt werden, da er eine besondere Funktion

> für die Subjektwerdung, die Objektbildung und die Identifikationen des Subjekts, für die Entstehung der psychosexuellen Konflikte der Kindheit und der Adoleszenz, die Eigenarten der infantilen Neurosen, besonders in ihren narzisstischen, homosexuellen und bisexuellen Ausprägungen, und für die Wahl des Liebesobjektes übernimmt (S. 783).

Mit Bezug auf die psychoanalytische Theorie versteht Kaës (2017) unter einem Komplex eine organisierte Gesamtheit von unbewussten Vorstellungen und Besetzungen, »die sich ausgehend von unbewussten Fantasien und intersubjektiven Beziehungen bildet« (S. 783).

Es handelt sich demnach um eine »trianguläre intrapsychische Struktur, die sich aus Liebeswünschen, narzisstischen Wünschen und Objektbegehren, aus Hass und Aggressivität gegen jenen ›Anderen‹ zusammensetzt, den ein Subjekt als ein Geschwister kennt« (Kaës, 2017, S. 800). Die Konfrontation mit realen oder imaginären Geschwistern stellt Ausgangspunkt und strukturelle Weichenstellung für alle anderen lateralen sozialen Beziehungen einer Person dar (Bally, 2020).

Damit kommt dem Geschwisterkomplex eine wesentliche Rolle für den Prozess der Ich-Bildung, der Entstehung des Narzissmus und der Identifikation zu. Dies bedingt eine größere Relevanz der intersubjektiven Perspektive für die klinische Praxis: »Dabei muss man wahrscheinlich so weit gehen, die Auswirkungen der Intersubjektivität in die Struktur der Psyche, und das heißt auch in die Bildung des Unbewussten und den Prozess der Subjektwerdung einzuschreiben« (Kaës, 2017, S. 804). Die Geschwisterdynamik im Jugend- und Erwachsenenalter stellt sich somit als ein intersubjektives Geschehen dar. Erweitert sie »die intra- und interpsychische Objektwelt, so können sowohl mangelnde psychische Abgrenzung als auch Gegenpol zu viel Distanz einen negativen Einfluss auf die Persönlichkeits- und Identitätsentwicklung und auf die Fähigkeit zur Beziehungsregulierung haben« (Adam-Lauterbach, 2018, S. 4).

Die therapeutischen Implikationen sollten darin bestehen, die zumeist vernachlässigte laterale Übertragung verstärkt in den Fokus der therapeutischen Arbeit zu rücken. Seiffge-Krenke (2017) weist in diesem Zusammenhang auf Phänomene wie Neid, Destruktivität und Spaltung hin, wobei es im therapeutischen Prozess einerseits darauf ankäme, abgespaltene Selbstanteile und Objektwahrnehmung sowohl auf der horizontalen Ebene der Geschwister als auch auf der Ebene der Eltern zu bearbeiten. Dieses Hänsel-und-Gretel-Phänomen kann homoerotische und inzestuöse Anteile aufweisen: »Unbewußte [sic] Wünsche und Abwehrhaltungen der Eltern aufgrund eigener Geschwistererfahrungen oder sexueller Unzufriedenheit als Paar beeinflussen die Beziehung der Geschwister« (Seiffke-Krenke, 2017, S. 859).

Vom Geschwisterkomplex sollte nach Kaës (2017) aus inhaltlichen und theoretischen Gründen die Geschwisterbindung abgegrenzt werden. Letztere beschreibt das Verhältnis der Geschwister zueinander und bildet die Struktur der horizontalen

Verwandtschaftsbeziehungen zwischen den leiblichen Kindern derselben Eltern ab. Während Aspekten wie z. B. Rangordnung, Koalitionen, Konflikte, Konkurrenzverhalten eine eigenständige psychische Realität zukommt, stellt der Komplex einen unbewussten psychischen Organisationsmechanismus der Bindung dar und strukturiert sie. Diese Erweiterung des theoretischen Verständnisses der Geschwisterbeziehungen, die bei Freud keinen Eingang ins Strukturmodell fand, nimmt heute einen wichtigen Platz in der psychoanalytischen Metatheorie ein (Döll-Hentschker, 2017b). Ohne Berücksichtigung der horizontalen Ebene lassen sich Subjektwerdung, Objektbeziehung und die Identifikation des Subjekts im Laufe seiner Entwicklung nur ungenügend verstehen. Sie ergänzt und relativiert die Bedeutung der vertikalen Ebene entscheidend. So können geschwisterliche Beziehungen ein Gegengewicht zu ödipal geprägten Beziehungen darstellen wie Bourguignon (2003, zitiert nach Heenen-Wolff, 2007, S. 547) ausführt:

> Das Leben mit Geschwistern kann die ödipale Enttäuschung korrigieren: ein älterer Bruder kann als elterlicher, zugänglicher Vaterersatz dienen und damit einer Regression[5] zurück zur Mutter vorbeugen, indem eine lebendige Sexualität beim Mädchen während der Latenzphase aufrechterhalten bleibt und ihr hilft, sich auch anderen Jungen ihres Alters zuzuwenden. Die Geschwisterbeziehungen können unterstützende Funktionen haben, wenn es sich um eine pathologische Mutterbeziehung handelt oder etwa eine elterliche Unfähigkeit ganz allgemein.

Um diese komplexen Konflikt- und Beziehungsmuster besser erkennen, in ihren jeweiligen psychischen Auswirkungen erfassen und der damit verbundenen klinischen Relevanz gerecht werden zu können, empfiehlt Adam-Lauterbach (2020) eine entwicklungspsychologische Perspektive einzunehmen, »die auf die Dynamik der Geschwisterbeziehung und deren Entwicklungskonflikte fokussiert« (S. 29). Adam-Lauterbach plädiert daher dafür, die Geschwisterlinie unabhängig von der Elternperspektive in ihrer Entwicklung zu verfolgen: »Welche Bindungsmuster ein Patient zu einem bedeutsamen Geschwister hat bzw. hatte und in welchem psychodynamischen Zusammenhang diese zu den Elternobjekten stehen, kann für die Diagnostik und das Verstehen psychodynamischer Zusammenhänge wertvoll sein« (2020, S. 143).

3.3 Entwicklungspsychologie und Psychodynamik der Geschwisterbeziehung

Wie bereits ausgeführt, kommt der jeweiligen individuellen Geschwisterposition für die emotionale und kognitive Entwicklung eine große Bedeutung zu. Dabei gibt es keine wissenschaftlich begründbaren einfachen und pauschalisierenden regelhaften

---

5 Als Regression betrachtet die Psychoanalyse eine aus aktueller Überforderung temporäre Rückkehr zu einem früheren psychosexuellen Entwicklungsstadium im Rahmen von Objektbeziehungserleben.

Auswirkungen und Zusammenhänge (vgl. Ernst & Angst, 1983). Als zu komplex erweisen sich dafür die möglichen Einflussfaktoren innerhalb einer Familie auf das Beziehungsgeschehen (Frick, 2004). Hierzu gehören u. a. die Altersdifferenz zwischen den Geschwistern, deren Anzahl, Zusammensetzung und das individuelle Verhältnis der Eltern zu den einzelnen Geschwistern mit Bevorzugung oder Benachteiligung sowie der Erziehungsstil und die Qualität der elterlichen Beziehung. Entsprechend fanden Ernst und Angst (1983) in ihrer umfangreichen systematischen Literaturanalyse keine signifikanten Effekte der Geschwisterfolge auf die Persönlichkeitsentwicklung und psychische Gesundheit (▶ Kap. 2). Unbestritten bleibt, dass die Geschwisterposition eine wichtige entwicklungspsychologische Variable darstellt, »denn sie bildet im Mikrokosmos viele signifikante soziale Interaktionserfahrungen der Adoleszenz und des Erwachsenenalters ab« (Mussen, Conger & Kagan, 1979, S. 456). Geschwister stellen ein eigenes Subsystem mit spezifischer Dynamik und eigenen Konflikten dar und eine gute Beziehung zwischen ihnen kann helfen, »die Generationsgrenzen zu stabilisieren und Koalitionen, Bündnissen und Parentifizierungen zu widerstehen« (Seiffge-Krenke, 2004, S. 231). In schwierigen Zeiten erleichtern sie als Ressource die Bewältigung von Lebensaufgaben, können eine Vorbildfunktion übernehmen und entwicklungsfördernd wirken. Bei Parens (1988) findet sich eine Zusammenstellung verschiedener Funktionen von Geschwisterbeziehungen. Er beschreibt Geschwister als

- Objekte libidinöser Beziehungen;
- erotische Objekte (Verschiebung inzestuöser Beziehungen auf Eltern, was bei Stiefgeschwistern nicht ungewöhnlich ist);
- Baby-Ersatz (Kinder, vor allem Mädchen, in der ödipalen Entwicklungsphase);
- Rival:innen (spontaner Neid/Eifersucht als Ausgangspunkt);
- Objekte der Verschiebung von Feindseligkeit und Aggression (Verschiebung aggressiver Impulse auf weniger gefährliche Objekte, wie sie jüngere und schwächere Geschwister darstellen, als wichtiger Abwehrmechanismus);
- Instrumentalisierte Hilfen (ältere Geschwister werden von jüngeren eingesetzt, um etwas zu erreichen, was sie selbst nicht können);
- Helfer:innen bei der Bewältigung von Sozialisationsschritten.

Wellendorf (1995) weist darauf hin, dass Geschwister sich gegenseitig bei der Bewältigung von Entwicklungsaufgaben und Krisen unterstützen können. Sie bieten eine Chance zur Abgrenzung vom Primärobjekt und eröffnen einen psychosozialen Raum jenseits der ödipalen Triade. »In diesem geschwisterlichen Raum können sie einen Zugang zu Liebe und Hass finden, der weniger unter dem Zeichen existentieller Abhängigkeit steht, und damit eine bedeutende Erweiterung ihres Ichs ermöglicht« (S. 304). Geschwister haben eine Brückenfunktion und eröffnen die Möglichkeit, dass sich eigene Positionen und Haltungen entfalten. Für Seiffge-Krenke (2004) verlangt die Verschiedenheit von Geschwistern aktive und kreative Anpassungsleistungen, um eine eigenständige Identität auszubilden: »In verschiedenen Lebensphasen müssen Geschwister in ihrem Verhältnis zueinander zu einer unterschiedlichen Balance von Verbundenheit und Individuation finden« (S. 226).

Dies betrifft auch die frühe Affekt- und Wahrnehmungsentwicklung, bei der die Rückmeldung von Geschwistern eine wichtige Quelle für das Erkennen und Zuordnen von Emotionen darstellt. So konnte Dunn (1996) zeigen, dass Kinder nicht nur in der Beziehung zu ihren Bezugspersonen, sondern auch in ihrer Interaktion mit Geschwistern zu mentalisieren beginnen. Hierbei seien die Parallelen zur sicheren Bindung bemerkenswert (Dunn, 1996, zitiert nach Allen, Fonagy & Bateman, 2011, S. 151):

> Die Qualität der Kind-Kind-Beziehung war hier von Bedeutung: über mentale Vorgänge besprachen sich die Kinder, wenn sie kooperativ miteinander spielten, und die Dauer ihrer Freundschaft und die Häufigkeit ihrer Interaktion hängt positiv mit der expliziten Bezugnahme auf mentale Prozesse zusammen.

Demnach spielt der Diskurs über die emotionalen Zustände eine zentrale Rolle für die Entwicklung der Mentalisierungsfähigkeit. Fonagy und Target (2006) betrachten als Prototyp dieser Erfahrung »das vom Kind als sicher empfundene Spiel mit einem Elternteil oder einem älteren Geschwister, das die Integration des Als-ob-Modus und des Modus der psychischen Äquivalenz fördert« (S. 370). Dieser interpersonale Prozess sei möglicherweise eine Weiterentwicklung der komplexen Spiegelung, die der Säugling/das Kleinkind in einer früheren Phase durch die Hauptbezugsperson kennen gelernt hat. Frühe Bezugspersonen oder das ältere Geschwister zeigen auf, dass die Realität verzerrt werden kann, indem man spielerisch auf sie einwirkt: »Durch diese spielerische Haltung kann eine Als-ob-Erfahrung, die gleichwohl real ist, ermöglicht werden« (Fonagy & Target, 2006, S. 370).

Adam-Lauterbach (2020) weist auf die Gefahr hin, dass die Geburt eines Geschwisters vor dem dritten Lebensjahr die Eltern-Kind-Beziehung verunsichern könne,

> da sich die Objektkonstanz in diesem Alter noch nicht entwickelt hat. Wenn sich das Kind mit dem Erreichen der emotionalen Objektkonstanz aus der Dualunion mit der Mutter [Anmerk.: oder anderen Hauptbezugspersonen] gelöst hat und mit dritten Personen stabile Beziehungen herstellen kann, wird es die Geburt eines Geschwisterkindes vermutlich weniger als Entthronung erleben (S. 37).[6]

Aus diesem Blickwinkel stellt sich die Feindseligkeit des älteren gegenüber dem jüngeren Geschwisterkind als Ausdruck einer defizitären bzw. konflikthaften Beziehung zwischen dem Kind und seinem »mütterlichen« Objekt dar. Dies geschieht umso mehr, wenn sich die Geschwister hinsichtlich der von den Eltern gewünschten und erwarteten Eigenschaften und Präferenzen miteinander vergleichen und darüber in Konkurrenz geraten. Wenn es den Eltern nicht gelingt, zu allen Geschwistern eine gleichbleibend emotional tragende Beziehung herzustellen, dann verschärfen sich die Konflikte zwischen den Geschwistern, die sich dann fragen, warum der andere von ihnen mehr geliebt, gemocht oder bevorzugt wird. Die Antworten führen dann zu der Vermutung, dass der scheinbar nicht so gemochte Geschwisterteil Mängel aufweist, die dazu führen, dass man ihn auch gar nicht so lieben kann

---

6 Dualunion setzt ein bestimmtes Betreuungskonzept voraus, das ggf. interkulturell variieren kann. Siehe hierzu Kapitel 5 für eine kulturvergleichende Sicht.

wie den anderen. Ein negatives Selbstbild, soziale Unsicherheit und Rückzug können die Folgen sein (Lehmkuhl & Lehmkuhl, 1995).

In diesem Zusammenhang beschäftigen sich Kinder intensiv mit den »Unterschieden oder Ähnlichkeiten zu einem nahen Geschwister und festigen so immer mehr die persönliche Identität« (Bank & Kahn, 1980, S. 53). In einer positiv verlaufenden Entwicklung – so Adam-Lauterbach (2020) – würden sich Geschwisterbeziehungen im Verlauf der mittleren und späteren Kindheit egalisieren und harmonisieren. Dies führe zu einer Weiterentwicklung des Objektbeziehungsniveaus und der Affektregulation.

Geschwister sind hinsichtlich des materiellen und psychischen Überlebens nicht so voneinander abhängig, wie sie es – jedes für sich – von den Eltern sind: »Das Prinzip der Geschwisterbeziehung ist die Reihung. Anders als die Triade ist die Reihe offen. Es kann mehr oder weniger Elemente in jeder Reihe geben« (Wellendorf, 1990, S. 303). Die Geschwister sind nicht notwendig; sie sind existentiell überflüssig. Man würde auch ohne sie existieren und eine vollständige psychische und soziale Entwicklung haben können. Das hieße aber auch, dass man selbst ebenfalls in der Reihe fehlen könnte.

Die Existenz von Geschwistern sei nicht nur beunruhigend und bedrohlich, weil sie die psychosoziale Balance der Eltern-Kind-Beziehung ins Wanken bringt. Die Bedrohung gehe auch von der Geschwisterbeziehung selbst aus. Geschwister können leichter Züge des eigenen Selbst repräsentieren. Die geschwisterliche Nähe und die Prozesse der Identifikation, Verschmelzung und Regression implizieren die Gefahr einer Destrukturierung und bedrohen den bereits erreichten Entwicklungsstand und die noch unsichere Identität. Die Bewältigung dieser Gefahr und die Integration der Geschwisterbeziehung in die eigene psychische Struktur erfordere eine intensive Abgrenzungsarbeit (Wellendorf, 1995).

Geschwister zerstören die Illusion der *heiligen Familie*, in der sich die Eltern um ein Kind kümmern. Dies ist eine der vielen Quellen der Angst. Diese lautet: Es könnte egal sein, ob es mich gibt. Es gibt keine unverwechselbare Position für ein Kind. Der Todeswunsch in der Geschwisterbeziehung ist auch ein Wunsch nach Erfüllung der Differenz. Es gibt keine klarere Differenz als die, dass Ich lebe, während der Andere tot ist (Lehmkuhl & Lehmkuhl, 2006, S. 115). Wenn ein Geschwister stirbt, führt das häufig zu nachhaltigen psychischen Reaktionen bei dem Überlebenden, insbesondere treten Schuldgefühle, Ängste und eine intensive Auseinandersetzung mit dem Thema Tod auf, wie es zum Beispiel Annie Ernaux (2022) eindrucksvoll beschreibt (▶ Kap. 9 zum Thema verstorbene Geschwister). Das »andere Mädchen« nennt Ernaux ihre im Alter von sechs Jahren an Diphtherie verstorbene Schwester, die sie nie kennen gelernt hat. Und dennoch prägt diese Schwester den Charakter und die Identität der Nachgeborenen, beschäftigt die Fantasie der Autorin lebenslang und ruft Gefühle wie »ein eifersüchtiges Misstrauen« hervor (S. 53). Obwohl sie »nie zusammen gespielt, gegessen, geschlafen haben« (S. 12), nur wenige Fotos von der Schwester existieren und sie deren Tod erst im Alter von zehn Jahren sehr spät erfährt, nimmt sie intrapsychisch einen großen Raum ein:

> Die Versuchung ist groß, die Ursachen für einige meiner Muster, die auf einer sorgfältigen Abwägung von Glück und Leid basieren, bei Dir zu suchen. Zum Beispiel meine Befürchtung, dass auf jeden Moment der Freude ein Unglück folgt, auf jeden Erfolg eine unbekannte Strafe (Ernaux, 2022, S. 58).

Ernaux glaubt, einem Schatten hinterher zu jagen und versucht, Abstand zu gewinnen, wenn sie feststellt, sie »sollte vielleicht besser außerhalb meiner nach Dir suchen« (S. 59).

So vage und unbestimmt das Bild der Schwester bleibt, desto mehr muss sich Ernaux (2022) mit ihr auseinandersetzen. Es lässt sie nicht los und macht Vergleiche notwendig: »Ich bin nicht so lieb wie sie, ich bin ausgeschlossen. Also werde ich nicht in der Liebe sein, sondern in der Einsamkeit und in der Intelligenz« (S. 68). Obwohl die Eltern mit Ernaux über ihre tote Schwester nie gesprochen haben, ist diese immer anwesend. »Zwischen ihnen, unsichtbar. Du bist ihr Schmerz« (S. 39).

Ernaux's literarischer Bericht über ihre Auseinandersetzung mit der vor ihr verstorbenen Schwester und den Eltern veranschaulicht eindrucksvoll, wie sich sowohl in der vertikalen als auch in der horizontalen Ebene das Geschwisterthema in unterschiedlichen Facetten darstellt. Sie kann »der Toten niemals entkommen« (S. 58). Das Bild und die Fantasien über die Schwester führen eine eigene Existenz, abgegrenzt von denen über die Eltern und dennoch eng aufeinander bezogen und vermischt: »Von Anfang an bringe ich es nicht über mich, unsere *Mutter* oder unsere *Eltern* zu schreiben, Dich in das Trio meiner Kinderwelt mit einzubeziehen« (S. 38).

3.4 Hinweise für die Behandlungspraxis

Geschwister können – wie ausgeführt – eine wichtige Rolle bei der Genese psychischer Erkrankungen spielen, intrapsychische Konflikte bedingen und im psychischen Apparat langfristig Spuren hinterlassen. Es geht dabei nicht nur um Nähe und Distanz, sondern auch um die damit verbundenen inneren Repräsentanzen, unbewussten Fantasien, Wünsche und Bedürfnisse. Adam-Lauterbach (2020) weist auf die Relevanz möglicher entwicklungspsychologischer Einflüsse auf die Psychodynamik hin, insbesondere die libidinöse Besetzung von Geschwistern und ihre Rolle bei der Partner:innenwahl. Deshalb sei es diagnostisch notwendig und hilfreich, die Geschwisterlinie bei der Anamneseerhebung »unabhängig von der Elternperspektive in ihrer Entwicklung zu verfolgen« (S. 149), denn die sofortige Verschränkung mit der Elternperspektive würde oftmals den Blick auf die Geschwisterdynamik verstellen.

Für Mitchell (2001) ist dieses »Seitwärtsschauen« notwendig, um die Geschwisterthematik nicht zu vermeiden oder zu übersehen. Ohne gezieltes Nachfragen bliebe dieser Bereich unbeachtet (Bank & Kahn, 1989/1994) und damit die Möglichkeit versperrt, »nach Durcharbeitung von Hass, Rivalität, Neid, Demütigung und inzestuöser Fixierung⁷, aber auch altruistischer Abtretung zu liebevolleren und ambivalenzfreieren Geschwisterbeziehungen hinzuführen« (Heckh-McCarthy, 1995, S. 88).

Das Bild von Geschwistern scheint in der Analyse besonders dann verschwommen, wenn sich in der präödipalen Phase untereinander eine innige, verschmelzende Beziehung entwickelt hat: Die Ich-Grenzen zwischen den Geschwistern sind verschwommen geblieben; es fehlen klare, abgegrenzte Objektrepräsentanzen, was sich im Übertragungsgeschehen reinszenieren kann. Gefühle von Überforderung und Ausweglosigkeit sind die Folge, wie sie Kinder erleben, die ihrer Verzweiflung überlassen bleiben. Bei Patient:innen entsteht das Gefühl, im Behandlungsraum sei niemand, der die Verantwortung übernimmt. Patient:in und Therapeut:in sind dann die zwei Geschwister, die von ihrer Not oder ihren inzestuösen Wünschen gemeinsam überwältigt werden.

Analoges gilt für die Gegenübertragung: Werden die Konflikte, die die horizontale Ebene der Geschwisterebene kennzeichnen, nicht gründlich in der persönlichen Analyse durchgearbeitet, fehlt deren klärende theoretische Reflexion, werden Geschwisterübertragungen der Patient:innen auf die Therapeut:innen nicht erkannt, bleiben unbearbeitet und stellen ein Analysehindernis dar. König (1993) weist auf die unterschiedlichen Gegenübertragungsreaktionen hin, wenn sich Therapeut:innen mehr in einer Eltern-, Kind- oder Geschwisterposition erleben. Entsprechend werden sie auf die Übertragungsangebote der Patient:innen reagieren und entweder das Infantile in den Patient:innen ablehnen bzw. unterstützen. Dass ein:e Therapeut:in in der Beziehung zu Patient:innen eine Geschwisterrolle anstrebt bzw. ein entsprechendes Angebot der Patient:innen annimmt, hat seine Entsprechung im Verhalten von Eltern mit ihren Kindern, die lieber Geschwister der Kinder sein wollen, als die Elternrolle auszufüllen mit der entsprechenden Verantwortung (König, 1993).

Eine Versöhnung mit den Elternfiguren bleibt unvollständig, wenn die Geschwister als eigene Realität ausgeklammert werden; und geschwisterliche Versöhnung muss scheitern, wenn die ödipale Dimension verleugnet wird. Das verlorene Objekt ist nicht nur der Elternteil, sondern auch das Geschwister, wenn sie »als eigene Realität ausgeklammert werden« (Wellendorf, 1995, S. 308).

> Ein Durcharbeiten der heftigen libidinösen und aggressiven Impulse und Fantasien in den Beziehungen zu den Geschwistern ist auch eine Absage an die Hierarchie, ein Akzeptieren der Zugehörigkeit zur eigenen Generation und eine Einsicht in die komplizierten Strukturen von Gegenseitigkeit – auch zwischen den Geschlechtern, in denen Niemand und keine soziale Einheit Macht über den Anderen hat. In hierarchischen Institutionen ist Waffenstillstand, aber keine Versöhnung möglich (Wellendorf, 1995, S. 309).

Wir sollten als therapeutisches Ziel die Versöhnung anstreben.

---

7 Im Vergleich zur Regression beschreibt die Fixierung keine Rückkehr, sondern eine Stagnation auf einer psychosexuellen Entwicklungsstufe, welche mit entsprechenden Bedürfnissen verbunden und im Erwachsenenalter entsprechend zu intra- und interpsychischen Konflikten führen kann.

3.5 »Wem gegenüber haben Sie in der Vergangenheit so empfunden?«

Diese Frage stellt Greenson (1975, S. 322), um festzustellen, dass »alle Übertragungsphänomene von Erlebnissen mit den Schlüsselfiguren der frühen Lebensperiode herstammen, sowie von ihren späteren Gegenstücken und Abkömmlingen«.

Obwohl die Bedeutung und Bearbeitung der primären Objektbeziehungen durch die Berücksichtigung der Geschwister einen erweiterten Fokus und damit »eine neue und erweiterte Sichtweise auf die Psychopathologie und auf die innere psychische Welt unserer Patienten« vermittelt (Adam-Lauterbach, 2020, S. 162), bleibt die vertikale Eltern-Kind-Perspektive in der analytischen Theorie und Ausbildung tief verankert, so dass »die Ausbilder die parallel laufenden horizontalen Vektoren der Geschwisterbeziehung nicht berücksichtigen« (Bank & Kahn, 1989/1994, S. 240). Die Autoren plädieren für eine aktive Haltung und ein Aufgreifen der Geschwisterdynamik, um diese offenlegen zu können. Vielmehr seien Analytiker:innen daran gewöhnt und geschult – so Heckh-McCarthy (1995, S. 86) – Elternteil-Übertragungen auf sich wahrzunehmen, die ihre Rolle als elterliche Autoritätsperson unterstreichen. Dies mag u. a. auch an ungelösten Familienproblemen der Therapeut:innen liegen, die sich z. B. in fehlender Bereitschaft zur Konfliktbearbeitung auf der Geschwisterebene zeigen (Stierlin, 1977). Aus eigenem Erleben wissen wir, wie hilfreich die Einbeziehung der Herkunftsfamilie die Selbsterfahrung erweitern kann (Rücker-Embden-Jonasch et al., 1986).

So bleibt zu hoffen, dass die Geschwisterthematik vermehrt in die psychoanalytische Theorie, Praxis und Ausbildung integriert wird, um sowohl die vertikalen als auch horizontalen Familienbeziehungen in ihrer Bedeutung für die Identitätsentwicklung, Psychodynamik und Psychopathologie besser verstehen zu können.

Literatur

Adler, A. (1929/1981). Die Familienkonstellation. In A. Adler, *Neurosen. Fallgeschichten* (S. 110–133). Fischer.
Adler, A. (1933/1973). *Der Sinn des Lebens.* Fischer.
Adam-Lauterbach, D. (2018). Psychodynamische Aspekte der Geschwisterpositionen. *Konzentrative Bewegungstherapie, 48,* 4–23.
Adam-Lauterbach, D. (2020). *Geschwisterbeziehung und seelische Erkrankung.* Klett-Cotta.
Allen, J. G., Fonagy, P. & Bateman, A. W. (2011). *Mentalisieren in der psychotherapeutischen Praxis.* Klett-Cotta.
Bally, A. (2020). Kulturschock und Geschwisterkomplex. *Journal für Psychoanalyse, 54,* 89–104.
Bank, S. P. & Kahn, D. M. (1980). Freudian siblings. *Psychoanalytic Rev*iew, 67, 493–504.
Bank, S. P. & Kahn, D. M. (1989/1994). *Geschwister-Bindung.* DTV.
Döll-Hentschker, S. (2017a). Editorial. *Psyche, 71,* 735–737.
Döll-Hentschker, S. (2017b). Geschwister (er)leben – eine zu wenig beachtete psychische Dimension. *Psyche, 71,* 738–779.

Dunn, J. (1996). The Emanuel Miller memorial lecture 1995: Children's relationships: bridging the divide between cognitive and social development. *Journal of Child Psychology and Psychiatry*, 37, 507–518.
Ellenberger, H. F. (1985). *Die Entdeckung des Unbewussten*. Diogenes.
Ernaux, A. (2022). *Das andere Mädchen*. Suhrkamp.
Ernst, C. & Angst, J. (1983). *Birth order*. Springer.
Fonagy, P. & Target, M. (2006). *Psychoanalyse und die Psychopathologie der Entwicklung*. Klett-Cotta.
Freud. S. (1914/1982). *Zur Psychologie des Gymnasiasten. Studienausgabe Bd. IV* (S. 235–240). Fischer.
Freud, S. (1916–17/1982). *Vorlesungen zur Einführung in die Psychoanalyse. Studienausgabe Bd. I*. Fischer.
Frick, J. (2004). *Ich mag Dich – Du nervst mich!* Huber.
Greenson, R. R. (1975). *Technik und Praxis der Psychoanalyse*. Klett.
Heckh-McCarthy, H. (1995). Geschwisterbeziehungen im psychoanalytischen Prozess. In K. Ley (Hrsg.), *Geschwisterliches. Jenseits der Rivalität*, (S. 71–90). edition discord.
Heenen-Wolff, S. (2007). Die Geschwisterbeziehung – postmoderne psychoanalytische Perspektiven zur »Horizontalisierung« in der Beziehungswelt. *Psyche*, 61, 541–599.
Heisterkamp, G. (1995). Geschwisterkonstellation. In R. Brunner & M. Titze (Hrsg.), *Wörterbuch der Individualpsychologie* (S. 204–206). Reinhardt.
Hoffmann, E. (1997). *Alfred Adler. Ein Leben für die Individualpsychologie*. Reinhardt.
Kaës, R. (2017). Der Geschwisterkomplex. *Psyche*, 71, 780–811.
König, K. (1993). *Gegenübertragungsanalyse*. Vandenhoeck & Ruprecht.
Lehmkuhl, U. & Lehmkuhl, G. (1995). Die Bedeutung der Geschwisterkonstellation aus psychotherapeutischer Sicht. *Zeitschrift für Individualpsychologie*, 20, 195–207.
Lehmkuhl, U. & Lehmkuhl, G. (2006). Die Bedeutung von Geschwistern in der Psychotherapie. In U. Lehmkuhl (Hrsg.), *Instanzen im Schatten. Väter, Geschwister, bedeutsame Andere. Beiträge zur Individualpsychologie, Bd. 32* (S. 104–118). Vandenhoeck & Ruprecht.
Mitchell, J. (2001). »Seitwärtsschauen«. Die Psychoanalyse und das Problem der Geschwisterbeziehung. *Jahrbuch der Psychoanalyse*, 43, 83–107.
Mussen, P. H., Conger, J. J. & Kagan, J. (1979). *Lehrbuch der Kinderpsychologie*. Klett-Cotta.
Parens, H. (1988). Siblings in early childhood: some direct observational findings. *Psychoanalytic Inquiry*, 8, 31–50.
Rücker-Embden-Jonasch, I., Armbruster, F., Bafekr, S., Dahms, W., Genser-Dittmann, U., Happel, F., Hausner-Wienhold, C., Lehmkuhl, G., Lehmkuhl, U., Migl, G. & Nebelin, I. (1986). Familientherapeuten erleben ihre Herkunftsfamilie. *Praxis der Kinderpsychologie und Kinderpsychiatrie*, 35, 305–312.
Seiffge-Krenke, I. (2004). *Psychotherapie und Entwicklungspsychologie*. Springer.
Seiffge-Krenke, I. (2017). Das Aschenputtel-Phänomen. Neid unter Schwestern und die Aufspaltung des Mutterbildes. *Psyche*, 71, 841–864.
Stierlin, H. (1977). *Eltern und Kinder. Das Drama von Trennung und Versöhnung*. Suhrkamp.
Wellendorf, F. (1995). Zur Psychoanalyse der Geschwisterbeziehung. *Forum der Psychoanalyse*, 11, 295–310.
Wexberg, E. (1930/1987). *Individualpsychologie. Eine systematische Darstellung*. Hirzel.
Wexberg, E. (1931/1987). *Sorgenkinder*. Hirzel.

4   Geschwisterbeziehungen aus systemischer und familientherapeutischer Sicht

Christiane Wempe

»Meine Schwester ist mein Ein und Alles«, so hört man es manchmal von Kindern, denn das gemeinsame Aufwachsen in einer Familie, als Vertraute und Spielgefährtin, schafft eine einzigartige Nähe. Die Geschwisterbeziehung hat aber auch ihre Schattenseiten, denn mit Sticheleien und Eifersüchteleien können Geschwister einander das Leben zur Hölle machen: »Mein kleiner Bruder nervt total, macht mir dauernd alles kaputt!« Wenngleich ein Auf und Ab an der Tagesordnung ist, raufen sie sich meist irgendwie zusammen. Das alltägliche Geschwisterleben prägt – zusammen mit dem gemeinsamen Erbgut – das Familiengefühl. Geschwisterbeziehungen gehören zu den Primärbeziehungen, sie sind die einzigen Menschen, die einander normalerweise durchs ganze Leben begleiten und über die gemeinsame Familienidentität verbunden bleiben.

Familienpsychologisch gesehen bilden Kinder ein eigenes Subsystem, das von klein an die Familiendynamik aktiv mitgestaltet. Das geschwisterliche Subsystem steht in ständiger Wechselwirkung mit den anderen Subsystemen bzw. dem Gesamtsystem Familie. Das gilt zum Beispiel für das Familienklima: Dies wird von Menschen, die eine schlechte bis gar keine Beziehung zu ihren Geschwistern aufweisen, als negativ erlebt (Blake, Bland & Rouncefield-Swales, 2023). Weiterhin färbt die Qualität der elterlichen Partnerschaft auf jene der Geschwisterbeziehung ab. Kinder leiden unter den Eheproblemen ihrer Eltern und einige versuchen sogar, diese wieder miteinander zu versöhnen. Umgekehrt kann heftiger Dauerstreit der Kinder die Eltern belasten. Daneben können Teile der Familie koalieren, z. B. ein Elternteil mit einem Kind, und die Familie spalten. Gern verbünden sich Geschwister gegen die Eltern, um gemeinsam ihre Interessen durchzusetzen. Am meisten Bedeutung wurde dem Einfluss der elterlichen Erziehung beigemessen, da die Familie ja auch eine Sozialisationsinstanz ist. Nichtsdestotrotz haben erwachsene Geschwister natürlich auch eine ganz eigene Beziehungsdynamik entwickelt, die sich unabhängig von den familialen Einflüssen gestaltet.

Darüber hinaus ist die Familie in externe Systeme (Verwandtschaft, Nachbarschaft, Peer-Gruppe, Schule, Beruf) eingebettet, mit denen die Familie im Austausch steht. So tragen Geschwister ihr gemeinsam erworbenes Beziehungswissen in andere Beziehungen mit hinein, wie Freundschaften und Liebesbeziehungen. Umgekehrt bringen Partner:innen erwachsener Kinder eine neue Dynamik in das System. Sie können die Geschwisterbeziehung bereichern, aber auch untergraben, wenn sie die Geschwister ablehnen oder von diesen zurückgewiesen werden.

Angesichts dieser vielfältigen komplexen Zusammenhänge erstaunt es sehr, dass die Geschwisterbeziehung in der Familienpsychologie bisher nur eine marginale Rolle spielte. Vielmehr stand die Geschwisterforschung, als Teil der Entwicklungspsychologie, für sich und konzentrierte sich zunächst auf die Rolle von Strukturmerkmalen (z. B. Geburtenrang) und später auf die besonderen Dynamiken ihrer Beziehung. Nur in wenigen Ausnahmen wurden Geschwister im Familienkontext betrachtet, wie etwa in der Beobachtungsstudie von Kreppner und Mitarbeiter:innen (1982) zur Integration eines zweiten Kindes in eine bestehende Familientriade. Ansonsten sind Befunde der traditionellen Geschwisterforschung nur begrenzt aussagekräftig: »Findings on sibling influences must be viewed with caution when studies fail to include information about the larger family environment« (Whiteman, McHale & Soli, 2011, S. 11). Bekannt ist, dass die subjektiven Sichtweisen der einzelnen Familienmitglieder oft deutlich voneinander abweichen: Jedes Mitglied hat die Familiensituation anders erlebt. Eltern neigen dazu, die Beziehung positiver zu sehen, da sie mit zunehmendem Alter stärker an der Beziehung zu ihren Kindern interessiert sind als umgekehrt (Bengtson & Kuipers, 1971).

Ein ähnliches Defizit besteht bei der Familientherapie, die Geschwister sträflich vernachlässigt hat. In einschlägigen Lehrbüchern sucht man vergebens nach diesem Thema. Hier lag der Fokus stets auf der partnerschaftlichen und der Eltern-Kind-Ebene, für die es zahlreiche Therapieansätze gibt, während Geschwister ein unbeschriebenes Blatt sind. Ziel dieses Beitrages ist es, zunächst die Geschwisterbeziehung aus systemischer Perspektive näher zu beleuchten und Einblick in spezifische Geschwisterdynamiken zu geben. Dabei liegt der Fokus auf der Geschwisterbeziehung im Erwachsenenalter, die gegenüber jener im Kindes- und Jugendalter erst kürzlich mehr Aufmerksamkeit erfährt (Smolka, 2020). Anschließend werden Möglichkeiten aufgezeigt, wie Geschwisterthemen mehr in der Familientherapie aufgegriffen werden können.

4.1 Besonderheiten der Geschwisterbeziehung im Erwachsenenalter

Die Entwicklungspsychologie skizziert einen typischen Wandel der Geschwisterbeziehung (▶ Kap. 2): In den intensiven Kinderjahren bauen Geschwister oft eine enge Bindung auf und erwerben in der täglichen Auseinandersetzung wichtige soziale Kompetenzen. Da sie gezwungen sind, sich im Alltag zu arrangieren, sind Reibereien unvermeidbar und durchaus üblich. Im Zuge der jugendlichen Autonomiegewinnung dagegen grenzen sich Geschwister häufig voneinander ab und gehen mehr und mehr ihrer eigenen Wege. Im Erwachsenenalter stehen Berufsfindung, Partnerschaft und Familiengründung im Vordergrund, sodass die Geschwisterbeziehung nachrangig ist. Das mittlere Erwachsenenalter wiederum bringt dann (wieder) eine Annäherung mit sich, die sich im Alter oft noch weiter vertieft. Mit dem Auszug der eigenen Kinder und dem Beginn der Rentenphase entstehen neue Freiräume, sich auch wieder mehr auf die Geschwister zu besinnen. Vor allem Verwitwete und Kinderlose legen Wert auf den Kontakt.

In Abhängigkeit von vielfältigen Einflussfaktoren (räumliche Nähe oder gemeinsame Interessen) variiert die Qualität der Beziehung erwachsener Geschwister erheblich, von innigen Bindungen, über gelegentliche oberflächliche Kontakte, Indifferenz bis hin zu schwerwiegenden Konflikten und Kontaktabbruch. Besonderes Augenmerk wurde dabei auf strukturelle Merkmale (Geschlechtskonstellation, Altersabstand, Geburtenrang) ihrer Beziehung gerichtet. Einerseits halten viele Geschwister ein Leben lang Kontakt, wobei es weniger auf die Häufigkeit als auf die Zufriedenheit mit dem Kontakt ankommt. Außerdem sind erwachsene Geschwister potentielle Quellen gegenseitiger Unterstützung, materieller wie instrumenteller Art. Allen voran wird der psychologische Beistand, z.B. Rat bei schwierigen Entscheidungen, geschätzt. Im Alter nimmt die Hilfsbereitschaft zu, wobei die Gewissheit, darauf zurückgreifen zu können, wichtiger ist als tatsächlich geleistete Hilfe. Vor allem Schwestern stehen einander bis ins hohe Alter nah und sind füreinander da, während Brüder eher losen Kontakt haben (Volkom, 2006). Allerdings ist die Befundlage nicht immer eindeutig, und über die Besonderheiten der Beziehung unter Brüdern weiß man bisher wenig (Matthews, Delaney & Adamek, 1989).

Andererseits konkurrieren auch erwachsene Kinder nach wie vor miteinander um Macht und Ansehen innerhalb der Geschwisterreihe sowie um Anerkennung und Zuneigung der Eltern sowie deren Ressourcen. Eltern können ihre materiellen und instrumentellen Ressourcen nie vollkommen gerecht auf ihre Kinder aufteilen. Diese Ungleichbehandlung nehmen Kinder oft als ungerecht wahr, wenn es keine guten Gründe dafür gibt. Wenn ein krankes Kind nicht für sich sorgen kann und auf elterliche Hilfe angewiesen bleibt, wird dies aber akzeptiert. Fühlt ein Kind sich auf Dauer benachteiligt, empfindet es dem Geschwister gegenüber Neid. Die Geschwisterbeziehung leidet darunter. Solche Themen sollten in der Familie offen kommuniziert werden (Wempe, 2023).

In einer retrospektiven Befragung geben Erwachsene an, elterliche Ungleichbehandlung bezüglich Zuneigung, Disziplin und Privilegien erfahren zu haben (Ferring, Boll & Filipp, 2003). Diese hat die Beziehung zu ihren Eltern nachhaltig beeinträchtigt: Benachteiligte Kinder fühlen sich als Erwachsene ihren Eltern weniger verbunden und sind weniger geneigt, diese zu unterstützen. Auch Eltern ihrerseits geben in Befragungen an, bestimmte Kinder zu bevorzugen, und zwar eher erwachsene Töchter als Söhne und Kinder mit ähnlichen Werten (Aldous, Klaus & Klein, 1985; Suitor, Sechrist, Plikuhn, Pardo & Pillemer, 2008).

Für Geschwister in den höheren Lebensphasen hat Goetting (1986) einige typische Entwicklungsaufgaben beschrieben:

i. Eine zentrale Aufgabe von Geschwistern im Alter ist die *Reminiszenz*, d.h. die Rückschau auf die gemeinsame Familienhistorie. Diese beinhaltet ein breites Spektrum an Erfahrungen, gemeinsamen Zeiten und Erinnerungen. Geschwister schwelgen gern in gemeinsamen Erinnerungen an Familienerlebnisse, die sie gegenseitig validieren können. Reminiszenz als Ressource trägt zu Wohlbefinden und einem Gefühl von Integrität bei. Mit dem Tod eines Geschwisters geht diese Möglichkeit des einzigartigen Austauschs für immer verloren (▶ Kap. 9). Die Hinterbliebenen fühlen sich allein mit ihren Erinnerungen, weil niemand sonst so direkt dabei war. Der Verlust des Geschwisters

hinterlässt demnach eine große Lücke und kann eine längere Trauerphase auslösen.
ii. Als weitere Entwicklungsaufgabe von Geschwistern dieser Lebensphase steht der reife *Umgang mit Rivalitäten* an. Ein Leben lang vergleichen sich Kinder, als Erwachsene geht es dabei um typische Statussymbole: Wer hat mehr im Leben erreicht, z. B. ein Eigenheim erworben, oder wessen Ehe/Beziehung läuft besser? Auch Eltern lassen sich nach wie vor zu solchen Vergleichen hinreißen, äußern Stolz oder Missbilligung und schüren damit die Rivalität ihrer Kinder. Das Alter jedoch ist allgemein eine Zeit der Versöhnung, in der Geschwister auf Konfliktvermeidung bedacht sind, um ihre Beziehung nicht zu gefährden. Zudem verfügen sie über mehr Lebenserfahrung und Sozialkompetenz. Daher sind Geschwister im Alter bemüht, die von den Eltern zugewiesenen starren Rollen zu hinterfragen und zu überwinden, um sich neu zu begegnen.
iii. Die wohl schwierigste Aufgabe für Geschwister in der Lebensmitte ist es, die *Versorgung und Pflege der alternden Eltern* zu organisieren. In Abhängigkeit von der gesundheitlichen Situation der Eltern und der Lebenssituation der Kinder geht diese Aufgabe mit erheblichen langwierigen Einschränkungen einher. Meistens sind die Lasten ungleich verteilt: Die Bürde liegt nur auf einer oder zwei Personen, üblicherweise Töchter, die vor Ort sind. Dafür muss die Berufstätigkeit reduziert oder sogar aufgegeben sowie Bedürfnisse hintangestellt werden. Die hauptversorgende Person fühlt sich oft von den sekundärversorgenden im Stich gelassen, die sich nur wenig beteiligen, etwa zu besonderen Anlässen (Urlaubsvertretung). Während Töchter oft direkte Pflege leisten, übernehmen Söhne eher organisatorische Aufgaben. In der Folge sind Eltern jenen Kindern mehr zugeneigt, die sie im Alter unterstützen und wollen sich ihnen gegenüber dankbar zeigen, z. B. durch materielle Entschädigung (s. u.). Wer keine Hilfe leistet, sollte gute Gründe haben (z. B. Entfernung, eigene Verpflichtungen) und muss dafür gegebenenfalls beim Erbe zurückstecken.

Der Tod der Eltern leitet eine neue Phase in der Geschwisterbiografie ein, denn dieser Verlust wirft sie aufeinander: »Jetzt haben wir nur noch uns!« Die gemeinsame Trauer bringt die Geschwister zunächst (wieder) zusammen, wenngleich sie sich langfristig wieder voneinander entfernen, wobei es auch andere Befunde gibt. Dabei macht es einen Unterschied, ob der erste oder zweite Elternteil stirbt (Kalmijn & Leopold, 2019). Die Autoren nehmen an, dass der Tod des ersten Elternteils die Kohäsion zwischen den Geschwistern – zumindest kurzfristig – erhöht, weil sie sich um den überlebenden Elternteil kümmern müssen. Nach dem Tod des zweiten Elternteils ist niemand mehr da, der die Familie zusammenhält, denn der geschwisterliche Kontakt läuft oft über die Eltern. Meist haben Mütter die Rolle der *kin-keeper* inne, kümmern sich also um die *Verwandtschaftspflege*. Danach sind es in vielen Familien Töchter, die die Familientraditionen fortführen.

Nach dem Tod der Eltern haben Kinder einige Aufgaben (Beerdigung organisieren, Auflösen des elterlichen Hausstandes) zu erledigen, was nicht immer einvernehmlich gelingt. Die daraus resultierenden Auseinandersetzungen können sich bei Erbstreitigkeiten zuspitzen: »Der Vater ist noch nicht mal unter der Erde, schon durchwühlen meine Schwestern seine ganze Wohnung!« Erbaufteilungen sind bestens geeignet, Neid und Missgunst unter Geschwistern zu wecken, denn ein Mehr auf der einen Seite geht automatisch mit einem Weniger auf der anderen Seite einher (Wempe, 2023). Sobald sich ein Kind gegenüber anderen übervorteilt sieht, hagelt es gegenseitige Vorwürfe und Verdächtigungen, die schnell eskalieren können. Hauptursache für Erbstreitigkeiten ist die elterliche Ungleichbehandlung, d. h., das Erbe wird nicht zu gleichen Teilen auf die einzelnen Kinder verteilt. Abweichungen von der Gleichheitsnorm werden nur akzeptiert, wenn diese als gerechtfertigt erlebt werden, z. B., wenn sich jemand für die Eltern aufgeopfert hat. Dabei reißen alte Wunden wieder auf, hinter denen länger schwelende, ungelöste Konflikte stecken. Muster von Bevorzugung bzw. Benachteiligung reichen oft weit in die Kindheit zurück. Über das Vererben haben Eltern selbst über ihren Tod hinaus ein Mittel, Macht über ihre Kinder auszuüben, d. h., diese zu belohnen oder zu bestrafen, was Feindseligkeit und Entfremdung nach sich zieht. Gestritten wird dabei nicht nur um große Vermögenswerte oder Immobilien, sondern auch um kleine Dinge, an denen persönliche Erinnerungen an den verstorbenen Elternteil hängen, wie z. B. ein Fotoalbum. Der symbolische Wert eines Objekts mag bedeutsamer sein als der materielle Wert.

4.2 Geschwister in der Psychotherapie

Trotz ihres großen Potentials, das es auszuschöpfen gilt, sind Geschwisterbeziehungen bisher in der Psychotherapielandschaft ein weitgehend unbeschriebenes Blatt: »However, despite the therapeutic potential of sibling-focused interventions, the field of siblings in therapy is underdeveloped« (Milevsky, 2018, S. 440). Ein wesentlicher Grund dafür liegt darin, dass die Psychoanalyse bzw. Tiefenpsychologie (▶ Kap. 3) wie auch die Verhaltenstherapie traditionell den Einfluss elterlichen Verhaltens auf die kindliche Entwicklung hervorhoben. Lediglich Adler (1927) hat schon früh den Blick auf die Geschwisterbeziehungen gerichtet, ohne dass seine Überlegungen großen Widerhall fanden. Dabei könnten Erkenntnisse der Geschwisterforschung den Horizont dieser elternzentrierten Therapieansätze erweitern: Sie verdeutlichen, welche Chancen und Risiken die vielschichtige Geschwisterbeziehung birgt. Diese wird daher gern als die ambivalenteste aller Beziehungen überhaupt bezeichnet: Verbundenheit und Rivalität liegen dicht beieinander (Frick, 2015).

Einerseits stellen geschwisterliche Probleme einen *Risikofaktor* für die individuelle Entwicklung dar. Da Adler (1927) die pathogenen Aspekte von Geschwisterbeziehungen wie Entthronung, Eifersucht und Macht herausstellte, dominierte lange eine negative Sicht: Die schädlichen Einflüsse destruktiver Geschwisterbeziehungen (z. B. Gewalt, Missbrauch) standen im Mittelpunkt. Tatsächlich leiden viele Menschen auch als Erwachsene, wie oben erwähnt, noch unter Konflikten, Kränkungen und Entfremdung seitens ihrer Geschwister. Geschwister sind einander so nah, dass sie gegenseitig ihre wunden Punkte kennen und dies ausnutzen können.

Andauernde intensive Konflikte können das Wohlbefinden stark beeinträchtigen sowie Ängste, Depression und Einsamkeit im Alter verstärken, wie Stocker et al. (2020) zeigen. Andere Kinder haben mit Ablehnung oder Ausgrenzung durch Geschwister zu kämpfen. Wenn ein Kind bloßgestellt oder ausgeschlossen wird, kann dies unterschiedliche Gründe haben. So können Geschwister sich aus Rache gegen ein Lieblingskind der Eltern wenden. Außerdem kann eine Auffälligkeit (z. B. Sprachfehler) den anderen einen Angriffspunkt bieten (Frick, 2015). In der Folge kann das betroffene Kind massive Selbstzweifel und Einsamkeit entwickeln.

Andererseits gilt eine positive Geschwisterbeziehung in der Resilienzforschung als ein *Schutzfaktor* gegen die Widrigkeiten des Lebens. Emotionale Nähe, Unterstützung und guter Kontakt fördern Wohlbefinden und Lebenszufriedenheit und geben ein Gefühl emotionaler Sicherheit und Kontinuität (Cicirelli, 1995; Milevsky, 2018). Die Geschwisterbeziehung kann lange *schlafen*, wird aber in Krisenzeiten aktiviert. Lange und Lehmkuhl (2012) gehen davon aus, dass »eine positive Geschwisterbeziehung einen schützenden Effekt bei Belastungen durch ein kritisches Lebensereignis darstellen kann« (S. 524). Dies hängt jedoch von der sozialen Akzeptanz und der Verantwortlichkeit für das Ereignis ab: Im Fall einer körperlichen Erkrankung stehen Geschwister einander bei, wohingegen bei selbst verschuldeten Ereignissen (z. B. Drogenabhängigkeit) wenig Unterstützung geleistet wird (Voorpostel, van der Lippe & Flap, 2012). Vor allem ältere Geschwister können – schon als Jugendliche – die Rolle einer sekundären Bindungsperson übernehmen (Trost, 2020). Dies kommt insbesondere bei Verlusterfahrungen und Trennungen zum Tragen, wenn die Eltern emotional nicht verfügbar sind. Bei chronischen Belastungslagen, z. B. schwerer Krankheit, schlüpfen Geschwister schon mal in eine Art Ersatzelternrolle, um die Eltern zu entlasten, allerdings auf Kosten ihrer eigenen Entwicklung (▶ Kap. 10, ▶ Kap. 11). Auch in späteren Lebenskrisen wie z. B. Verwitwung verlassen sich Geschwister aufeinander.

Gerade die Familientherapie bietet sich an, das Geschwistersystem – in seiner Wechselwirkung mit anderen Subsystemen – stärker einzubeziehen. Dabei können Geschwisterthemen direkt oder indirekt in die Therapie einfließen.

Indirekter Einbezug. Ein akutes Problem (z. B. soziale Phobie) wird in der Therapie präsentiert, ohne dass zunächst ein Zusammenhang mit geschwisterlichen Erfahrungen erkennbar wäre. Dieser erschließt sich oft erst im weiteren Verlauf, wenn die Familiengeschichte aufgerollt wird. Beispielsweise suchte eine junge Patientin wegen partnerschaftlicher Probleme Beratung auf. In der Anamnese beschrieb sie ihren älteren Bruder als sehr dominant und abwertend: »Er hat mich immer runter gemacht und beleidigt. Das war schon immer so, ich dachte, das ist normal«. Von den Eltern wurde dies als normaler Geschwisterzwist abgetan und die Not der Patientin nicht ernst genommen, so dass sie resigniert hatte. Das sich wiederholende Muster – Misstrauen, Enttäuschung und Rückzug – der jungen Patientin ihren Partnern gegenüber wurde ihr bewusst und erschien vor dem Hintergrund der schwierigen Geschwisterdynamik plötzlich in einem neuen Licht. Die Bearbeitung solcher verdeckten Geschwisterthemen (engl. covert sibling issues) ermöglicht also ein tieferes, ganzheitlicheres Verständnis von Problemen (Milevsky, 2018).

Direkter Ansatz. Manchmal sind Auseinandersetzungen (z. B. Erbstreitigkeiten) oder der Kontaktabbruch eines Geschwisters direkt der Grund, Psychotherapie aufzusuchen. In diesem Fall besteht das Anliegen der Patient:innen direkt darin, die destruktive Geschwisterbeziehung zu verbessern oder zumindest zu lernen, besser damit umzugehen. So berichtet ein älterer Mann mit depressiver Symptomatik, dass er von seiner Mutter ausgebootet wurde, die ihrem jüngeren Sohn das Elternhaus hinter seinem Rücken überschrieben hatte. Das Gefühl, dem Halbbruder gegenüber benachteiligt zu werden, begleitet den Patienten schon ein Leben lang. Die Mutter ließ ihn ständig spüren, dass er sie an seinen Vater, ihren verhassten Ex-Mann, erinnerte und kritisierte ihn ständig. Tief enttäuscht wandte er sich ab. Es half dem Patienten, die Motivation der Mutter nachzuvollziehen: Diese wollte den beruflich erfolglosen Sohn absichern und ihm dafür danken, dass er sich am Ende viel um sie gekümmert hatte. Da die Mutter inzwischen dement war, ließ sich mit ihr nichts mehr klären. Daher gab es nur die Möglichkeit, eine Aussprache mit dem Halbbruder zu suchen. Durch ein moderiertes Gespräch könnte zwischen den unversöhnlich erscheinenden Seiten vermittelt werden, so dass sich eine eigenständige Beziehung, losgelöst vom mütterlichen Einfluss, entwickeln könnte. Hierbei könnte hilfreich sein, zu schauen, was die beiden Brüder in dieser Lebensphase verbinden könnte. Dazu waren sie aber nicht bereit.

4.3 Schwerpunkte der systemischen Geschwisterarbeit

Nachfolgend werden einige Schwerpunkte möglicher Geschwisterarbeit in einem systemischen Setting vorgestellt.

4.3.1 Reflexion und Stärkung der Beziehung

Einen vielversprechenden Ansatzpunkt bietet die Reflexion der Geschwisterbeziehung, um diese differenzierter zu sehen und mehr wertzuschätzen. Elemente der Biografiearbeit (z. B. Röhrbein, 2021) ermöglichen, die Stärken und Schwächen der Beziehung zu identifizieren. Die alten Rollenzuweisungen der Kindheit können beleuchtet und gegebenenfalls aufgegeben werden. Dies eröffnet die Chance, die Beziehung neu zu definieren. Für Geschwister im Kindes- und Jugendalter haben Vogt, Hubert-Schnelle und Clavée (2010) im Rahmen der lösungsorientierten Therapie einige typische, auch zirkuläre Fragen für Kinder dieser Altersgruppe zusammengestellt: »Was gefällt mir an meinem Geschwister?«; »Wofür ist es gut, Geschwister zu haben?«; »Was wünsche ich mir von meinen Geschwistern?«; »Wie zufrieden bin ich damit, Geschwister zu haben?« und »Wie wäre mein Leben ohne Geschwister?« Diese könnten für erwachsene Geschwister übernommen und noch ergänzt werden: z. B. »Welche Krisen wurden im Leben gemeinsam bewältigt?« und

»Was bedeutet dies für unsere Beziehung«? Bei Frick (2015) finden sich hierzu ganze Fragenkataloge.

Die direkte Arbeit an einer gespannten oder distanzierten Geschwisterbeziehung setzt voraus, dass beide Seiten dazu bereit sind. Spezielle Ansätze hierfür gibt es nur ganz vereinzelt. Für Multiproblemfamilien hat Lewis (1986) eine *Geschwister-Therapie* entwickelt, die darauf abzielt, ihre Bindung (*Wir-Gefühl*) zu fördern. Den Kindern und Jugendlichen werden soziale Fertigkeiten vermittelt, um sich gegenseitig mehr zu unterstützen. Wenn das elterliche Fürsorgeverhalten inkonsistent oder inadäquat ist, kann ein (oft älteres) Kind darin gestärkt werden, die Rolle des »parenting child« zu übernehmen. Diese Rolle kann als befriedigend erlebt werden, wenn es dafür Anerkennung bekommt und nicht überfordert ist. Auch als Erwachsene übernehmen meist ältere Geschwister (nach dem Tod der Mutter), wie oben erwähnt, die *Verwandtschaftspflege* und sorgen sich um jüngere Geschwister.

Erste Impulse für Erwachsene liefern spezielle Schwestern-Workshops (Ziebell & Ziebell, 2021), in denen geschwisterliche Ressourcen aktiviert werden. Perspektivwechsel sind dabei die Methode der Wahl, um das gegenseitige Verständnis zu erhöhen. Eine Übung hierzu sieht beispielsweise vor, den Platz der Schwester einzunehmen und eine Situation in der Ich-Form aus ihrer Sicht zu beschreiben. Danach wird geprüft, ob sich die Sichtweise auf die Schwester dadurch verändert hat. Des Weiteren lassen sich familientherapeutische Methoden aus anderen Kontexten auf Geschwister anwenden. So greift Stierlin (2005) in der Paartherapie speziell den Aspekt Beziehungsgerechtigkeit auf: Nach Stierlin führen Paare innerlich Buch darüber, was sie in ihrer Beziehung geben und erhalten. Sind die Konten ausgeglichen, wird die Beziehung als positiv erlebt. Ansonsten fühlt sich eine Seite ausgenutzt. Stierlin leitet Paare etwa zur »geleiteten Aufmerksamkeit« an: Sie sollen sich auf gemeinsame beglückende Erfahrungen besinnen, um sich die Stärken ihrer Beziehung (wieder) bewusst zu machen.

Prinzipiell ist Fairness auch in der Geschwisterbeziehung ein Thema, angefangen beim Taschengeld, bis hin zur elterlichen Hinterlassenschaft, aber z. B. auch Mithilfe im Familienhaushalt. Da Geschwister in jedem Alter zu Vergleichen neigen, verspüren sie leicht Neid, wenn die Geschwister erfolgreicher und zufriedener sind als sie selbst. Wie sich solche Vergleiche auswirken, hängt dann weniger von den Eltern als von ihrer Beziehungsqualität ab.

4.3.2 Umgang mit Rivalität und Konflikten

Eine der größten Herausforderungen für Geschwister ist es, mit Rivalität und Konflikten umzugehen. Grundsätzlich streben Familien nach Gleichgewicht, um das System zu erhalten. Besonders mit zunehmendem Alter sind Geschwister auf Harmonie bedacht, weshalb das Auflösen von Rivalität, wie oben erwähnt, eine zentrale Entwicklungsaufgabe dieser Lebensphase darstellt. Zudem haben sie sich im Lauf ihres Lebens jeweils eigene Nischen in der Familie (der Sportliche, die Leseratte) gesucht, welche die Rivalität verringern (De-Identifikation). Viele Konfliktmuster reichen weit in die Vergangenheit zurück und entzünden sich später an immer wieder neuen Inhalten. Bei der Entstehung und Aufrechterhaltung geschwisterlicher Konflikte spielen mehrere Mechanismen zusammen. Mögliche Angriffspunkte sind Unterschiede in Persönlichkeit, Werten und Lebensstil, die einen Keil zwischen Geschwistern treiben können. Als Schlüsselfaktor jedoch hat sich die elterliche Ungleichbehandlung herauskristallisiert: Selbst erwachsene Geschwister registrieren genau Bevorzugungen und Benachteiligungen, die Eifersucht hervorrufen. Warum bekommt der Bruder ein teureres Geschenk? Eifersucht unter Geschwistern lässt sich als eine »triadische Empfindung verstehen, die oft nur zu verstehen ist, wenn man sich die Eltern dazu denkt« (von Schlippe, 2021, S. 390). Mit zunehmendem Alter drehen sich Konflikte unter Geschwistern mehr um Inhalte, die weniger mit der Elterndynamik als vielmehr mit Aspekten ihrer Persönlichkeit zusammenhängen.

Eine weitere Konfliktursache liegt in Problemen der geschwisterlichen Kommunikation. Destruktive Muster (Vorwürfe, Rückzug) unterhöhlen ihre Beziehung und entfremden sie voneinander. Zur Deeskalation bei Konflikten liefert von Schlippe (2022) eine ganze Palette hilfreicher Anregungen, die Kommunikation zu verbessern. Generell sollte auf konstruktive sprachliche Formulierungen geachtet werden, das heißt, Verallgemeinerungen vermeiden und Ich-Botschaften verwenden. Förderlich ist es weiterhin, dem Gegenüber positive Beziehungssignale zu senden. Zerstrittene Geschwister könnten deutlich zum Ausdruck bringen, dass ihnen am Fortbestehen ihrer Beziehung gelegen ist. Eine zentrale Rolle spielt weiterhin mangelnde Wertschätzung, die zu Frustration und Rückzug führt. Ein Prototyp von Konflikten erwachsener Geschwister ist die elterliche Versorgung und Pflege, die, wie beschrieben, in vielen Familien sehr ungleich verteilt ist. Oft fühlen sich die pflegenden Kinder allein gelassen und missachtet: »Du siehst gar nicht, was ich tagtäglich für unsere demente Mutter leiste!« Deshalb wäre es eine gute Möglichkeit, ihnen gegenüber explizit Wertschätzung auszudrücken und ihr Engagement deutlich zu würdigen. Nicht zuletzt gehört dazu auch, in einem Prozess der inneren Auseinandersetzung eigene Anteile an der Konfliktdynamik zu erkennen und sich damit auseinander zu setzen. Ein typisches Beispiel sind Wahrnehmungsverzerrungen wie der »feindselige Attributionsfehler«, bei welchem die eine Seite der anderen stets eine schädigende Absicht unterstellt (von Schlippe, 2022). Gegebenenfalls muss erst eine Entschuldigung erfolgen für Verletzungen, die dem Geschwister zugefügt wurden, um sich versöhnen zu können.

4.3.3 Bewältigung eines Kontaktabbruchs

Trotz aller Stabilität reißt bei etwa 14 % der erwachsenen Geschwister dennoch das Band zwischen ihnen völlig ab (Hank & Steinbach, 2022). Eine solche Funkstille bedeutet das Ende einer Lebensbeziehung, ähnlich wie bei einem Todesfall, allerdings ist die Person ja noch da. Dies löst nicht selten bei den Betroffenen eine schwere Krise aus, weil sie der Situation hilflos ausgeliefert sind. Kontaktabbruch bedeutet aber nicht nur physische Distanz, sondern kann sich auch als rein emotionale Distanz äußern (Desinteresse, Rückzug). Daneben gibt es noch den Fall einer nicht gelebten Beziehung, bei der sich Geschwister nie nahestanden oder später auseinandergelebt haben, ohne dass es je großen Streit gegeben hätte. Dies ist eher bei gegengeschlechtlichen Geschwisterpaaren, solchen mit großem Altersabstand oder nicht-leiblichen Geschwistern zu erwarten. Aus Scham verschweigen viele einen Kontaktabbruch nach außen, weil sie diesen als Versagen erleben und öffnen sich erst in einem geschützten Raum.

Ein Kontaktabbruch kann unterschiedliche Gründe haben. Es kann der Endpunkt einer von Anfang an belasteten Beziehungshistorie sein, in der Missverständnisse, Streit oder Kränkungen die Geschwister immer weiter entzweit haben (Blake et al., 2023). Der aktuelle Auslöser ist scheinbar nichtig, beispielsweise wurde jemand nicht zu einer Feier eingeladen und ist gekränkt. Andere Beziehungen wirkten vorher harmonisch, und der Bruch erfolgte unerwartet. Vielleicht wurden Konflikte schon lange unter den Teppich gekehrt und sind nun eskaliert. In der Regel wird von einer Seite »das Handtuch geworfen« und die andere Seite muss damit leben: »Mein Bruder ist im Streit ausgezogen und hat sich nie wieder gemeldet.« Der Geschwisterstatus jedoch ist nicht auflösbar und überdauert selbst ein Kontaktende, denn Geschwister bleiben gedanklich und emotional miteinander befasst (von Schlippe, 2021).

Die Folgen sind gravierend: Ein Beziehungsende wird meist als schmerzhaft empfunden, viele fühlen sich verlassen und verletzt. Aber genauso leidet die Person, die geht. Auch sie fühlt sich abgelehnt und ungerecht behandelt. So verhärten sich die Fronten. Zunächst kann im Beratungssetting überlegt werden, unter welchen Bedingungen ein Kontaktangebot möglich wäre. Manchmal braucht es etwas Ermutigung, den ersten Schritt zu machen und die Hand zu reichen. Dies dürfte die Chancen auf eine Wiederannäherung erhöhen. Erscheint dies unrealistisch oder das Angebot wird ausgeschlagen, bleibt nur die Trauerarbeit, um den Verlust zu akzeptieren und zu bewältigen. Natürlich gibt es auch den Fall, dass der Abstand zum Geschwister von therapeutischer Seite nahegelegt wird, etwa bei sexuellem Missbrauch durch ein Geschwister (▶ Kap. 12). Ohne Einsicht, Bedauern und Einlenken von dem Gewalt ausübenden Geschwister ist Distanz sinnvoll, um sich zu schützen.

4.3.4 Bedeutung für eigene Beziehungen und Familie

Nicht zuletzt wirken sich geschwisterliche Beziehungserfahrungen auch auf andere Sozialkontakte (Freundschaften, Arbeitsbeziehungen) sowie die eigene Partnerschaft und Familie aus. Eine bekannte, wenngleich empirisch nicht fundierte, Hypothese hierzu ist das *Duplikationstheorem* von Toman (2020), demzufolge Geschwisterkonstellationen die Partner:innenwahl beeinflussen: Je ähnlicher partnerschaftliche Beziehungen den Beziehungen in der Herkunftsfamilie sind, desto glücklicher und erfolgreicher würden sie verlaufen. Beispielsweise harmonisiere der ältere Bruder einer jüngeren Schwester besonders gut mit der jüngeren Schwester eines älteren Bruders. Im familientherapeutischen Kontext kann der Geschwisterstatus Hinweise liefern, um das eigene partnerschaftliche Verhalten besser zu verstehen: »Häufig wiederholen Menschen in ihren Liebesbeziehungen verschiedene Aspekte ihrer Geschwisterbeziehung« (Frick, 2015, S. 270). Folgendes Fallbeispiel veranschaulicht, wie geschwisterliche Verstrickung das Eingehen eigener Partnerschaften behindern kann: Ein junger Mann sucht Hilfe auf, weil er bisher keine feste Beziehung gehabt habe. Er berichtet, dass seine ältere Schwester der wichtigste Mensch in seinem Leben sei, mit der er ständig in engem Kontakt stehe. Da die Mutter sehr abwertend und der Vater kaum präsent gewesen seien, habe die Schwester schon früh die Rolle einer Ersatzmutter eingenommen und er habe sich eng an sie gebunden. Seine Partnerinnen würden sich der Schwester gegenüber hintenangestellt fühlen und sich von ihm abwenden. Dieses Muster zu erkennen, ebnete ihm den Weg, es zu überwinden und sich mehr auf andere Frauen einzulassen.

Schließlich ist es ein erklärtes Ziel der Familientherapie, transgenerationale Muster zu identifizieren. In einigen Familien werden altbekannte elterliche Muster der Ungleichbehandlung nicht nur auf Kinder, sondern auch Kindeskinder übertragen. Derartige Wiederholungen lassen bei den erwachsenen Kindern alte Gefühle hochkommen: Jetzt muss mein Sohn auch noch darunter leiden. Warum werden nur die Kinder der jüngeren Schwester, die schon immer Mamas Liebling war, mit in den Urlaub genommen und er darf nicht mal ein Wochenende dort verbringen? Für solche Dynamiken familiären Wiederholungszwangs bieten sich die klassischen systemischen Methoden wie Genogrammarbeit (z. B. Hildenbrand, 2020) oder Aufstellungsarbeit (z. B. de Philipp, 2019) an.

Auch in der eigenen Elternrolle können geschwisterliche Beziehungserfahrungen in den Umgang mit den eigenen Kindern einfließen, sodass sich erlernte Interaktionsmuster erneut wiederholen. Wenn sich ein Elternteil mit dem Kind identifiziert, das den gleichen Geburtenrang innehat, besteht die Gefahr, immer Partei für dieses zu ergreifen. Bei den anderen Kindern hingegen mag es an Einfühlung mangeln oder Ablehnung den eigenen Geschwistern gegenüber wird reaktiviert. Weiterhin können einige Eltern, die sich von ihren Geschwistern gelöst haben, die Nähe ihrer Kinder untereinander nicht ertragen und greifen störend ein. Diese Mechanismen sind Menschen jedoch in der Regel nicht bewusst und kommen erst in der Psychotherapie ans Licht. Beispielsweise konnte eine Mutter, deren (idealisierter) Bruder früh verstorben war, keinerlei Streit unter ihren eigenen Kindern ertragen. Schon beim harmlosesten Konflikt ermahnte sie diese: »Ich wollte, ich hätte meinen Bruder noch, und ihr streitet!« In der Folge lernten die Kinder, ihre Konflikte zu unterdrücken, was zu Spannungen führte. Erst als Erwachsene gelang es ihnen, sich von diesem »Streitverbot« zu befreien und Konflikte zuzulassen.

4.4 Fazit

Die besondere Verbundenheit von Geschwistern – aufgrund der gemeinsamen Familiengeschichte – birgt viele Chancen, aber auch Risiken. Daher kann die Beziehung einerseits eine wichtige Ressource bei einschneidenden Ereignissen und Dauerbelastungen sein. Andererseits können Geschwisterkonflikte und Entfremdung Menschen sehr belasten. Erst seit kurzem wächst das Interesse an Geschwisterbeziehungen in der Familienpsychologie, auch für das Erwachsenenalter.

Aus den Erkenntnissen der Geschwisterforschung lassen sich viele Impulse speziell für die Familientherapie ableiten, um individuelle Probleme aus der Perspektive der Geschwisterdynamik differenzierter zu sehen und somit besser zu verstehen. Erste Ansätze gehen in Richtung beziehungsförderliche Methoden und Möglichkeiten der Deeskalation bei Konflikten. Viele Fragen sind noch offen, etwa die wenig beachtete Beziehung unter Brüdern sowie die sehr komplexe Dynamik in Mehrkindfamilien, Familien aus anderen Kulturkreisen oder alternativen Familienformen.

Literatur

Adler, A. (1927/1966). *Menschenkenntnis.* Fischer.
Aldous, J., Klaus, E. & Klein, D.M. (1985). The understanding heart: Aging parents and their favorite children. *Child Development, 56,* 303–316.
Bengtson, V. L. & Kuipers, J. A. (1971): Generational differences and the developmental stake. *Aging and Human Development, 2,* 249–260.
Blake, L., Bland, B. & Rouncefield-Swales, A. (2023). Estrangement between siblings in adulthood: A qualitative exploration. *Journal of Family Issues, 44*(7), 1859–1879.
Cicirelli, V. G. (1995). *Sibling relationships across the life span.* Plenum Press.
de Philipp, W. (Hrsg.) (2019). *Systemaufstellungen im Einzelsetting.* Carl-Auer.
Ferring, D., Boll, T. & Filipp, S. (2003). Elterliche Ungleichbehandlung in Kindheit und Jugend aus der Perspektive des mittleren Erwachsenenalters. *Zeitschrift für Entwicklungspsychologie und Pädagogische Psychologie, 35,* 83–97.
Frick, J. (2015). *Ich mag dich – du nervst mich. Geschwister und ihre Bedeutung für das Leben* (4. Aufl.). Hogrefe.
Goetting, A. (1986). The developmental tasks of siblingship over the life circle. *Journal of Marriage and the Family, 48,* 703–714.
Hank, K. & Steinbach, A. (2022). Estrangement in sibling relationships. *Journal of Social and Personal Relationships, 40*(4), 1277–1287.
Hildenbrand, B. (2020). *Einführung in die Genogrammarbeit.* Carl-Auer.
Kalmijn, M. & Leopold, T. (2019). Changing Sibling Relationships After Parents' Death: The Role of Solidarity and Kinkeeping. *Journal of Marriage and Family, 81*(1), 99–114.
Kreppner, K., Paulsen, S. & Schütze, Y. (1982). Infant and family development: From triads to tetrads. *Human Development, 25,* 373–391.
Lange, S. & Lehmkuhl, U. (2012). Kann eine Geschwisterbeziehung bei der Bewältigung kritischer Lebensereignisse protektiv wirken? *Praxis für Kinderpsychologie und Kinderpsychiatrie, 61,* 524–538.
Lewis, K.G. (1986). Sibling therapy with multiproblem families. *Journal of Marital and Family Therapy, 12*(3), 291–300.
Matthews, S. H., Delaney, P. J. & Adamek, M. E. (1989). Male kinship ties: Bonds between adult brothers. *American Behavioral Scientist, 33,* 58–69.
Milevsky, A. (2018). Theoretical and clinical foundations of siblings in therapy: use of parental context in adult sibling discord. *The American Journal of Family Therapy, 46*(5), 437–453.
Röhrbein, A. (2021). *Und das ist noch nicht alles: Systemische Biografiearbeit.* Carl-Auer.
Schlippe, A. v. (2021). Geschwister: Zwischen Nähe und Distanz, zwischen Intimität und Feindseligkeit. *Kontext, 53*(4), 382–394,
Schlippe, A. v. (2022). *Das Karussell der Empörung. Konflikteskalationen verstehen und begrenzen.* Vandenhoeck & Ruprecht.

Smolka, A. (2020). *Geschwisterbeziehungen im Erwachsenenalter. Ein Überblick.* Verfügbar unter https://www.ifb.bayern.de/imperia/md/content/stmas/ifb/materialien/mat_2020_3.pdf [Zugriffsdatum 21.03.2024].

Stierlin, H. (2005). *Gerechtigkeit in nahen Beziehungen.* Carl-Auer.

Stocker, C. M., Gilligan, M., Klopack, E. T., Conger, K. J., Lanthier, R. P., Neppl, T. K., O'Neal, C. W. & Wickrama, K. A. S. (2020). Sibling relationships in older adulthood: Links with loneliness and well-being. *Journal of Family Psychology, 34*(2), 175–185.

Suitor, J. J., Sechrist, J., Plikuhn, M., Pardo, S. T. & Pillemer, K. (2008). Within-Family differences in parent-child-relations across the life-course. *Current Directions in Psychological Science, 17*(5), 334–338.

Toman, W. (2020). *Familienkonstellationen* (10. Aufl.). Beck.

Trost, A. (2020). Geschwisterbindung und Systemdynamiken zwischen Risiko und Resilienz. In H. Brisch (Hrsg.), *Bindung und Geschwister* (S. 270–304). Klett-Cotta.

Vogt, M., Hubert-Schnelle, Ch. & Clavée, S. (2010). Brüderchen und Schwesterchen – Geschwisterbeziehungen als Kraftquellen nutzen. *Familiendynamik, 36*(4), 318–325.

Volkom, M. v. (2006). Sibling Relationships in Middle and Older Adulthood. *Marriage & Family Review, 40*(2–3), 151–170.

Voorpostel, van der Lippe & Flap, H. (2012). For better or worse: Negative life events and sibling relationships. *International Sociology, 27*(3), 330–348.

Wempe, Ch. (2023). *Wenn Erben zum Streitfall wird.* Vandenhoeck & Ruprecht.

Whiteman, S. D., McHale, S. M. & Soli, A. (2011). Theoretical perspectives on sibling relationhips. *Journal of family theory review, 3*(2), 124–139.

Ziebell, C. & Ziebell, B. (2021). *Schwesternbande.* Knaur.

5 Geschwisterbeziehungen aus kultureller Perspektive

Bettina Lamm

Geschwister sind allgegenwärtig im Leben von Kindern und Familien (Whiting & Whiting, 1975) und ihre Bedeutung für die soziale Gemeinschaft ist unbestreitbar (Weisner, 1989; Cicirelli, 1994). Geschwisterbeziehungen werden jedoch von individuellen, familiären sowie Umgebungsfaktoren beeinflusst (McHale, Updegraff & Whiteman, 2012). So unterscheiden sich ihre Charakteristika und die Geschwisterrollen innerhalb von Familien im historischen wie geographischen Vergleich gravierend (Weisner, 1989; Cicirelli, 1994). Weltweit lassen sich in den letzten 100 Jahren erheblich sinkende Geburtenraten beobachten und damit einhergehend ein Rückgang in der durchschnittlichen Familiengröße und folglich auch der Geschwisterzahl (Buchanan & Rotkirch, 2021; Feinberg, McHale & Whiteman, 2019). Verbesserte Gesundheit und höhere Lebenserwartungen führen aber gleichzeitig dazu, dass sich die ohnehin statistisch am längsten andauernde soziale Beziehung zwischen Geschwistern weiter ausdehnt und diese noch mehr Lebenszeit teilen. Trotz dieser globalen Trends darf die große Varianz zwischen den unterschiedlichen Regionen bezüglich dieser demographischen Kennzahlen nicht übersehen werden. Darüber hinaus wird die Diversität von Familien immer größer (Buchanan & Rotkirch, 2021). Entsprechend muss die Untersuchung von Geschwisterbeziehungen kontextualisiert werden, um die sich wechselseitig beeinflussenden Ökosysteme zu berücksichtigen (Jensen et al., 2023). Ungeachtet dessen ist jedoch weiterhin ein Mangel an ethnischer, sozialer und kultureller Vielfalt in Studien über Geschwister zu beklagen (White & Hughes, 2018). Daher widmet sich das vorliegende Kapitel Geschwisterbeziehungen im öko-kulturellen Kontext. Konkret geht es dabei um die Fragen, wie geschwisterliche Beziehungen in ihrem jeweiligen Kontext gestaltet werden, welche kulturellen Werte sie widerspiegeln und wie sie die individuelle Entwicklung und das soziale Leben innerhalb der Familie und darüber hinaus beeinflussen.

In dieser Betrachtung werden Geschwister nicht lediglich als passiv Empfangende öko-kultureller Einflüsse, sondern als aktiv Gestaltende verstanden, die durch ihre Beziehungen familiäre Netzwerke prägen. Um diese Wechselwirkungsprozesse nachzuzeichnen, werden sowohl empirische Untersuchungen aus psychologischer (kulturvergleichender) Tradition als auch Ergebnisse aus anthropologischer Feldforschung herangezogen. Dabei wird keinerlei Anspruch erhoben, einen erschöpfenden Überblick über die bestehende Literatur zur kulturvergleichenden oder kulturpsychologischen Geschwisterforschung zu liefern. Vielmehr wird ausgewählte Literatur genutzt, um zentrale Dimensionen von Geschwisterbeziehungen in Hinblick auf kulturelle Variationen zu beleuchten und (implizite) Universalitätsannahmen zu hinterfragen.

5.1 Kulturelle Modelle und normative Erwartungen an Geschwisterbeziehungen

Über verschiedene kulturelle Kontexte hinweg scheint das Ideal sich liebender und sich unterstützender Geschwister von vielen Eltern geteilt. Das Hineinwachsen in die Geschwistergruppe und die Entwicklung guter Beziehungen zu den Geschwistern benennen die Nso im nordwestlichen Grasland Kameruns als wichtigste Aufgabe eines Kindes bereits im ersten Lebensjahr (Lamm & Keller, 2012). Auch deutsche Mittelschichtfamilien wünschen sich harmonische Beziehungen zwischen Geschwistern (Lamm & Holtmeyer, 2008). Wie diese positiven Geschwisterbeziehungen jedoch konkret aussehen, ist maßgeblich von den jeweiligen sozio-ökologischen Lebensbedingungen mit ihren Ressourcen und Anforderungen geprägt. Diese sind mit kulturellen Werten und Praktiken verbunden, die den täglichen Interaktionen und Routinen innerhalb familiärer Aktivitäten Bedeutung verleihen (Feinberg et al., 2019). Als besonders bedeutsam wird dabei die jeweilige kulturelle Realisierung der menschlichen Grundbedürfnisse nach Autonomie und Relationalität angesehen (Keller & Kärtner, 2013).

In postindustrialisierten, städtischen Mittelschicht-Kontexten wird Autonomie primär auf einer mentalen Ebene (also mit einer Betonung auf das innere Erleben) umgesetzt und in der Entwicklung gefördert. Dabei stehen die Reflexion und Berücksichtigung individueller Meinungen, Überzeugungen, Wünsche sowie die Freiheit, entsprechende Entscheidungen zu treffen, im Fokus (Keller & Kärtner, 2013). Diese mental vermittelte Autonomie wird jedem Menschen zugesprochen und zugestanden. Meinungsfreiheit, Selbstverwirklichung und Selbstbestimmung spielen eine wichtige Rolle. Auch die Gestaltung von Beziehungen zu anderen Personen folgt diesem Prinzip. Beziehungen werden daher als frei wählbar und verhandelbar betrachtet. Relationalität wird hier also auf Augenhöhe zwischen zwei unabhängigen Personen gelebt (Keller & Kärtner, 2013). Entsprechend gibt es in diesen Kontexten keinerlei strukturelle Regeln für die Ausgestaltung der Beziehungen zwischen Geschwistern (Bank & Kahn, 1989). Diese entscheiden selbst, ob und wie viel sie miteinander zu tun haben wollen und wie viel Nähe dabei zugelassen wird. Es liegt in ihrem persönlichen Ermessen, eine bestimmte Form der Beziehung im Lebensverlauf aufrecht zu erhalten. Geschwisterbeziehungen sind in diesen Kontexten Paarbeziehungen und Eltern-Kind-Beziehungen untergeordnet und beeinflussen das Funktionieren der Familie in der Gesellschaft kaum (Cicirelli, 1994). Dennoch wurde bei sinkender Geschwisterzahl eine Tendenz zu einer Intensivierung der Geschwisterbeziehungen in hochgebildeten Mittelschichtkontexten beobachtet. In einer immer stärker individualisierten Gesellschaft, die große geographische und emotionale Mobilität (z. B. durch Umzüge, Scheidungen) von den Individuen fordert, scheinen Geschwister wichtige Konstanten darzustellen (Bank & Kahn, 1989).

In ländlichen, nicht-industrialisierten, subsistenzwirtschaftlichen Kontexten werden Beziehungen nicht ausgehandelt, sondern jedes Mitglied hat in der Gemeinschaft eine feste soziale Rolle und damit einhergehende Verpflichtungen

(Keller & Kärtner, 2013). Alter und Geschlecht bestimmen die soziale Stellung. Relationalität wird in diesen Kontexten also hierarchisch realisiert und definiert den Rahmen für die Verwirklichung von Autonomie, welche auf der Handlungsebene umgesetzt wird. Handlungsautonomie stellt sich als Fähigkeit dar, komplexen Verantwortlichkeiten für die Gemeinschaft eigenständig nachzukommen (Keller & Kärtner, 2013). Entsprechend werden Kinder bereits von klein an dazu angeleitet, ihren Beitrag zu einer funktionierenden Gemeinschaft zu leisten. Geschwister sind gemeinsam in diese komplexen hierarchischen Familien- oder Clansysteme eingebunden. Ihre Beziehungen sind verpflichtend und bilden zentrale Bausteine der Gemeinschaft. Sie basieren auf klaren Regeln, die als kulturelle Normen das angemessene Verhalten untereinander definieren (Cicirelli, 1994). Kooperation zwischen Geschwistern bildet eine grundlegende Voraussetzung für das wirtschaftliche und soziale Funktionieren der Familie. Geschwister teilen wichtige Ressourcen und sind lebenslang aufeinander angewiesen, bspw. wenn Brüder ihre Heirat aufschieben, um zunächst die Familie zu unterstützen oder um das Brautgeld für ihre Schwestern aufzubringen (Weisner, 1993a).

Die Kontrastierung von urbaner, westlicher Mittelschicht aus hoch industrialisierten oder postindustriellen Gesellschaften mit hoher formaler Bildung und ländlicher, nicht-industrialisierter Lebensweise in subsistenzwirtschaftlichen Dorfgemeinschaften soll nicht als dichotome Kategorisierung missverstanden werden. Vielmehr dient sie dazu, Unterschiede in Abhängigkeit von öko-kulturellen Kontexten zu verdeutlichen. Diese als prototypisch zu betrachtenden Kontexte stellen gut erforschte Ausprägungen dar und zeigen kulturelle Modelle quasi in Reinform (Keller, 2017). Auch in Bezug auf kulturelle Unterschiede in Geschwisterbeziehungen wird diese Differenzierung häufig herangezogen (vgl. Cicirelli, 1994). Natürlich existieren neben diesen beiden Prototypen aber viele andere soziodemographische Profile. Darüber hinaus unterliegen öko-kulturelle Kontexte ständiger Veränderung. Die Untersuchung von Effekten wachsender Urbanisierung, einer Zunahme formaler Bildung und der Teilnahme an freier Marktwirtschaft in Hinblick auf Geschwisterbeziehungen erscheint vielversprechend für ein besseres Verständnis kultureller Modelle.

5.2 Definition und Bezeichnungen von Geschwistern

Die Herausforderung, Geschwisterbeziehungen in ihren jeweiligen kulturellen Kontexten zu untersuchen, beginnt bereits bei der Festlegung des Untersuchungsgegenstandes. Der Begriff Geschwister hat in unterschiedlichen kulturellen Kontexten sehr unterschiedliche Bedeutungen und entsprechend variiert auch, welche Personen in die Geschwistergruppe einbezogen werden und welche Beziehungen fokussiert werden. Eine strenge biologische Definition umfasst ausschließlich Kinder derselben Eltern. Einige Stämme auf den Marquesas-Inseln im Südpazifik nutzen diese enge Definition von Geschwistern (Kirkpatrick, 1983, zitiert nach White &

Hughes, 2018). In vielen westlichen Gemeinschaften wird der Begriff Geschwister für diejenigen verwendet, die als Kind in derselben Familie als solche aufgewachsen sind. Im Forschungskontext werden Geschwister meist etwas technischer als diejenigen beschrieben, die durch genetische oder soziale Verwandtschaft (z. B. durch Adoption) oder einen gemeinsamen Wohnsitz in der Kindheit in einer Geschwisterrelation ersten Grades stehen (Buchanan & Rotkirch, 2021). Andere Autor:innen definieren Geschwister als diejenigen, die mindestens einen biologischen, Adoptiv- oder Stiefelternteil teilen (White & Hughes, 2018). In der Regel werden dabei Voll-, Halb- und Stiefgeschwister begrifflich unterschieden. In vielen afrikanischen und ozeanischen kulturellen Gemeinschaften schließt der Begriff Geschwister auch Geschwister zweiten Grades (Bezeichnung: Cousin:e, aus dem Französischen übernommen, geht zurück auf lat. *cōnsobrīnus* = zur Schwester gehörig, Geschwisterkind) sowie andere etwa gleichaltrige Familienmitglieder (wie bspw. Neffen, aber auch Tanten) oder andere (verwandte) Kinder, die im gleichen Haushalt (Compound) aufwachsen, mit ein (Cicirelli, 1994). In vielen (historischen) kulturellen Kontexten wurde und wird die Bezeichnung Geschwister auch auf eine Vielzahl von außerfamiliären Beziehungen angewendet. So werden in der Literatur sogenannte fiktive Geschwister (oder Wahlgeschwister) beschrieben, die nicht genetisch oder durch Heirat verwandt sind, aber auch Milchgeschwister, die von derselben Amme gestillt wurden (Buchanan & Rotkirch, 2021). Nonnen und Mönche sowie Mitglieder in einigen sozialen Vereinigungen (wie z. B. bei den Freimaurerlogen oder bei Soroptimist) bezeichnen sich ebenfalls untereinander als Brüder und Schwestern. Die symbolische Aufwertung von freundschaftlichen Beziehungen durch das Ritual des Bruderschwurs war traditionell beispielsweise in China sehr verbreitet (Wang et al., 2022). Damit wurde eine Verpflichtung bezüglich gegenseitiger Verantwortung und Nähe eingegangen, wie sie für Geschwisterbeziehungen kennzeichnend ist.

Neben dieser Variation bezüglich der Verwendung des Geschwisterbegriffs lassen sich auch Unterschiede in der Bezeichnung der einzelnen Geschwister erkennen. So werden im Chinesischen vier verschiedene Ausdrücke für den älteren Bruder, jüngeren Bruder, die ältere und jüngere Schwester verwendet (Kroeber, 1933). In einigen südindischen Sprachen hingegen werden Geschlechter gar nicht unterschieden, dafür erfordert die respektvolle Anrede jedoch eine Differenzierung, ob es sich um ein älteres oder jüngeres Geschwister handelt (Kolenda, 1993). Bei den Māori in Neuseeland werden ältere gleichgeschlechtliche Geschwister als *Tuakana* und jüngere gleichgeschlechtliche Geschwister als *Teina* bezeichnet, während in gemischtgeschlechtlichen Konstellationen nur auf das Geschlecht und nicht das Alter Bezug genommen wird (Davey & Cunningham, 2021). Die jeweilige Terminologie mit ihren Präzisierungen und Differenzierungen verdeutlicht die zentralen Werte und die hierarchische Struktur innerhalb einer Gemeinschaft. Die Māori-Begrifflichkeiten wurden in den alltäglichen Sprachgebrauch in Neuseeland übernommen und die zentralen Charakteristika der Tuakana-Teina-Beziehung standen bspw. Modell für Mentoring-Systeme im Schulkontext (Davey & Cunningham, 2021).

5.3 Kulturelle Dimensionen von Geschwisterbeziehungen

Im Folgenden werden einzelne Dimensionen von Geschwisterbeziehungen genauer betrachtet. Dabei wird davon ausgegangen, dass diese Konzepte in vielen kulturellen Gemeinschaften eine Rolle in der Beschreibung von (Geschwister-)Beziehungen spielen. Gleichzeitig ist zu erwarten, dass sie kulturspezifisch realisiert werden und mehr oder weniger Aufmerksamkeit in unterschiedlichen kulturellen Bedeutungssystemen bekommen.

5.3.1 Beziehungsqualität: Wärme, Konflikt und Rivalität

Wärme und Konflikt gelten als die zentralen Dimensionen von Geschwisterbeziehungen (Wang et al., 2022), die aber keineswegs als gegensätzliche Pole eines Kontinuums zu verstehen sind. Im Gegenteil, gerade diese enge Verknüpfung der positiven und negativen Dimensionen ist spezifisch für Geschwisterbeziehungen und wird mit ihrer Unfreiwilligkeit, Dauerhaftigkeit und dem hohen Maß an Vertrautheit in Zusammenhang gebracht (Dunn, 1993). Auch kulturvergleichend haben diese Qualitätsdimensionen von Geschwisterbeziehungen viel Forschungsaufmerksamkeit erhalten (z. B. Updegraff et al., 2005; McHale et al., 2012; McGuire & Shanahan, 2010).

Eine Vielzahl von Studien untersuchte mit Hilfe von Fragebögen die Geschwisterbeziehungsqualität in unterschiedlichen ethnischen Gruppen in den USA oder den Niederlanden sowie Großbritannien und Neuseeland (vgl. White & Hughes, 2018). Dabei berichteten Kinder und Jugendliche afrikanischer, asiatischer und lateinamerikanischer Herkunft im Vergleich zu europäischen bzw. euro-amerikanischen Gleichaltrigen eine größere Verbundenheit, mehr Kontakt und Unterstützung, mehr Kameradschaft, Intimität und Wärme und gleichzeitig weniger Konflikte in ihren Geschwisterbeziehungen. Diese Ergebnisse wurden auf Unterschiede in generellen Einstellungen zu Familie in den untersuchten Gruppen zurückgeführt (White & Hughes, 2018), wobei diese in den Studien nicht direkt erhoben wurden. Dieser Zusammenhang wurde jedoch in monokulturellen Studien belegt. Beispielsweise zeigten sich in mexikanisch-amerikanischen Familien Zusammenhänge zwischen geschwisterlicher Wärme und den elterlichen Werten (bei den Müttern hohe Wertschätzung harmonischer Beziehungen und bei den Vätern hohe Befürwortung von familiärer Unterstützung und Solidarität) (Gamble & Yu, 2014). Auch die eigenen kulturellen Wertvorstellungen (Familismus) von Jugendlichen hingen mit der Intimität in ihren Geschwisterbeziehungen zusammen (Updegraff et al., 2005).

Insgesamt ist bei diesen Studien jedoch kritisch zu hinterfragen, ob die Messinvarianz jeweils überprüft wurde (häufig war das nicht der Fall), weshalb oft unklar bleibt, ob die jeweiligen Operationalisierungen von Wärme und Konflikt in den unterschiedlichen kulturellen Gruppen tatsächlich dieselben Konstrukte erfasst haben.

Um Geschwisterbeziehungen in ihrem kulturellen Kontext besser zu verstehen und diese methodische Kritik zu überwinden, führten Wang und Kolleg:innen (2022) in einem chinesischen Mittelschichtkontext offene Interviews durch. Viele der konkreten Verhaltensbeispiele, die von den befragten Müttern für die Dimensionen Wärme und Konflikt generiert wurden, stimmten mit Items aus westlichen Fragebögen überein. In Bezug auf Wärme zeigte sich jedoch mit *qiang rang* auch ein kulturspezifisches Konzept. Was wörtlich übersetzt so viel wie höfliche Einigung heißt, bedeutet, die eigenen Bedürfnisse und Wünsche hinter denen des Geschwisters zurückzustellen, also die Priorisierung der Bedürfnisse des anderen (Wang et al., 2022). Dieser Beziehungsaspekt geht keineswegs mit mangelndem Durchsetzungsvermögen oder erzwungener Zurückhaltung einher. Vielmehr ist er Ausdruck starken Wohlwollens und der Aufopferung füreinander, die mit Werten der Kooperation und des familiären Zusammenhalts verbunden sind. Wenig Bedeutung wurde hingegen dem Teilen von Emotionen beigemessen, worin sich das kulturelle Ideal gemäßigten Emotionsausdrucks als Zeichen sozialer Reife widerspiegelt (Wang et al., 2022).

Im Bereich Konflikt zeigte sich, dass Respekt gegenüber persönlichem Besitz und eigenem Raum von den chinesischen Müttern kaum als relevant betrachtet wurde (Wang et al., 2022). In westlichen Mittelschichtkontexten hatte sich hingegen wiederholt gezeigt, dass Eigentum der häufigste und kontroverseste Streitpunkt unter Geschwistern ist (z. B. Dunn & Munn, 1985; Ross, 1996). Auch persönlicher Freiraum, in Form von unabhängigem Spiel vom (jüngeren) Geschwister, ruft häufig Konflikte hervor (Recchia & Witwit, 2017). Diese Aspekte sind eng mit dem Selbstkonzept eines unabhängigen Individuums in klarer Abgrenzung zu anderen Personen auch im familiären Umfeld verbunden. Mit einer starken kulturellen Betonung von Verbundenheit und verschwimmenden bzw. durchlässigen Grenzen zwischen dem Selbst und der Familie sind sie eher nicht vereinbar (Wang et al., 2022).

Rivalität stellt ebenfalls einen wichtigen Faktor der Beziehungsqualität dar und ist insofern von Konflikt zu unterscheiden, als dass nicht nur die Dyade der Geschwister betroffen ist, sondern mit den Eltern weitere Personen ins Spiel kommen. Eifersucht unter Geschwistern zeigt sich als Reaktion auf den Verlust der Aufmerksamkeit der Eltern an das oder die Geschwister (Hart, 2010). In westlichen Mittelschichtkontexten wird Rivalität als natürliche Begleiterscheinung von Geschwisterbeziehungen angesehen und ihr Auftreten sowohl erwartet als auch akzeptiert (Stewart et al., 1987). Sie hat historisch entsprechend viel Forschungsaufmerksamkeit bekommen (Dunn, 1993). Bei einem Blick auf die elterlichen Sozialisationsziele und -praktiken in diesen Kontexten erscheint Rivalität und Eifersucht unter Geschwistern tatsächlich unausweichlich (Keller & Lamm, 2010). Um die Entwicklung von Unabhängigkeit, Einzigartigkeit, Wettbewerbsfähigkeit und Selbstbewusstsein zu fördern, schenken Eltern in westlichen Mittelschichtkontexten ihren Kindern viel exklusive dyadische Aufmerksamkeit (Keller, 2011). Auch das von der Bindungstheorie betonte Erziehungsideal der Feinfühligkeit erfordert diese uneingeschränkte Aufmerksamkeit (Ainsworth et al., 1978). Eltern von mehreren Kindern müssen jedoch zwangsläufig ihre Aufmerksamkeit teilen. Insbesondere nach der Geburt des zweiten Kindes, wenn das Neugeborene besonders viel Aufmerksamkeit fordert, ist diese Umstellung für Erstgeborene eine Herausforderung und erfordert Anpassung (Stewart et al., 1987). Die Eltern sehen es als ihre Verantwortung, die Eifersuchtsgefühle zu mildern und den Erstgeborenen den Übergang zu erleichtern. Es werden auch Kurse angeboten, um Kinder auf die Geburt eines Geschwisters vorzubereiten. Diese Geschwisterkurse zeigen jedoch lediglich den Effekt, das Vermeidungsverhalten des erstgeborenen Kindes zu reduzieren (Beyers-Carlson & Volling, 2017). Um der Rivalität entgegenzuwirken, versuchen die Eltern, ihre Kinder möglichst gleich zu behandeln (Weisner, 1993b). Ungleichbehandlung bzw. die Bevorzugung eines Geschwisterkindes erwies sich wiederholt als Einflussfaktor und hing mit mehr Eifersucht und Feindseligkeit sowie weniger prosozialem Verhalten unter Geschwistern zusammen (z. B. Brody, Stoneman & McCoy, 1992; Shanahan et al., 2008).

In vielen traditionellen, subsistenzwirtschaftlichen Kontexten zeigen die Eltern weit weniger Verständnis für Geschwisterrivalität. In diesen Gemeinschaften stellt Geschwistersolidarität die verpflichtende Norm dar (Watson-Gegeo & Gegeo, 1989; Weisner, 1993a; Whittemore & Beverly, 1989). Natürlich treten auch hier Konflikte und Rivalitäten auf. Solche Normabweichungen werden jedoch gesellschaftlich kontrolliert und sanktioniert (Weisner, 1982). Sehr anschaulich wurde dies bereits in der legendären Six Culture Study aufgezeigt (LeVine, 2010): So reagierten kenianische Gusii-Mütter beispielsweise sehr harsch auf Eifersuchtsgefühle ihrer Kinder nach der Geburt eines Geschwisterkindes und ahndeten entsprechendes Verhalten sogar oft mit körperlichen Strafen (LeVine & LeVine, 1963). Bereits im Vorhinein minimierten sie ihre Aufmerksamkeit, z. B. durch Vermeidung von Blickkontakt zu ihren Kindern, um keine Begehrlichkeiten zu wecken (LeVine et al., 1994). Auf Okinawa, einer Insel im Pazifischen Ozean, wurde frühes Rollentraining als Strategie zur Unterbindung von Eifersucht und Aggressionen gegenüber neugeborenen Geschwisterkindern beobachtet (Maretzki & Maretzki, 1963). Bereits Zweijährige werden nach der Geburt eines Geschwisterkindes dazu animiert, das Fürsorgeverhalten der Älteren zu imitieren und bekommen viel positive Verstärkung für ihr Babysitting gegenüber Puppen o. ä. So wird der Statusgewinn als *großes* Geschwisterkind hervorgehoben. Zusätzlich bekommen die Kinder viel Unterstützung und Fürsorge von (meist) den Großmüttern und älteren Geschwistern und können so die veränderte Situation und die größere Distanz zur Mutter besser bewältigen. Aber auch der Umgang mit dem neuen Baby beeinflusst diese Dynamik: Im Osten Indiens beobachtete Seymor (1993), dass Neugeborene ohne spezielle Aufmerksamkeit direkt in das Familienleben integriert werden, was die Übergangserfahrung für die Älteren stark abmildert.

5.3.2 Betreuung und Bindung

Bezüglich der Übernahme von Betreuungsaufgaben unter Geschwistern sind wohl die gravierendsten Unterschiede zwischen verschiedenen kulturellen Kontexten zu verzeichnen. Während in westlichen Mittelschichtkontexten die Betreuungs- und Erziehungsverantwortung bei den Eltern liegt, ist global in der Mehrzahl der kulturellen Gemeinschaften nichtelterliche Beteiligung an der Betreuung und Versorgung von Babys und Kindern die Norm. Dabei spielen insbesondere ältere Kinder bzw. Geschwister nach den jeweiligen kulturellen Definitionen eine zentrale Rolle (Weisner & Gallimore, 1977; Zukow-Goldring, 2002; Cicirelli, 1994). Geschwisterbetreuung ist in vielen Kontexten kulturell institutionalisiert und stellt eine unentbehrliche Entlastung für die Eltern dar. Dennoch ist sie nicht als Behelfslösung anzusehen, sondern bildet einen wichtigen Bestandteil der Sozialisation aller Beteiligten. Sie fördert prosoziales und affiliatives Verhalten, stärkt den kollektiven Zusammenhalt innerhalb der Geschwistergruppe und bereitet die Geschwister auf das Erwachsenenleben in einer interdependenten Gemeinschaft vor (Watson-Gegeo & Gegeo, 1989; Weisner, 1982; Rogoff, 2003; DeLoache & Gottlieb, 2000).

In der Praxis kann diese Betreuungsform sehr unterschiedlich ausgestaltet sein. Sie variiert zwischen der Übernahme einzelner Betreuungsaufgaben unter Supervision eines Erwachsenen, explizitem Training eines anderen Kindes und vollständiger und unabhängiger Vollzeitbetreuung eines anderen Kindes (Weisner & Gallimore, 1977). Sehr verbreitet ist die Betreuung von Kleinkindern in altersgemischten Kindergruppen, wie sie in ethnographischen Berichten für viele afrikanische und ozeanische Gemeinschaften beschrieben wurde (z. B. Watson-Gegeo & Gegeo, 1989; Whittemore & Beverly, 1989; Nsamenang, 1992; LeVine et al., 1994; Gottlieb, 2004; Le, 2000). Die notwendigen Kompetenzen im Umgang mit Babys und Kleinkindern erwerben die betreuenden Geschwister primär durch Beobachtung und Imitation älterer Betreuungspersonen (Nsamenang, 1992). Mit wachsender Erfahrung übernehmen Nso-Kinder schließlich den Hauptteil der Tagesbetreuung und auch fast alle anfallenden Pflege- und Betreuungsaufgaben für die kleinen Geschwister. Sie spielen mit ihnen, beruhigen sie, tragen sie herum, füttern und baden sie (Teiser, 2010). Abaluyia-Mädchen aus Kenia werden dabei als genauso fürsorglich wie die Mütter beschrieben (Weisner, 1987). Bei den Mandinka im Senegal wurden zwischen den Geschwistern sogar mehr soziale Interaktionen beobachtet als zwischen Baby und Mutter oder Großmutter (Whittemore & Beverly, 1989). Daraus wird deutlich, dass die älteren Geschwister nicht allein die grundlegenden biologischen Bedürfnisse der Jüngeren überwachen, sondern die Sozialisation unterstützen (Watson-Gegeo & Gegeo, 1989; Whittemore & Beverly, 1989). Sie vermitteln ihren jüngeren Geschwistern die Werte und Praktiken der Gemeinschaft, in die sie auch selbst noch hineinwachsen (Ervin-Tripp, 1989).

In westlichen industrialisierten oder postindustrialisierten Kontexten hingegen übernehmen ältere Geschwister meist nur informell und implizit Betreuungsaufgaben (Bryant, 1989). Wenngleich es auch in diesen Kontexten ausgedehnte Interaktionen zwischen Geschwistern gibt, sind die Erziehungseinflüsse eher zufällig. Formalrechtlich wäre die Praxis der Betreuung von Babys oder Kleinkindern durch andere Kinder auch durchaus problematisch, weil dies als Vernachlässigung und mangelnde Fürsorge der Eltern interpretiert werden könnte.

Die unterschiedlichen kulturellen Praktiken spiegeln sich auch in den Antworten von vier- bis achtjährigen Kindern auf die Frage nach der besten Betreuungsperson für ein Baby wider (Lamm, 2008). Deutsche Mittelschichtkinder sind mehrheitlich der Meinung, dass die Mutter (58 %) bzw. beide Eltern (16 %) sich am besten um ein Baby kümmern können, während fast 70 % der befragten Nso-Kinder sich selbst für die beste Betreuungsperson für ein Baby halten.

Auch die sich entwickelnden Bindungsbeziehungen werden von der Betreuungspraxis beeinflusst. Eine Analyse der Beziehungsnetzwerke von Nso-Kindern in den ersten drei Lebensjahren verdeutlichte, dass Geschwister am häufigsten (37 %) als bevorzugte Betreuungspersonen der Kleinkinder genannt wurden, wohingegen die Mutter nur in einem Fall diese Rolle innehatte (Lamm et al., 2023). Dies zeigt sich u. a. daran, dass das Kleinkind in bedrohlichen Situationen eher die Nähe der Geschwister und nicht die der Mutter suchen würde (Nsamenang, 1992), was auf Bindungsbeziehungen zwischen den Geschwistern hindeutet. Geschwisterbindungen werden auch bei den Gusii in Kenia und den Beng in der Elfenbeinküste als die primären Familienbindungen betrachtet, während zu enge oder exklusive Mutter-Kind-Bindungen als negativ bewertet werden (LeVine et al., 1994; Gottlieb, 2004).

In westlichen Mittelschichtkontexten wurde in Laboruntersuchungen ebenfalls bestätigt, dass Vorschulkinder ihre jüngeren Geschwister in inszenierten Trennungssituationen von der Mutter effektiv trösten bzw. beruhigen können (Stewart, 1983). Die Drei- bis Fünfjährigen reagierten dabei auch auf subtile Signale oder Stressanzeichen ihrer Geschwister und wirkten als sichere Basis für ihre jüngeren Geschwister. Diese Ressource wird jedoch im Alltag kaum zur Kenntnis genommen und bleibt wie auch die Betreuungskompetenzen in westlichen Mittelschichtkontexten weitgehend ungenutzt (Zukow, 1989).

5.3.3 Autorität, Hierarchie und Verantwortung

Im Einklang mit den Erziehungszielen, die auf die Förderung von Unabhängigkeit, Selbstbewusstsein und Selbstverwirklichung ausgerichtet sind (Keller, 2011), werden Geschwisterbeziehungen in westlichen Mittelschichtkontexten als Beziehungen auf Augenhöhe bzw. unter Gleichen betrachtet. Die Erwartung an die Kinder, die eigene Meinung zu vertreten und die eigenen Ziele und Pläne zu verwirklichen, gilt auch im Kontext der Geschwisterbeziehung. Unterordnung allein aufgrund des Alters oder Geschlechts wird abgelehnt. In vielen ländlichen subsistenzwirtschaftlichen Gemeinschaften gibt es hingegen eine klare Altershierarchie in der Geschwistergruppe, die offene Konflikte verbietet (Weisner, 1982). Neben der Übernahme von Betreuungs- und Bindungsfunktionen agieren ältere Geschwister hier auch als Autoritätspersonen, die Ressourcen aufteilen, Anweisungen geben und, wenn nötig, Fehlverhalten bestrafen (Nsamenang & Lamb, 1994; Wang et al., 2022). Damit werden lebenslange hierarchische Beziehungen unter den Geschwistern etabliert. Die Älteren lernen Verantwortung zu übernehmen und die Jüngeren finden Orientierung an den Rollenmodellen (Whittemore & Beverly, 1989; Davey & Cunningham, 2021). Im Laufe der Entwicklung und in unterschiedlichen Beziehungen werden unterschiedliche soziale Rollen eingenommen. Hierdurch wird die Interdependenz in der Geschwistergruppe gestärkt und wechselseitige Verpflichtungen begründet. Die Führungsrolle der Älteren geht in der Regel mit lebenslanger Verantwortung sowie mit der Erwartung von Schutz, Erziehung und Versorgung der Jüngeren einher.

Auch das Geschlecht definiert in traditionellen Gemeinschaften oft ein Machtgefälle und damit einhergehende Versorgungsverpflichtungen innerhalb der Geschwistergruppe (Weisner, 1982, 1993a). So haben in vielen südasiatischen und arabischen Gemeinschaften Brüder einen höheren Rang in der Familie und tragen gleichzeitig Verantwortung für ihre Schwestern inklusive der lebenslangen materiellen Unterstützung sowie der Bereitstellung ihrer Mitgift (de Munck, 1993; Joseph, 2021). Von Schwestern wird ihrerseits erwartet, dass sie ihren Brüdern Zuneigung, Sorge und ggf. Pflege entgegenbringen.

5.4 Fazit

Das vorliegende Kapitel demonstriert, dass Geschwister über verschiedene Kulturen hinweg eine große Bedeutung haben. Sie sind wesentliche Elemente familiärer und gesellschaftlicher Strukturen und gleichzeitig werden ihre Beziehungen von Merkmalen des öko-kulturellen Kontextes beeinflusst (McHale et al. 2012). Die vorangegangenen Ausführungen zu Gemeinsamkeiten und Unterschieden zwischen Kulturen stellen keine vollständige Erfassung kultureller Ausprägungen dar. Vielmehr wurden kulturspezifische und kulturvergleichende Beispiele zur Illustration der kulturellen Vielfalt genutzt. Dabei wurde besonderes Augenmerk darauf gelegt, wie sich kulturelle Modelle in der Gestaltung und Bewertung von Geschwisterbeziehungen abbilden und mit welchen Praktiken sie verbunden sind. Spezifische familiäre Kontexte, wie bspw. polygame Familien mit ihrem besonderen Konfliktpotenzial (Al-Krenawi, 2021), konnten dabei aus Platzgründen nicht beleuchtet werden. Ebenso waren Auswirkungen politisch-gesellschaftlicher Rahmenbedingungen, wie bspw. das Ende der Ein-Kind-Politik in China (Chen & Tan, 2021), nicht im Fokus (▶ Kasten 5.1). Und auch Einflüsse von Flucht- und Migrationserfahrungen auf Geschwisterbeziehungen konnten nicht diskutiert werden.

Kasten 5.1

> **Exkurs: Sozialpolitische Einflüsse auf Geschwisterbeziehungen in China**
>
> Historisch haben Geschwister in China eine herausgehobene Bedeutung, was mit den konfuzianischen Werten bezüglich familiärer Verpflichtungen und Familiensolidarität verknüpft ist (Wang et al., 2021).
> In den 1970er Jahren wurde von der chinesischen Zentralregierung die sogenannte Ein-Kind-Politik eingeführt, um das Bevölkerungswachstum einzudämmen. In der Folge hatten die meisten Paare nur ein Kind, was mit einer Individualisierungstendenz in der Gesellschaft einherging. So zeigte sich, dass Kinder aus Ein-Kind-Familien stärker nach der Realisierung ihrer eigenen Wünsche streben, als elterlichen Erwartungen zu entsprechen (Deutsch, 2006). Sie erleben kindzentrierte Familienstrukturen mit uneingeschränkter Aufmerksamkeit von sechs Erwachsenen (zwei Eltern und vier Großeltern) und auch die finanziellen Ressourcen kumulieren. Letzteres hat zu mehr Geschlechtergerechtigkeit ge-

führt, da Mädchen ohne Geschwister mehr elterliches Investment erfahren als Mädchen mit Geschwistern (Lee, 2012).

Die Einführung der Zwei-Kind-Politik Ende 2016 führte zu einem Anstieg von Familien mit mehr als einem Kind und folglich zu tiefgreifenden Veränderungen der Familiensysteme und des Familienlebens (Chen & Shi, 2017). Die Mehrheit der Elterngeneration war als Einzelkind aufgewachsen und es zeigte sich ein negativer Zusammenhang zwischen der fehlenden Geschwistererfahrung der Mütter und der Qualität der Geschwisterbeziehung (Chen, 2019). Auch die Anpassung der älteren Kinder, die zuvor nicht erwarten konnten, Geschwister zu bekommen, wurde intensiv untersucht. Hier wurde deutlich, dass die Vorbereitung durch die Eltern, insbesondere eine frühzeitige Information über den bevorstehenden Familienzuwachs, sowie die Impulskontrolle der Älteren die Reaktion auf die Geburt des Geschwisters beeinflussen (Chen & Tan, 2021). Weitere Fragestellungen, die sich aus diesen politischen und gesellschaftlichen Veränderungen ergeben, betreffen beispielsweise den relativ großen Altersabstand zwischen vielen chinesischen Geschwistern und dessen Einfluss auf die Geschwisterbeziehung und Familiendynamik. Darüber hinaus werfen auch die veränderten Familienstrukturen Fragen in Hinblick auf die Familienbeziehungen und familiären Belastungen auf. Dabei scheint die Elterngeneration besonders gefordert, da sie als Paar für potenziell vier Großeltern die Pflege übernehmen und gleichzeitig mehrere Kinder großziehen müssen, während ihre eigenen Kinder zukünftig die Pflege der älteren Generation werden teilen können (Chen & Tan, 2021).

Scheinbar universell werden Solidarität unter Geschwistern und konfliktfreie Beziehungen als Ideal angesehen, es zeigen sich jedoch große Unterschiede, inwieweit Geschwistersolidarität explizit gefördert wird und wie mit Geschwisterrivalität umgegangen wird. In westlichen Mittelschichtkontexten ist die Entwicklung von Zusammenhalt, emotionaler Wärme und gegenseitiger Unterstützung unter Geschwistern vom individuellen Wunsch und Bemühen der Beteiligten abhängig. Lernen geschieht in Geschwisterinteraktionen eher zufällig. In ländlichen subsistenzwirtschaftlichen Gemeinschaften hingegen bahnt systematisierte Geschwisterbetreuung lebenslange verpflichtende Verantwortungsbeziehungen. Geschwisterinteraktionen dienen hier nicht allein dem Spaß oder der Unterhaltung, sondern sind genuine Bestandteile der Sozialisation und des Rollentrainings (Cicirelli, 1994).

Die kulturvergleichende Betrachtung trägt zum Verständnis von Geschwister- und Familienbeziehungen bei und sensibilisiert für unterschiedliche Beziehungserfahrungen von und mit Geschwistern. Dies bildet die Grundlage für eine kulturbewusste Arbeit in therapeutischen oder beraterischen Zusammenhängen, die auf monokulturelle Erklärungen und Bewertungen verzichtet und den Anliegen der Ratsuchenden mit kultureller Offenheit begegnet. Beziehungskonzepte sind dabei nicht über verschiedene öko-kulturelle Kontexte hinweg übertragbar. Dennoch kann die Untersuchung von Geschwisterbetreuung in traditionellen Kontexten anregen, die enormen Ressourcen und Chancen von geschwisterlichen Beziehungen systematischer zu nutzen (Feinberg et al., 2019; Zukow, 1989). Das Beispiel aus

Neuseeland zeigt, wie das Konzept der Māori-Geschwisterbeziehungen in formalisierte Mentoring-Beziehungen in verschiedenen gesellschaftlichen Bereichen übernommen wurde (Davey & Cunningham, 2021). Dabei helfen und unterstützen die Älteren/Erfahreneren (*tuakana*) die Jüngeren/weniger Erfahreneren (*teina*). Die Älteren stehen aber auch als Rollenmodell zur Verfügung, leiten explizit an und lenken das Verhalten der Jüngeren. Damit werden familiäre kulturelle Werte aufgegriffen, in gesellschaftliche Strukturen inkludiert und somit Teil des multikulturellen Zusammenlebens.

Literatur

Ainsworth M. D. S., Blehar M. C., Waters E. & Wall S. (1978). *Patterns of Attachment: A Psychological Study of the Strange Situation.* Erlbaum

Al-Krenawi, A. (2021). One Father, Many Mothers: Sibling Relationships in Polygamous Families. In A. Buchanan & A. Rotkirch (Hrsg.), *Brothers and Sisters. Sibling Relationships Across the Life Course* (S. 153–169). Palgrave Macmillan/Springer Nature.

Bank, S. P. & Kahn, M. D. (1989). *Geschwister-Bindung.* Junfermann Verlag.

Beyers-Carlson, E. E. A. & Volling, B. L. (2017). Efficacy of sibling preparation classes. *Journal of Obstetric, Gynecologic, & Neonatal Nursing: Clinical Scholarship for the Care of Women, Childbearing Families, & Newborns, 46*(4), 521–531.

Brody, G. H., Stoneman, Z. & McCoy, J. K. (1992). Associations of maternal and paternal direct and differential behavior with sibling relationships: Contemporaneous and longitudinal analyses. *Child Development, 63*(1), 82–92.

Buchanan, A. & Rotkirch, A. (2021). The Role of Brothers and Sisters in Changing Times. In A. Buchanan & A. Rotkirch (Hrsg.), *Brothers and Sisters. Sibling Relationships Across the Life Course* (S. 3–21). Palgrave Macmillan/Springer Nature.

Chen, B.-B. (2019). Chinese mothers' sibling status, perceived supportive coparenting, and their children's sibling relationships. *Journal of Child and Family Studies, 28*, 684–692.

Chen, B.-B. & Shi, Z. (2017). Parenting in families with two children. *Advances in Psychological Science, 25*, 1172–1181.

Chen, B.-B. & Tan, J.-P. (2021). Brothers and Sisters in China: No Longer the One-Child Family. In A. Buchanan & A. Rotkirch (Hrsg.), *Brothers and Sisters. Sibling Relationships Across the Life Course* (S. 185–201). Palgrave Macmillan/Springer Nature.

Cicirelli, V. (1994). Sibling relationships in cross-cultural perspective. *Journal of Marriage and Family, 56*, 7–20.

Davey, J. A. & Cunningham, C. (2021). Siblings in Māori Myth, Culture and Present-Day Society. In A. Buchanan & A. Rotkirch (Hrsg.), *Brothers and Sisters. Sibling Relationships Across the Life Course* (S. 87–103). Palgrave Macmillan/Springer Nature.

DeLoache, J. S. & Gottlieb, A. (2000). If Dr. Spock Were Born in Bali. In J. DeLoache & A. Gottlieb (Hrsg.), *A World of Babies. Imagined Childcare Guides for Seven Societies* (S. 1–27). Cambridge University Press.

Deutsch, F. M. (2006). Filial piety, patrilineality, and China's one-child policy. *Journal of Family Issues, 27*, 366–389.

de Munck, V. (1993). The dialectics and norms of self interest: Cross-siblings in a Sri Lankan Muslim community. In C. Nuckolls (Hrsg.), *Siblings in South Asia: Brothers and sisters in cultural context* (S. 143–162). Guilford Press.

Dunn, J. (1993). *Young Children's Close Relationships. Beyond Attachment.* Sage Publications.

Dunn, J. & Munn, P. (1985). Becoming a family member: family conflict and the development of social understanding in the second year. *Child Development, 56*, 480–492.

Ervin-Tripp, S. (1989). Sisters and Brothers. In P. G. Zukow (Hrsg.), *Sibling Interaction Across Cultures* (S. 184–195). Springer.

Feinberg, M. E., McHale, S. M. & Whiteman, S. D. (2019). Parenting Siblings. In M. Bornstein (Hrsg.), *Handbook of Parenting. Volume I: Children and Parenting* (Third Edition) (S. 219–257). Routledge.

Gamble, W. C. & Yu, J. J. (2014). Young children's sibling relationship interactional types: Associations with family characteristics, parenting, and child characteristics. *Early Education & Development, 25*, 223–239.

Gottlieb, A. (2004). *The Afterlife Is Where We Come From. The Culture of Infancy in West Africa.* The University of Chicago Press.

Hart, S. L. (2010). A Theoretical Model of Development of Jealousy. Insight through Inquiry into Jealousy Protest. In S. L. Hart & M. Legerstee (Hrsg.), *Handbook of Jealousy. Theory, Research, and Multidisciplinary Approaches* (S. 331–361). Wiley-Blackwell.

Jensen, A. C., Killoren, S. E., Campione-Barr, N., Padilla, J. & Chen, B.-B. (2023). Sibling Relationships in Adolescence and Young Adulthood in Multiple Contexts: A Critical Review. *Journal of Social and Personal Relationships, 40*(2), 384–419.

Joseph, S. (2021). Brothers and Sisters, Husbands and Wives: Love, Power, and Being an In-Law. In A. Buchanan & A. Rotkirch (Hrsg.), *Brothers and Sisters. Sibling Relationships Across the Life Course* (S. 105–121). Palgrave Macmillan/Springer Nature.

Keller, H. (2011). *Kinderalltag.* Springer.

Keller, H. (2017). Culture and development: a systematic relationship. *Perspectives on Psychological Science, 12*(5), 833–840.

Keller, H. & Kärtner, J. (2013). Development – The culture-specific solution of universal developmental tasks. In M. L. Gelfand, C.-Y. Chiu & Y. Y. Hong (Hrsg.), *Advances in culture and psychology, Vol. 3* (S. 63–116). Oxford University Press.

Keller, H. & Lamm, B. (2010). Culture, Parenting, and the Development of Jealousy. In S. L. Hart & M. Legerstee (Hrsg.), *Handbook of Jealousy. Theory, Research, and Multidisciplinary Approaches* (S. 477–497). Wiley-Blackwell.

Kolenda, P. (1993). Sibling relations and marriage practices: A comparison of North, Central, and South India. In C. Nuckolls (Hrsg.), *Siblings in South Asia: Brothers and sisters in cultural context* (S. 103–141). Guilford Press.

Kroeber, A. L. (1933). Process in the Chinese kinship system. *American Anthropologist, 35*(1), 151–157.

Lamm, B. (2008). *Children's ideas about infant care: A comparison of rural Nso children from Cameroon and German middle class children.* Doktorarbeit, Universität Osnabrück.

Lamm, B. & Holtmeyer, C. (2008). Geschwisterbeziehungen in der frühen Kindheit. In J. Borke & A. Eickhorst (Hrsg.), *Systemische Entwicklungsberatung in der frühen Kindheit* (S. 253–272). facultas.

Lamm, B. & Keller, H. (2012). Väter in verschiedenen Kulturen. In H. Walter & A. Eickhorst (Hrsg.), *Das Väterhandbuch: Theorie, Forschung, Praxis* (S. 77–88). Psychosozial-Verlag.

Lamm, B., Schmidt, W. J., Ndzenyuiy, M. N. & Keller, H. (2023). Growing up in Nso: Changes and continuities in children's relational networks during the first three years of life. *Ethos, 51*, 27–46.

Le, H.-N. (2000). Never Leave Your Little One Alone. Raising an Ifaluk Child. In J. DeLoache & A. Gottlieb (Hrsg.), *A World of Babies. Imagined Childcare Guides for Seven Societies* (S. 199–220). Cambridge University Press.

Lee, M.-H. (2012). The One-Child Policy and gender equality in education in China: Evidence from household data. *Journal of Family and Economic Issues, 33*, 41–52.

LeVine, R. A. (2010). The Six Cultures Study: Prologue to a History of a Landmark Project. *Journal of Cross-Cultural Psychology, 41*(4), 513–521.

LeVine, R. A., Dixon, S., LeVine, S., Richman, A., Leiderman, P. H., Keefer, C. H. & Brazelton, T. B. (1994). *Child care and culture: Lessons from Africa.* Cambridge University Press.

LeVine, R. A. & LeVine, B. B. (1963). Nyansongo: A Gusii Community in Kenya. In B. B. Whiting (Hrsg.), *Six Cultures. Studies of Child Rearing* (S. 15–202). John Wiley and Sons.

Maretzki, T. W. & Maretzki, H. (1963). Taira: An Okinawan Village. In B. B. Whiting (Hrsg.), *Six Cultures. Studies of Child Rearing* (S. 363–539). John Wiley and Sons.

McGuire, S. & Shanahan, L. (2010). Sibling experiences in diverse family contexts. *Child Development Perspectives, 4*, 72–79.

McHale, S. M., Updegraff, K. A. & Whiteman, S. D. (2012). Sibling relationships and influences in childhood and adolescence. *Journal of Marriage and Family, 74*, 913–930.

Nsamenang, A. B. (1992). Early Childhood Care and Education in Cameroon. In M. E. Lamb, K. J. Steinberg, C.-P. Hwang, & A. G. Broberg (Hrsg.), *Child Care in Context* (S. 419–439). Lawrence Erlbaum.

Nsamenang, A. B. & Lamb, M. E. (1994). Socialization of Nso Children in the Bamenda Grassfields of Northwest Cameroon. In P. M. Greenfield & R. R. Cooking (Hrsg.), *Cross-cultural roots of minority child development* (S. 133–146). Lawrence Erlbaum.

Recchia, H. E. & Witwit, M. (2017). Family perspectives on siblings' conflict goals in middle childhood: Links to hierarchical and affective features of sibling relationships. *New Directions for Child and Adolescent Development, 156*, 33–48.

Rogoff, B. (2003). *The cultural nature of human development*. Oxford University Press.

Ross, H. S. (1996). Negotiating principles of entitlement in sibling property disputes. *Developmental Psychology, 32*, 90–101.

Seymour, S. (1993). Sociocultural contexts: Examining sibling roles in South Asia. In C. Nuckolls (Hrsg.), *Siblings in South Asia: Brothers and sisters in cultural context* (S. 45–69). Guilford Press.

Shanahan, L., McHale, S. M., Crouter, A. C. & Osgood, D. W. (2008). Linkages between parents' differential treatment, youth depressive symptoms, and sibling relationships. *Journal of Marriage and Family, 70*(2), 480–494.

Stewart, R. B. (1983). Sibling Attachment Relationships: Child-Infant Interaction in the Strange Situation. *Developmental Psychology, 19*(2), 192–199.

Stewart, R. B., Mobley, L. A., van Tuyl, S. S. & Salvador, M. A. (1987). The Firstborn's Adjustment to the Birth of a Sibling: A Longitudinal Assessment. *Child Development, 58*, 341–355.

Teiser, J. (2010). *Imitationsverhalten kamerunischer Säuglinge: Beeinflusst das Alter des Modells die Nachahmung?* Unveröffentlichte Diplomarbeit, Universität Osnabrück.

Updegraff, K., McHale, S., Whiteman, S., Thayer, S. & Delgado, M. (2005). Adolescent sibling relationships in Mexican American families: Exploring the role of familism. *Journal of Family Psychology, 19*, 512–522.

Wang, Y. Z., Li, Y., Liu, T. T., Zhao, J. J., Li, Y. J. & Niu, X. B. (2022). Understanding relationships within cultural contexts: Developing an early childhood sibling relationship questionnaire in China. *Family Relations, 71*, 220–237.

Watson-Gegeo, K. & Gegeo, D. (1989). The role of sibling interaction in child socialization. In P. Zukow (Hrsg.), *Sibling interaction across cultures: Theoretical and methodological issues* (S. 54–76). Springer.

Weisner, T. S. (1982). Sibling interdependence and child caretaking: A cross-cultural view. In M. E. Lamb & B. Sutton-Smith (Hrsg.), *Sibling relationships: Their nature and significance across the lifespan* (S. 305–327). Lawrence Erlbaum.

Weisner, T. S. (1987). Socialization for parenthood in sibling caretaking societies. In J. B. Lancaster, J. Altmann, A. S. Rossi, & L. R. Sherrod (Hrsg.), *Parenting across the life span. Biosocial Dimensions* (S. 237–270). de Gruyter.

Weisner, T. S. (1989). Comparing sibling relationships across cultures. In P. G. Zukow (Hrsg.), *Sibling interaction across cultures: Theoretical and methodological issues* (S. 11–22). Springer.

Weisner, T. S. (1993a). Overview: Sibling similarity and difference in different cultures. In C. W. Nuckolls (Hrsg.), *Siblings in South Asia: Brothers and sisters in cultural context* (S. 1–18). Guilford Press.

Weisner, T. S. (1993b). Ethnographic and ecocultural perspectives on sibling relationships. In Z. Stoneman & P. W. Berman (Hrsg.), *The effects of mental retardation, disability, and illness on sibling relationships* (S. 51–83). Paul H. Brookes.

Weisner, T. S. & Gallimore, R. (1977). My Brother's Keeper: Child and Sibling Caretaking. *Current Anthropology, 18*(2), 169–190.

White, N. & Hughes, C. (2018). *Why Siblings Matter. The Role of Brother and Sister Relationships in Development and Well-Being*. Routledge.

Whiting, B. B. & Whiting, J. W. (1975). *Children of six cultures: A psycho-cultural analysis.* Harvard University Press.

Whittemore, R. D. & Beverly, E. (1989). Trust in the Mandinka Way: The Cultural Context of Sibling Care. In P. G. Zukow (Hrsg.), *Sibling Interaction Across Cultures* (S. 26–53). Springer.

Zukow, P. (1989). Siblings as Effective Socializing Agents: Evidence from Central Mexico. In P. G. Zukow (Hrsg.), *Sibling Interaction Across Cultures* (S. 79–105). Springer.

Zukow-Goldring, P. (2002). Sibling Caregiving. In M. H. Bornstein (Hrsg.), *Handbook of parenting* (2. Aufl.) (S. 253–286). Lawrence Erlbaum Associates.

II Spezifische Geschwisterbeziehungen

6 Zwillinge, Drillinge und … So viele Mehrlinge wie noch nie!

Meike Watzlawik

Twin Peaks: More twinning in humans than ever before ist der Titel eines Artikels, der 2021 in der Zeitschrift *Human Reproduction* erschienenen ist (Monden, Pison & Smits, 2021). Die Autor:innen ziehen dieses Fazit nach einem Vergleich von statistischen Daten aus weltweit 165 Ländern (1980–1985 vs. 2010–2015). Afrika sei zwar immer noch der Kontinent mit den meisten Zwillingsgeburten, aber Nordamerika, Ozeanien und Europa würden rasant aufholen. Der Anstieg erklärt sich dabei größtenteils durch eine immer höhere Anzahl an zweieiigen Zwillingen (▶ Kasten 8.1), wohingegen der Anteil an eineiigen Zwillingen weltweit weitestgehend konstant bleibt (Klaritsch et al., 2023; ▶ Kasten 6.1).

Kasten 6.1

Begriffsklärung: Mono- oder dizygot?

Während dizygote (zweieiige) Zwillinge bzw. *polyzygote* Mehrlinge in Bezug auf ihre genetische bzw. phänotypische Ähnlichkeit mit anderen Geschwistern vergleichbar sind, da mehrere Eizellen freigesetzt und befruchtet werden, stammen monozygote (eineiige) Mehrlinge aus *einem Ei*, also einer Eizelle, die sich nach der Befruchtung noch weiter teilt. Nach spontaner Konzeption kommen in etwa bei 4:1000 Geburten eineiige Zwillinge zur Welt, bei künstlicher Befruchtung sind es doppelt so viele (Gurunath, Makam, Vinekar & Biliangady, 2015)[1], bei eineiigen Drillingen, die deutlich seltener sind, liegt die Wahrscheinlichkeit bei 0,001 %–0,004 % bzw. 0,048 % bei künstlicher Befruchtung (Gandham & Ogueh, 2012; Gurunath et al., 2015).

Monozygote Mehrlinge weisen (nahezu) das gleiche Erbgut auf (vgl. Day, Kearns, Taylor & Bradley, 2014) und sehen sich phänotypisch sehr ähnlich. Unterschiede gibt es dennoch: So sind z. B. die Fingerabdrücke von eineiigen Zwillingen nicht identisch (Vanderkolk, 2013), auch können bestimmte Merkmale (Wirbel, Zahnschiefstellungen, Muttermale etc.) spiegelbildlich angeordnet sein (*mirror image twins*, vgl. Hughes et al., 2014). Über die Zeit verstärkt sich der Einfluss der Umwelt, was sich sowohl auf den Phänotyp, aber auch auf die Genaktivität/Epigenetik selbst auswirkt. Letztere unterscheidet sich bei eineiigen Zwillingen mit steigendem Alter immer deutlicher (Fraga et al., 2005).

---

1 Gründe für die höhere Wahrscheinlichkeit eineiiger Mehrlinge bei *ART* (In-Vitro-Fertilisation) seien u. a. die Mikromanipulation der Eizelle und die Zeit in der In-Vitro-Kultur (Cara et al., 2024).

Warum steigt aber vor allem der Anteil der zweieiigen Zwillinge? Zwei zentrale Einflussgrößen werden benannt: die steigende Inanspruchnahme assistierter reproduktionsmedizinischer Behandlungen/Therapien, kurz *ART*, und die Tatsache, dass sich Eltern immer später für Kinder entscheiden (Monden et al., 2021).[2] Spätere Schwangerschaften erweisen sich aber als weniger relevant für die Erklärung des Mehrlingsanstiegs als künstliche Befruchtungen (Pison, Monden & Smits, 2015).

Abb. 6.1: Anzahl der Mehrlingsgeburten in Deutschland zwischen 2000 und 2022 (Datenquelle: Statistisches Bundesamt, 2023).
Anmerkung: Bis 2003 wurden in Deutschland Behandlungszyklen im Rahnen von reproduktionsmedizinischen Behandlungen für Ehepaare voll bezahlt, danach nur drei Zyklen zur Hälfte. Diese Gesetzesänderung führte dazu, dass sich die Zahl der künstlichen Befruchtungen im Jahr 2004 im Vergleich zum Vorjahr halbierte (Kentenich, Woldt & Krüssel, 2013).

Mehrlinge gelten in Bezug auf Schwangerschaft und Geburt als Risikogruppe. Es treten im Vergleich zu einzeln geborenen Kindern häufiger Komplikationen auf. Dazu zählen u. a. höhere Wahrscheinlichkeiten von Früh- und Todgeburten, aber auch der Frühabort eines Zwillings (*Vanishing Twin Syndrome*[3]), der eventuell mit dem *Twin-to-Twin Transfusion Syndrome* (TTTS) zusammenhängt, bei dem ein

---

2 Mit steigendem Alter der gebärfähigen Person steigt die Produktion des follikelstimulierenden Hormons (FSH), das die Reifung der Eizellen auslöst. So stehen mit steigendem Alter immer häufiger nicht nur eine, sondern mehrere Eizellen zur Befruchtung bereit, was aus der Evolutionsperspektive dadurch begründet werden kann, dass so die Chance, den eigenen Genpool weiterzugeben, in Anbetracht der verbleibenden Zeit maximiert wird. Allerdings wird das FSH auch als Erklärung herangezogen, wenn es um das weltweit sehr unterschiedliche Vorkommen von zweieiigen Zwillingen geht. So könnte eine Veranlagung zum Mehrfacheisprung z. B. erklären, warum bei den nigerianischen Yoruba sogar ca. jede 23. Geburt eine Zwillingsgeburt ist.

3 Bókkon, Vas, Császár und Lukács (2014) diskutieren mögliche Auswirkungen auf den überlebenden Zwilling.

Zwilling während der Schwangerschaft mehr Blut erhält als der andere (Li et al., 2022);[4] aber auch ein vergleichsweise geringes bzw. ungleiches Geburtsgewicht gehören dazu (Klaritsch et al., 2023). Bei steigender Mehrlingszahl erhöhen sich somit auch die Anforderungen an das Gesundheitssystem, was nicht unbemerkt bleibt. Dies führt bzw. führte zu Anpassungen der nationalen *ART*-Leitlinien, wozu auch die Reduktion der Anzahl transferierter Embryos gehört. In Europa wird immer häufiger nur noch ein Embryo im Rahmen von *ART* eingesetzt, oftmals auch zwei, aber immer seltener drei und mehr. Monden et al. (2021) gehen davon aus, dass – wenn diese Praxis Schule macht – auch die Mehrlingszahlen weltweit wieder sinken werden. In Deutschland scheint der Trend bereits in diese Richtung zu gehen (▶ Abb. 6.1).

6.1 Mehrlingseltern: Herausforderungen und Ressourcen

Eltern von Mehrlingen stehen nach der Geburt der Kinder vor der Aufgabe, mehrere Neugeborene gleichzeitig zu versorgen und eine Bindung zu diesen aufbauen. Dies ist vor allem dann schwierig, wenn nicht alle Kinder gleichzeitig aus dem Krankenhaus mit nach Hause kommen können, da sie noch weiter stationär behandelt werden müssen. Hinzu kommt, dass ggf. auch weitere Geschwister parallel zu den Neugeborenen versorgt werden wollen. Dies stellt Mehrlingseltern im Vergleich zu anderen vor andere Herausforderungen (vgl. Arabin & Gembruch, 2021; McKay, 2010): So sind die finanzielle Belastung, der zeitliche Aufwand bei der Betreuung der Kinder sowie die psychische und physische Belastung deutlich höher (Twins Research Australia, 2019). Grundsätzlich kann bereits der vorgeburtliche Beziehungsaufbau (*prenatal attachment*) zwischen Eltern und Mehrlingen aufgrund der o. g. Herausforderungen erschwert sein (Ionio, Mascheroni, Colombo & Lista, 2018).

In einer Befragung von 255 Mehrlingseltern in Deutschland (96,5 % Zwillings-, 3,1 % Drillings-, 0,4 % höhergradige Mehrlingseltern; Werner, 2022) finden sich diese Bereiche ebenfalls unter den meistgenannten Herausforderungen (▶ Tab. 6.1).

Deutlich wird, dass sich die Herausforderungen in Abhängigkeit der Entwicklungsphase der Kinder verändern (Werner, 2022). Sorgen, Ängste und Unsicherheiten werden in allen Phasen genannt (vgl. McKay, 2010), wobei die eigene Stärke, Resilienz und Einstellung auch als Ressourcen angeführt werden. Aus Sicht der Eltern ist die wichtigste Ressource die eigene Familie (Großeltern, eigene Geschwister, Partner:innen etc.).

---

4 Mikrochirurgische Eingriffe sind zur Behandlung möglich.

Tab. 6.1: Meistgenannte Herausforderungen von Mehrlingseltern in Abhängigkeit der kindlichen Entwicklungsphasen (TOP 9, Corona wurde als Nennung ausgeschlossen; N=255; Werner, 2022)

	Schwangerschaft	Geburt bis Ankunft zu Hause	Erstes Lebensjahr der Mehrlinge	Zweites Lebensjahr der Mehrlinge
1	Ängste, Sorgen, Unsicherheiten bzgl. Elternschaft, Kindeswohl	(Körperliche) Komplikationen	Fehlende Zeit für sich und die eigenen Bedürfnisse	Mobilität der Mehrlinge → Sicherheitsrisiken
2	(Körperliche) Komplikationen	Schlechte (medizinische) Betreuung/ Versorgung	Allen gerecht werden (Kindern, Partner:innen, sich selbst)	Allen gerecht werden (Kindern, Partner:innen, sich selbst)
3	Finanzielle Belastungen (z. B. durch Anschaffungen)	Eingriffe in eine natürliche/spontane Entbindung	Stillen, Füttern, Abpumpen	Fremdbetreuung (z. B. Finden, Eingewöhnung)
4	Liegen müssen/Bettruhe	Notwendige Krankenhausaufenthalte nach der Geburt	Eingeschränkte Teilhabe am sozialen Leben außerhalb der Familie	Ängste, Sorgen, Unsicherheiten bzgl. Elternschaf, Kindeswohl
5	Lange/häufige Krankenhausaufenthalte	(Räumliche) Trennung von (mind.) einem Mehrling	Körperliche Komplikationen/Beeinträchtigungen	Arbeitsumstände/ Wiedereinstieg
6	Negative Reaktionen des Umfelds (z. B. Vorurteile)	Ängste, Sorgen, Unsicherheiten bzgl. Elternschaf, Kindeswohl	Schreien, Weinen, Trösten der Mehrlinge	Eingeschränkte Teilhabe am sozialen Leben außerhalb der Familie
7	Körperliche Belastungen/Erschöpfung	Stillen, Füttern, Abpumpen	Alltag mit organisatorischen Herausforderungen	Fehlende Zeit für sich und die eigenen Bedürfnisse
8	Versorgung von/Beziehung zu älteren Kindern	(Komplikationen durch) Frühgeburt	Ängste, Sorgen, Unsicherheiten bzgl. Elternschaf, Kindeswohl	Umgang mit Trotz und Autonomiebestreben der Kinder
9	Geburtsvorbereitung (z. B. Klinik- & Hebammensuche)	Schlechte Rahmenbedingungen während Entbindung	Allein mit Mehrlingen sein (Partner:in arbeitet wieder)	Geschwisterbeziehung der Mehrlinge

Weiter werden eine gute medizinische Versorgung, Freund:innen und der Austausch mit anderen Mehrlingseltern als hilfreich empfunden. Gerade die Rückversicherung durch andere (Mehrlingseltern) scheint für Drillingseltern für den Abbau von Angst und Stress hilfreich zu sein (Kotera, Kaluzeviciute & Bennett-Viliardos, 2022; ▶ Kasten 6.2).

Kasten 6.2

> **Eltern mehr Sicherheit geben: Aber wie?**
>
> Julia Kobs, Psychotherapeutin und selbst Zwillingsmutter, empfiehlt, Eltern darauf aufmerksam zu machen, dass sie selbst Expert:innen für ihre Kinder sind. Durch die intensive gemeinsame Zeit kennen sie diese besser als andere und können dadurch auch besser ein Gefühl für deren Grundbedürfnisse entwickeln, die befriedigt werden wollen, damit die jeweilige Entwicklung positiv verläuft. Eltern sollten sich also die Frage stellen, um was es genau geht, wenn Kinder unzufrieden sind: Geht es um den Wunsch nach *Nähe/Bindung* oder geht es um *Kontrolle/Selbstbestimmung*? Steht der *Lustgewinn bzw. die Unlustvermeidung* im Vordergrund oder geht es um den *Selbstwerterhalt bzw. dessen Erhöhung* (Grawe, 2004)? Ein Beispiel: 5-jährige Zwillinge sollen entscheiden, ob sie ein eigenes Zimmer haben wollen oder nicht. Bisher haben sie sich das Zimmer geteilt. Der eine Zwilling möchte dies unbedingt, der andere ist vehement dagegen. Während also bei Kind 1 das Bedürfnis nach Selbstbestimmung im Vordergrund steht, ist es bei Kind 2 das Bedürfnis nach Bindung und Nähe. Was tun? Bei unterschiedlichen Bedürfnissen ist Kreativität gefragt! In diesem Beispiel haben die Eltern zwei Zimmer eingerichtet, in dem jeweils zwei Betten stehen. Die Kinder entscheiden abends, ob sie zusammen oder getrennt übernachten, möchte Kind 1 keinen Besuch, Kind 2 möchte aber nicht allein sein, darf es bei den Eltern schlafen. Hilfreich ist, die Kinder, wenn möglich, in den Prozess mit einzubeziehen.

Die Beziehungsgestaltung der Mehrlinge untereinander wird von den Eltern erst ab dem zweiten Lebensjahr der Kinder als Herausforderung benannt. Dies ist u. a. dadurch erklärbar, dass die Kinder mobiler werden, sich sprachlich besser ausdrücken können und sich dadurch das Geschwistersubsystem überhaupt erstmals relativ autark – ggf. auch in Opposition zu den Eltern – etabliert. Frühere Phasen sind hierfür aber bereits wegbereitend.

6.2 Besondere Entwicklungsbedingungen in verschiedenen Lebensphasen

Vor der Geburt. Bereits vorgeburtlich sind Mehrlinge anderen Umweltbedingungen ausgesetzt als Einlinge. Das größte (Verletzungs-)Risiko weisen eineiige Mehrlinge auf, die sich eine Fruchtblase und ggf. auch die Plazenta teilen[5, 6] (Arabin &

---

5 Bei eineiigen Mehrlingen ist der Zeitpunkt der Eizellenteilung entscheidend für die intrauterinen Entwicklungsbedingungen. Je später die Teilung, desto *enger* sind diese (z. B. eine anstatt zwei Fruchtblasen). Verbundene (siamesische) Zwillinge entstehen, wenn sich die Teilung der Eizelle erst nach dem 13.–15. Tag vollzieht, dann aber unvollständig bleibt.

Gembruch, 2021). Allerdings bietet die räumliche Nähe auch besondere Interaktionsmöglichkeiten: Studienergebnisse belegen, dass Zwillinge bereits ab der 11. Schwangerschaftswoche (SWS) miteinander interagieren. Ab der 18. SWS sind Bewegungen häufiger auf den Co-Zwilling ausgerichtet als auf sich selbst oder die Gebärmutterwand. Dies deutet darauf hin, dass Zwillinge bereits zu diesem Zeitpunkt zwischen sich und dem Geschwister differenzieren und dass sie bevorzugt Bewegungen auf den anderen ausrichten (Castiello et al., 2010). Ob sich die Kinder eine Fruchtblase teilen oder nicht, scheint dabei von Bedeutung zu sein (Jensen & Parker, 2012). Systematische Untersuchungen, ob sich die Bezugnahme aufeinander während der Schwangerschaft auf die spätere Beziehung der Geschwister auswirkt, sind bis dato nicht zu finden.

Die ersten Jahre. Mehrlinge können durch die gegenseitige Bezugnahme, die, wie oben gezeigt, bereits vorgeburtlich beginnt, die geteilte Aufmerksamkeit der Bezugspersonen in vielen Fällen kompensieren. Der Beziehungs- und Bindungsaufbau in den ersten drei Jahren erlaubt es den Kindern, sich gegenseitig Sicherheit zu geben, selbst wenn die Hauptbezugspersonen nicht anwesend sind (Gottfried, Seay & Leake, 1994). Psychoanalytisch betrachtet, sind Zwillinge füreinander potentielle *Übergangsobjekte*, die die Loslösung von primären Bezugspersonen und die Exploration der »Außenwelt« unterstützen (Ainslie, 1997). Dies würde auch erklären, warum Zwillinge tendenziell weniger dingliche Übergangsobjekte (Kuscheltiere etc.) besitzen als Einzel- oder Geschwisterkinder (Schulz, 1998). Eine Trennung von Zwillingen im Kindergarten bringt unter dieser Prämisse ebenfalls keinen grundsätzlichen Entwicklungsvorteil – im Gegensatz zu der weit verbreiteten Annahme, so könne die individuelle Entwicklung der Kinder befördert werden (Gordon, 2015). Studien deuten eher darauf hin, dass den Kindern durch die Trennung vom Geschwister eine wichtige Bezugsperson genommen wird, was zu ungünstigen Entwicklungsverläufen führt (Tully et al., 2004; van Leeuwen, van den Berg, van Beijsterveldt, & Boomsma, 2005; Webbink, Hay & Visscher, 2007; Gordon, 2014). Dies bestätigt sich auch für den späteren Schulbesuch (Garon-Carrier et al., 2022).

Eineiige Zwillinge scheinen von einer Trennung eher negativ beeinflusst zu werden als zweieiige Zwillinge (Tully et al., 2004), was im Einklang mit Forschungsergebnissen steht, die eineiigen Zwillingen eine engere Beziehung zusprechen als zweieiigen (Fortuna, Goldner & Knafo, 2010). Es ist wahrscheinlich, dass die Zygosität der Kinder auch bei Drillingen einen Einfluss auf die Beziehungsgestaltung hat (Disselkamp, 2004), allerdings ist hier weitere Forschung notwendig. Insgesamt muss bei der Untersuchung der Auswirkungen einer Trennung in Kindergarten und Schule berücksichtigen, wie belastet die Beziehung der Kinder bereits vorher gewesen ist. Eine Trennung ist zwar nicht grundsätzlich indiziert, es gibt aber Geschwister, die von einer solchen profitieren können (z. B., wenn ein Kind das andere stark dominiert). Den Einzelfall zu betrachten, ist also zentral.

---

6 Lange ging man davon aus, dass bei zweieiigen Zwillingen immer auch zwei Plazenten zur Verfügung stehen. Es gibt jedoch auch Fälle, in denen sich diese eine Plazenta teilen (*Monochorionic Dizygotic Twins*; Peters et al., 2017).

Kasten 6.3

Zwillingssprache: Gibt es sie?

Zwillingen, vor allem den eineiigen, wird nachgesagt, dass sie häufig bereits früh in der Entwicklung *eigene Sprachen* entwickeln, die für andere unverständlich sind (*Kryptophasie*; Bakker, 1987). In vielen Fällen imitieren die Geschwister jedoch lediglich das, was sie (vermeintlich) in der Interaktion mit anderen gehört haben. So besteht die Zwillingssprache aus »lautmalerischen Ausdrücken, einigen erfundenen Wörtern, aber zum größten Teil aus Wörtern aus der Erwachsenensprache, die an die eingeschränkten phonologischen Möglichkeiten von Kleinkindern angepasst sind« (Bakker, 1987, S. 233). Werden die Worte in der Interaktion der Zwillinge situativ verstanden (z. B. durch gleichzeitiges Deuten auf die entsprechenden Objekte), so können sie sich als fester Bestandteil des gemeinsam verwendeten Wortschatzes etablieren. Aufgrund des gleichen Entwicklungsstandes können sich die Zwillinge naturgemäß nicht gegenseitig verbessern. In der Interaktion mit anderen wird die Zielsprache erlernt, was bei Zwillingen ggf. verzögert der Fall ist, aber nicht ausbleibt und spätestens bis zum dritten Lebensjahr den Stand von anderen Kindern erreicht. Die *Zwillingssprache* verschwindet dabei im Verlauf (vgl. Segal, 2004).

Eine Besonderheit bei eineiigen Zwillingen ist, dass sie in manchen Fällen einen Begriff erfinden, der beide Kinder gleichzeitig einschließt (*Dual*). So wird das frühkindliche Problem umschifft, sich selbst und das Geschwister auf Fotos korrekt zu benennen. Dies fällt umso schwerer, je ähnlicher sich die Kinder sind. Eltern können diesen Differenzierungsprozess unterstützen, indem sie die Kinder nicht (immer) gleich kleiden (vgl. Watzlawik, 2015).

Schulzeit und Pubertät. Oft wird die Ähnlichkeit von eineiigen Mehrlingen vom Umfeld quasi vorausgesetzt (vgl. »Schablone der Gleichheit«, Kabat vel Job, 1986, S. 219), was dazu beitragen kann, dass die Konkurrenz zwischen den Kindern stärker als bei anderen ausgeprägt ist (Ainslie, 1997; Åkerman & Suurvee, 2003).[7] Zweieiige Mehrlinge werden hingegen oft erst gar nicht als solche wahrgenommen. Das Umfeld achtet bei ihnen besonders auf die Unterschiede. Gerade Eltern heben diese hervor, so dass angenommen werden könnte, dass es sich um zwei nicht verwandte Kinder handelt – eine Beobachtung, die der objektiven Überprüfung nicht stand hält (vgl. Saudino et al., 2004). Werden die Kinder selbst nach Gemeinsamkeiten und Unterschieden gefragt, so können eineiige und zweieiige Zwillinge sowie Geschwisterkinder mit einem Altersabstand von maximal zwei Jahren alle ungefähr gleich viele Gemeinsamkeiten benennen, nur den eineiigen Zwillingen fallen weniger Unterschiede ein. Dies weist darauf hin, dass hier mehr Arbeit geleistet werden

---

7 Um die Frage zu beantworten, ob eine Trennung der Kinder in der Schule angebracht sein könnte, *kann* schon früher, aber *sollte* im Kontext mit den Kindern selbst gesprochen werden. Was wollen die Kinder? Wichtig ist auch, dass keine Entscheidung in Stein gemeißelt ist. Funktioniert ein Arrangement nicht (aus welchen Gründen auch immer), kann ggf. neu entschieden werden.

muss, um sich von dem Geschwister abzugrenzen (Åkerman & Suurvee, 2003). Dies hängt z. T. mit folgendem Dilemma zusammen:

> [...] twins in modern societies [are] at the centre of an insoluble dilemma: The need to internalize or at least inhabit individual roles, thereby minimizing the social significance of being a twin, while at the same time being chronically confronted with social identification which greatly prioritises the fact of being a twin, being part of a supra-individual unit. (Stewart, 2000, S.723)

Während eineiige Zwillinge die *individuelle Identität* (Wer bin ich?) gegen die oft starke Betonung der *Paaridentität* durch andere (Wer sind/sollen wir sein?) verteidigen bzw. sichtbar machen müssen, haben vor allem gegengeschlechtliche Mehrlinge einen Vorteil. Ihnen bescheren die unterschiedlichen gesellschaftlichen Geschlechterrollen einen Abgrenzungsrahmen (bzw. Abgrenzungsdruck). Bereits im Kindesalter ist die Rivalität zwischen ihnen deshalb weniger ausgeprägt als bei gleichgeschlechtlichen Paaren (Avinun & Knafo, 2013).

Wie kann die Abgrenzung voneinander, die gleichzeitig Rivalität/Konkurrenz minimiert, gelingen? Sie ist grundsätzlich eine lebenslange Aufgabe, wird aber in der Adoleszenz ein zentrales Thema, da die Frage, »Wer bin ich?« in dieser Lebensphase neu verhandelt werden will. Kognitive Fähigkeiten steigen und vieles, was in der Kindheit selbstverständlich schien, wird jetzt noch einmal auf den Prüfstand gestellt. So auch die Geschwisterbeziehung.

Misst man die Identitätsarbeit an der *Exploration*, also der aktiven Erkundung von Identitätsmöglichkeiten, so explorieren eineiige Zwillinge, die in eine Klasse gehen, ihre Geschwisterbeziehung intensiver als andere Zwillinge und Geschwister. Auf der einen Seite gilt es zwar, sich von dem Geschwister abzugrenzen, auf der anderen Seite liefert der Mehrlingsstatus bereits ein Alleinstellungsmerkmal, was bei eineiigen Zwillingen u. a. dazu führt, dass sie durchschnittlich mehr Selbstvertrauen aus der Beziehung zueinander ziehen, also eine höhere Paaridentität aufweisen als zweieiige Zwillinge oder Geschwisterkinder mit maximal zwei Jahren Altersabstand (Watzlawik, 2007, 2008). Ansonsten unterscheiden sich die Geschwistergruppen in Bezug auf die Exploration von wichtigen Lebensbereichen nicht. Auch bei der emotionalen Nähe gab es bei unserer eigenen Stichprobe im Jugendalter keine bedeutsamen Unterschiede.

Insgesamt scheint es den meisten Zwillingen (Mehrlingen) zu gelingen, eine gesunde Identität aufzubauen (▶ Tab. 1.1; mittlerer Identifikationsgrad) und sich von dem bzw. den anderen abzugrenzen: Delciotto (2004) konnte zeigen, dass erwachsene Zwillinge sich in Bezug auf die Identitätsentwicklung (kognitive Repräsentation der eigenen Person) nicht von anderen Geschwistern unterscheiden.

Erwachsenenalter. Hillebrandt (2002) hat Zwillinge im Senior:innenalter zu ihrer Geschwisterbeziehung befragt: An was erinnern Sie sich? Was waren wichtige gemeinsame Ereignisse? Die meisten berichteten Situationen, die sie miteinander in der Kindheit und Jugend erlebt hatten (11. bis 17. Lebensjahr). Was aber ist mit der Zeit danach? Grundsätzlich wird die Beziehung im Schnitt weniger intensiv erlebt, wenn Geschwister nicht mehr im gleichen Haushalt wohnen, in unterschiedlichen Städten ausgebildet werden oder arbeiten und romantische Beziehungen eingehen.

Dies scheint auch für Zwillinge (Mehrlinge) zu stimmen, wobei der Beziehungsstatus (verheiratet oder nicht; Fraley & Trancredy, 2012) und die Kontakthäufigkeit (nur bei zweieiigen Zwillingen; Neyer, 2002) Einfluss darauf nehmen, wie eng und zufriedenstellend die Beziehung erlebt wird.

Im Vergleich von eineiigen und zweieiigen Zwillingen im Erwachsenenalter zeigt sich, dass eineiige Zwillinge – wie auch in anderen Lebensphasen – eher Bindungspersonen füreinander darstellen, als dies bei zweieiigen oder Nicht-Zwillingen der Fall ist (Fraley & Trancredy, 2012; Landenberger et al., 2021).[8] Schwarz, Mustafić und Junker (2015) baten Zwillinge und andere Geschwister zudem, die Bindungspersonen (Geschwister, Eltern und romantische Partner:innen) in eine Rangreihe zu bringen, mit dem Ergebnis, dass eineiige Zwillinge häufiger das Geschwister an erste Stelle setzen, zweieiige Zwillinge Partner:innen und Geschwister eher gleich einordnen und andere Geschwister sehr eindeutig die Partner:innen an erste Stelle stellen. Wenn man ohne Rangreihenbildung die Bindung bzw. emotionale Nähe von Zwillingen und anderen Geschwistern zu ihren Partner:innen misst, ergeben sich allerdings keine Unterschiede.

Unabhängig von der Eiigkeit ist für Zwillinge nach einer Phase von verringertem Kontakt und emotionaler Nähe im mittleren Erwachsenenalter wieder eine Annäherung im hohen Alter zu beobachten (z. B., wenn sich das soziale Netzwerk durch Todesfälle verkleinert oder durch die Rente wieder mehr Zeit zur Verfügung steht).

6.3 Fazit: Und am Ende ist alles doch komplexer...

Die Entwicklung von Mehrlingen wird, wie in diesem Kapitel beschrieben, von den Besonderheiten der Rahmenbedingungen und Beziehung zueinander geprägt. Dabei ist die Beziehung der Mehrlinge untereinander aber nur *eine* von *vielen* Beziehungen, die das Leben der Geschwister beeinflusst. Eltern, weitere Geschwister, Gleichaltrige, (Liebes-)Partner:innen etc. sind ebenfalls von Bedeutung – genau, wie individuelle Besonderheiten, die bei den hier referierten Befunden bisher kaum in Erscheinung getreten sind (z. B. chronische Erkrankungen oder Tod eines Zwillings, ▶ Kap. 9, ▶ Kap. 11). Die Entwicklung der Zwillinge kann im Einzelfall also stark von den hier berichteten Entwicklungstrends abweichen. So beschreiben signifikante Ergebnisse zum Einfluss der Eiigkeit auf die Qualität der Mehrlingsbeziehung lediglich *Gruppen*unterschiede und erlauben keine Vorhersage für einzelne Geschwisterpaare. Es ist *wahrscheinlicher*, dass die Beziehung von eineiigen Mehrlingen enger ist, aber es gibt auch bei ihnen keine *Garantie* für eine gute Geschwisterbeziehung, genauso wenig, wie unterschiedliches Erbgut eine gute Geschwisterbezie-

---

8 Dies führen sie zum einen darauf zurück, dass sich die Geschwister ähnlicher sind und so ein besseres Verständnis herrscht, auf der anderen Seite soll der Unterschied aber auch darin begründet sein, dass eineiige Zwillinge durch die Zuwendung zum anderen den Fortbestand ihres eigenen, spezifischen Erbguts sichern (Fraley & Trancredy, 2012).

hung *verhindert*. Mehrlinge, die ihre Beziehung verleugnen, sich gegenseitig ablehnen oder im dauerhaften Konflikt stehen, werden öffentlich selten sichtbar und erlangen im wissenschaftlichen Diskurs noch wenig Aufmerksamkeit (Klein, Hart & Martinez, 2020). Eine individuelle Betrachtung ist also unabdingbar, um nichts zu übersehen und für – bestenfalls mit – den Geschwistern Entwicklung zu gestalten. Die Kenntnis über Entwicklungstrends ist dabei eine gute Basis für Hypothesen, was hilfreich und problematisch zugleich sein könnte und kann Bezugspersonen einen wichtigen Orientierungsrahmen bieten. Forschung ist dafür weiterhin notwendig, wobei die individuellen Wege und (Grund-)Bedürfnisse von Geschwistern darüber nicht aus dem Blick geraten dürfen.

Literatur

Ainslie, R. C. (1997). *The psychology of twinship*. Jason Aronson.
Åkerman, B. A. (2003). Twins at puberty: A follow-up study of 32 twin pairs. *Psychology: Journal of the Hellenic Psychological Society, 10*, 228–236.
Åkerman, B. A. & Suurvee, E. (2003). The cognitive and identity development of twins at 16 years of age: A follow-up study of 32 twin pairs. *Twin Research, 6*, 328–333.
Arabin, B. & Gembruch, U. (2021). *Schwangerschaft, Geburt und Wochenbett von Zwillingen und höhergradigen Mehrlingen*. De Gruyter.
Avinun, R. & Knafo, A. (2013). The Longitudinal Israeli Study of Twins (LIST) – An integrative view of social development. *Twin Research and Human Genetics, 16*(1), 197–201.
Bakker, P. (1987). Autonomous Languages of Twins. *Acta geneticae medicae et gemellologiae: Twin research. 36*(2), 233–238.
Bókkon, I., Vas, J. P., Császár, N. & Lukács, T. (2014). Challenges to free will: Transgenerational epigenetic information, unconscious processes, and vanishing twin syndrome. *Reviews in the Neurosciences, 25*(1), 163–175.
Cara, S. Bafaro, M. G., Cattoli, M., Coticchio, G., Di Paola, R. & Borini, A. (2024). First case of dichorionic diamniotic triplet pregnancy after single blastocyst transfer. *Journal of Assisted Reproduction and Genetics, 41*, 437–440.
Castiello, U., Becchio, C., Zoia, S., Nelini, C., Sartori, L., Blason, L., D'Ottavio, G., Bulgheroni, M. & Galles, V. (2010). Wired to Be Social: The Ontogeny of Human Interaction. *PLoS One, 5*(10), 1–10.
Day, E., Kearns, P. K., Taylor, C. J. & Bradley, J. A. (2014). Transplantation between monozygotic twins: How identical are they? *Transplantation, 98*(5), 485–489.
Delciotto, H. L. (2004). The self-concept and emotional adjustment of twins and siblings of twins. *Dissertation Abstracts International: The Sciences and Engineering, 65*(1-B), 472.
Disselkamp, C. (2006). *Drillinge – Eine besondere Geschwisterbeziehung*. Tectum.
Fraga, M. F., Ballestar, E., Paz, M. F., Ropero, S., Setien, F., Ballestar, M. L., Heine-Suner, D., Cigudosa, J. C., Urioste, M., Benitez, J., Boix-Chornet, M., Sanchez-Aguilera, A., Ling, C., Carlsson, E., Poulsen, P., Vaag, A., Stephan, Z., Spector, T. D., Wu, Y.-Z., Plass, C. & Esteller, M. (2005). Epigenetic differences arise during the lifetime of monozygotic twins. *Proceedings of the National Academy of Sciences of the United States of America, 102*(30), 10604–10609.
Fraley, R. C. & Trancredy, C. M. (2012). Twin and sibling attachment in a nationally representative sample. *Personality and Social Psychology Bulletin, 38*(3), 308–316.

Fortuna, K., Goldner, I. & Knafo, A. (2010). Twin relationships: A comparison across monozygotic twins, dizygotic twins, and nontwin siblings in early childhood. *Family Science*, 1(3–4), 205–211.

Gandham, S. & Ogueh, O. (2012). Spontaneous monochorionic triplet pregnancy with no fetal anomaly or feto-fetal transfusion. *BMJ Case Report*, Nov 27, bcr2012007114.

Garon-Carrier, G., Bégin, V., Brendgen, M., Vitaro, F., Ouellet-Morin, I., Dionne, G. & Boivin, M. (2022). Classroom placement and twins' social behaviors in elementary school: Providing empirical evidence to inform educational policy. *Educational Policy*, 36(7), 1850–1875.

Gordon, L. M. (2015). Twins and kindergarten separation: Divergent beliefs of principals, teachers, parents, and twins. *Educational Policy*, 29(4), 583–616.

Gottfried, N. W., Seay, B. M. & Leake, E. (1994). Attachment relationships in infant twins: The effect of co-twin presence during separation from mother. *Journal of Genetic Psychology*, 155(3), 273–281.

Gurunath, S., Makam, A., Vinekar, S. & Biliangady, R. H. (2015). Monochorionic triamniotic triplets following conventional in vitro fertilization and blastocyst transfer. *Journal of Human Reproductive Sciences*, 8(1), 54–57.

Grawe, K. (2004). *Neuropsychotherapie*. Hogrefe.

Hillebrandt, D. (2002). *Autobiografische Erinnerungen an Ereignisse aus der Kindheit und Jugend: Ergebnisse einer Lebensspannenstudie mit älteren Menschen*. Verfügbar unter: https://nbn-resolving.org/urn:nbn:de:swb:14-1042456390875-83770 [Zugriffsdatum: 28.03.2024].

Hughes, T. E., Townsend, G. C., Pinkerton, S. K., Bockmann, M. R., Seow, W. K., Brook, A. H., Richards, L. C., Mihailidis, S., Ranjitkar, S. & Lekkas, D. (2014). The teeth and faces of twins: Providing insights into dentofacial development and oral health for practising oral health professionals. *Australian Dental Journal*, 59(s1), 101–116.

Ionio, C., Mascheroni, E., Colombo, C. & Lista, G. (2018). Prenatal attachment in twin pregnancy. In J. Elito (Hrsg.), *Multiple pregnancy – New challenges*. IntechOpen.

Jensen, C. G. & Parker, A. (2012). Entangled in the womb? A pilot study on the possible physiological connectedness between identical twins with different embryonic backgrounds. *The Journal of Science and Healing*, 8(6), 339–347.

Kabat vel Job, O. (1986). Zur elterlichen Erziehungsstrategie bei Zwillingen. In W. Friedrich, & O. Kabat vel Job (Hrsg.), *Zwillingsforschung international* (S. 195–203). VEB Deutscher Verlag der Wissenschaften.

Kentenich, H., Woldt, B. & Krüssel, S. (2013). Sozialrechtliche Regelungen zur künstlichen Befruchtung. *Gynäkologische Endokrinologie*, 11, 302–306.

Klaritsch, P., Hecher, K., Krampl-Bettelheim, E., Worda, C., Ochsenbein-Kölble, N. & von Kaisenberg, C.S. (2023). Mehrlingsschwangerschaft und Mehrlingsgeburten. In C. S. von Kaisenberg, P. Klaritsch & I. Hösli-Krais (Hrsg.), *Die Geburtshilfe*. Springer Reference Medizin. Springer.

Klein, B., Hart, S. A. & Martinez, J. M. (2020). *New understandings of twin relationships. From harmony to estrangement and loneliness*. Routledge.

Kotera, Y., Kaluzeviciute, G. & Bennett-Viliardos, L. (2022). Qualitative investigation into pre- and post-natal experience of parents of triplets. *Journal of Child and Family Studies*, 31(7), 1785–1797.

Landenberger, R. d. O., Lucci, T. K., Davida, V. F., Ferreiraa, L. F., de Souza Fernandes, E., Segal., N. & Otta, E. (2021). Hierarchy of attachment figures among adult twins and nontwins. *Personality and Individual Differences*, 170, 110404

Liu, T., Wen, L., Huang, S., Han, T., Zhang, L., Fu, H., Li, J., Tong, C., Qi, H., Saffery, R., Baker, P. N. & Kilby, M. D. (2022). Comprehensive metabolomic profiling of cord blood and placental tissue in surviving monochorionic twins complicated by Twin-Twin Transfusion Syndrome with or without fetoscopic laser coagulation surgery: A retrospective cohort study. *Frontiers in Bioengeneering and Biotechnology*, 10, 786755.

McKay, S. (2010). *The effects of twins and multiple births on families and their living standards*. Verfügbar unter: https://twinstrust.org/asset/$F01090B4-013A-4495-97102255A16F89D4/ [Zugriffsdatum: 27.03.2024].

Monden, C. W. S., Pison, G. & Smits, J. (2021). Twin Peaks: More twinning in humans than ever before. *Human Reproduction*, 36(6), 1666–1673.

Neyer, F. J. (2002). Twin relationships in old age: A developmental perspective. *Journal of Social and Personal Relationships, 19*(2), 155–177.

Peters, H. E., König, T. E., Verhoeven, M. O., Schats, R., Mijatovic, V., Ket, J. C. & Lambalk, C. B. (2017). Unusual twinning resulting in chimerism: A systematic review on monochorionic dizygotic twins. *Twin Research and Human Genetics, 20*(2), 161–168.

Pison, G., Monden, C. W. S. & Smits, J. (2015). Twinning rates in developed countries: Trends and explanations. *Population and Development Review, 41*, 629–649.

Saudino, K. J., Wertz, A. E., Gagne, J. R. & Chawla, S. (2004). Night and day: Are siblings as different in temperament as parents say they are? *Journal of Personality and Social Psychology, 87*, 698–706.

Schulz, N. (1998). *Der erste Besitz bei Zwillingen. Eine Längsschnittstudie mit 23 Zwillingspaaren vom dritten bis zum fünften Lebensjahr*. Unveröffentlichte Diplomarbeit, TU Braunschweig.

Schwarz, S., Mustafić, M. & Junker, S. (2015). Attachment to the romantic partner and sibling: Attachment hierarchies of twins and non-twin siblings. *Interpersona: An International Journal on Personal Relationships, 9*(2), 169–183.

Segal, N. (2004). Twin paternity; Twin study summaries; Why twins fascinate. *Twin Research, 7*(6), 675–679.

Statistisches Bundesamt. (2023). *Statistischer Bericht – Geburten*. Abrufbar unter: https://www.destatis.de/DE/Themen/Gesellschaft-Umwelt/Bevoelkerung/Geburten/Publikationen/Downloads-Geburten/statistischer-bericht-geburten-5126104217005.xlsx [Zugriffsdatum: 28.03.2024].

Stewart, E. (2000). Towards the social analysis of twinship. *The British Journal of Sociology, 51* (4), 719–737.

Tully, L. A., Moffitt, T. E., Caspi, A., Taylor, A., Kiernan, H. & Andreou, P. (2004). What effect does classroom separation have on twins' behavior, progress at school, and reading abilities? *Twin Research, 7*(2), 115–124.

Twins Research Australia. (2019). *Multiple perspectives: What support do multiple birth families need to live happy and healthy lives*. The University of Melbourne.

van Leeuwen, M., van den Berg, S. M., van Beijsterveldt, T. C. E. M. & Boomsma, D. I. (2005). Effects of twin separation in primary school. *Twin Research and Human Genetics, 8*(4), 384–391.

Vanderkolk, J. R. (2013). Forensics: Identical twins don't share fingerprints. *Nature, 499*, 29.

Watzlawik, M. (2007). To explore and to commit: A German version of the Utrecht-Groningen Identity Development Scale (U-GIDS). In M. Watzlawik & A. Born (Hrsg.), *Capturing identity* (S.119–129). University Press of America.

Watzlawik, M. (2008). *Sind Zwillinge wirklich anders? Geschwister in der Pubertät*. Tectum.

Watzlawik, M. (2009). The perception of similarities and differences among adolescent siblings: Identification and de-identification of twins and non-twins. *Journal of Adolescent Research, 24*(5), 561–578.

Watzlawik, M. (2015). Zwillinge und Mehrlinge – Eine besondere Geschwisterdynamik. In I. Brock (Hrsg.), *Bruderheld und Schwesterherz* (S. 43–60). Psychosozial-Verlag.

Webbink, D, Hay, D. & Visscher, P. M. (2007). Does sharing the same class in school improve cognitive abilities of twins? *Twin Research and Human Genetics, 10*(4), 573–580.

Werner, N. (2022). *Herausforderungen und Ressourcen von Mehrlingseltern in der Schwangerschaft bis zum zweiten Lebensjahr*. Unveröffentlichte Bachelorarbeit, SFU Berlin.

7 Stief- und Halbgeschwister in Stieffamilien

Christine Entleitner-Phleps, Susanne Witte und Sabine Walper

Dass Kinder mit Halb- oder Stiefgeschwistern als Teil einer Stieffamilie aufwachsen, war in der Vergangenheit und bis in die 1950er Jahre keine Seltenheit. Die deutlich geringere Lebenserwartung, die im 19. Jahrhundert noch bei Mitte 30 Jahren und auch Mitte der 1950er Jahre noch rund 15 Jahre unter der heutigen Lebenserwartung bei Geburt lag (Statistisches Bundesamt, 2023a), trug zu einem hohen Anteil verwitweter Eltern bei, die in der Folgezeit neue Partner:innen suchten, sei es, um die Einkommenssituation abzusichern oder um die Kinder gut versorgt zu wissen. Auch heute machen Stieffamilien einen substanziellen Anteil der Familien in Deutschland und anderen Gesellschaften aus. Allerdings haben sich ihre Entstehungskontexte gewandelt und die Komplexität von Familienbeziehungen in Stieffamilien ist gestiegen. Das tangiert auch die Geschwisterbeziehungen in den oft komplexen Abstammungskonstellationen mit unterschiedlicher Familienbiografie der Geschwister.

Sucht man zunächst Informationen zur Verbreitung von Stieffamilien, so liefert die amtliche Statistik nur sehr begrenzten Aufschluss, aber Umfragedaten ergänzen das Bild. Ganz überwiegend geht der Gründung einer Stieffamilie eine Trennung oder Scheidung der leiblichen Eltern voraus, während der Tod eines Elternteils heute die Ausnahme bildet. Der Scheidungsstatistik zufolge ist die Zahl der Scheidungen – mit Ausnahme des Jahres 2019 – seit 2012 zwar kontinuierlich leicht zurückgegangen, jedoch sind weiterhin in rund der Hälfte der geschiedenen Ehen minderjährige Kinder involviert. Im Jahr 2022 betraf dies 50,7 % aller Scheidungen (Statistisches Bundesamt, 2023c). Die amtliche Scheidungsstatistik liefert allerdings kein umfassendes Bild über die im Trennungsgeschehen involvierten Kinder in Deutschland, werden doch Trennungen nichtehelicher Lebensgemeinschaften, Scheidungen mit älteren Kindern oder Kindern aus vorherigen Beziehungen bzw. Stiefkinder nicht berücksichtigt (siehe auch Bundesministerium für Familie, Senioren, Frauen und Jugend, 2021, Kapitel 2.2.3). Da im Jahr 2022 rund ein Drittel der Kinder außerehelich geboren wurde und nichteheliche Lebensgemeinschaften anfälliger für Trennungen sind (Schnor, 2014), erfahren somit deutlich mehr Kinder eine Trennung ihrer Eltern als es die amtliche Statistik ausweist.

Oft schließt sich einer elterlichen Trennung eine Phase an, in der die Kinder überwiegend mit einem Elternteil – meist der Mutter – leben. Denn obwohl es eine breite öffentliche Diskussion über eine gleichberechtigte Teilung der Betreuung und Sorgearbeit nach einer Trennung gibt, wird das sogenannte Wechselmodell in Deutschland nur von wenigen getrenntlebenden Elternteilen praktiziert (Walper, Entleitner-Phleps & Langmeyer, 2020). Der Phase des Alleinerziehens schließt sich häufig eine neuerliche Änderung der Familienverhältnisse an, wenn mindestens ein

Elternteil eine neue Beziehung eingeht und mit dem:der Partner:in zusammenzieht, also eine Stieffamilie gegründet wird. Da bei einer Trennung oder Scheidung überwiegend auch der getrenntlebende Elternteil weiterhin Kontakt zu seinem/ihrem Kind bzw. seinen/ihren Kindern hat und die leiblichen Eltern sich bei gemeinsamem Sorgerecht abstimmen müssen, gewinnt das Familienleben in Stieffamilien an Komplexität. Wird in der neuen Beziehung ein gemeinsames Kind geboren, entsteht durch die Halbgeschwister-Konstellation eine *komplexe Stieffamilie*. Bringen die neuen Partner:innen eigene Kinder in die neue Beziehung, entsteht durch die Stiefgeschwisterkonstellation eine *zusammengesetzte Stieffamilie* (Teubner, 2002).

In Deutschland werden Stieffamilien in der Forschung erstaunlich wenig beachtet (Entleitner-Phleps, 2017; Kunze, 2020), wenngleich das öffentliche Interesse – gerade in Hinblick auf das Familienleben nach Trennung und Scheidung – zunimmt (siehe beispielsweise das Thema des 10. Familienberichts der Bundesregierung *Unterstützung allein- und getrennterziehender Eltern und ihrer Kinder – Bestandsaufnahme und Handlungsempfehlungen*). Die wenigen Studien zu Stieffamilien in Deutschland befassen sich vorwiegend mit dem Beziehungsgefüge in Stieffamilien, zum Beispiel der Eltern-Kind-Beziehung oder dem Wohlbefinden von Kindern. Obwohl der Aufbau und die Ausgestaltung von verschiedenen Geschwisterbeziehungen ein maßgeblicher Bestandteil von Stieffamilien sind, finden sich – bis auf wenige Ausnahmen in der jüngsten Vergangenheit (z. B. Ganong, Sanner, Landon & Coleman, 2022) – sowohl international als auch in Deutschland kaum Forschungsergebnisse in diesem Feld. Ziel dieses Beitrags ist es deshalb, die vorhandenen (meist internationalen) Erkenntnisse zu Geschwisterkonstellationen in Stieffamilien zu bündeln und sie vor dem Hintergrund der Charakteristika von Stieffamilien einzubetten.

7.1 Charakteristika von Stieffamilien

Eine weit gefasste Definition beschreibt Stieffamilien als Familienform, in der zumindest eine Person Kinder aus vorherigen Beziehungen mit in die neue Beziehung bringt (Ganong & Coleman, 2004). Diese Definition mag auf den ersten Blick einfach erscheinen, birgt jedoch eine beträchtliche Komplexität. Die Vielschichtigkeit ergibt sich aus verschiedenen Faktoren wie dem Geschlecht des sozialen Elternteils, ob einer oder beide Partner:innen Kinder aus früheren Beziehungen mitbringen, ob diese Kinder im selben Haushalt leben, ob es auch gemeinsame leibliche Kinder beider Partner:innen in der Stieffamilie gibt und letztlich, ob der soziale Elternteil durch Adoption rechtlich als Elternteil anerkannt wurde. All diese Aspekte führen zu unterschiedlichen Zusammensetzungen und Typen von Stieffamilien. Zudem kann auch der getrenntlebende Elternteil ebenfalls eine neue Beziehung eingehen (sekundäre Stieffamilie), was die Komplexität weiter erhöht. Dies wird besonders relevant, wenn man den Begriff der Stieffamilie noch weiter fasst und als

Familie versteht, in der mindestens ein:e Partner:in Stiefelternteil ist (Visher, Visher & Hager, 1987).

Ein vertiefender Blick in die verschiedenen Zusammensetzungen von Stieffamilien und deren Charakteristika erlaubt eine bessere Einordnung der Herausforderungen für das Familienleben und die beteiligten Familienmitglieder (Bundesministerium für Familie, Senioren, Frauen und Jugend, 2021; Entleitner-Phleps, Lux & Walper, 2020; Entleitner-Phleps & Rost, 2017). Die erste Unterscheidung betrifft die Haushaltszugehörigkeit der Kinder. Eine *primäre* Stieffamilie, auch bekannt als *Alltagsfamilie*, definiert sich darüber, wo die meiste Zeit verbracht wird sowie über den vorwiegenden Aufenthaltsort der Kinder. Haben die Kinder Kontakt zum getrenntlebenden leiblichen Elternteil, werden häufig im Rahmen des Umgangsrechts regelmäßige Treffen oder Übernachtungen, zum Beispiel an Wochenenden oder in den Ferien, etabliert. Hat der getrenntlebende Elternteil eine neue Beziehung begonnen, entsteht die Situation, dass die Kinder zeitweise – beispielsweise an Wochenenden oder in den Ferien – in einer *sekundären* Stieffamilie, auch *Wochenendstieffamilie* genannt, leben. Haben beide leiblichen Elternteile neue Beziehungen, pendeln die Kinder zwischen verschiedenen Stieffamilienformen. So kann es sein, dass sie während der Woche in einer primären und am Wochenende in einer sekundären Stieffamilie leben. Wenn die Betreuung der Kinder von beiden getrennten leiblichen Eltern in etwa gleichem Maße übernommen wird, die leiblichen Eltern also das sogenannte Wechselmodell praktizieren (Walper et al., 2020), verschwimmen die Grenzen der Stieffamilienhaushalte noch mehr. Eine klare Zuordnung, in welcher Stieffamilienform die Kinder tatsächlich leben, wird somit zunehmend kompliziert.

Dieser Komplexität werden auch die meisten empirischen Forschungsarbeiten in der Stieffamilienforschung nicht gerecht, da fast durchgängig die primäre Stieffamilie als Forschungsgegenstand herangezogen wird. Wenig überraschend ist es deshalb, dass sich die verfügbaren Aussagen zur Verbreitung von Stieffamilien in Deutschland zumeist auf diese Form stützen. Da die amtliche Statistik Stieffamilien als Familienform nur unzureichend erfasst, muss auf verschiedene, groß angelegte Umfragen zurückgegriffen werden, die je nach Datenquelle und Perspektive (Individual- oder Familienperspektive) einen Anteil von rund 10 % primärer Stieffamilien für Deutschland ausweisen, wobei der Anteil in Ostdeutschland höher ausfällt als in Westdeutschland (für eine differenzierte Darstellung siehe auch Bundesministerium für Familie, Senioren, Frauen und Jugend, 2021, S. 54 f.). Der *Generations and Gender Survey* (GGS) aus dem Jahr 2005 weist sekundäre Stieffamilien für 5 % der Kernfamilien und 17 % der Stieffamilien aus, in denen mindestens eine:r der Partner:innen noch mindestens ein weiteres Kind außerhalb des Haushalts hat (Steinbach, 2008).

Eine weitere zentrale Unterscheidung von Stieffamilien leitet sich aufgrund des Geschlechts des sozialen Elternteils ab und differenziert sich in *Stiefmutter- und Stiefvaterfamilien*. Wenngleich es in den letzten zehn Jahren eine Zunahme von alleinerziehenden Vätern gab (von 10 % auf 15 % in 2022; Statistisches Bundesamt, 2023b), lebt die große Mehrheit der Kinder nach Trennung oder Scheidung bei der leiblichen Mutter, sodass (primäre) Stiefvaterfamilien, in denen der Mann die Rolle des sozialen Elternteils übernimmt, häufiger vorkommen als Stiefmutterfamilien (69 % Stiefvaterfamilien vs. 27 % Stiefmutterfamilien laut GGS 2005; Steinbach,

2008). *Zusammengesetzte* Stieffamilien, in denen beide Partner:innen leibliche Kinder mitbringen, sind jedoch als primäre Stieffamilien vergleichsweise selten (GGS 2005: 4 %; Steinbach, 2008), da die Kinder nach einer Trennung zumeist bei der Mutter verbleiben.

Nicht selten werden zudem gemeinsame Kinder der beiden neuen Partner:innen in eine Stieffamilie geboren, was die Komplexität der Familien- und Kindschaftsverhältnisse deutlich erhöht. In diesen Fällen leben gemeinsame Kinder wie in einer Kernfamilie mit beiden Eltern zusammen, die sowohl leibliche, rechtliche als auch soziale Eltern sind, während das Stiefkind in einer asymmetrischen Elternschaftskonstellation aufwächst: Es hat im Haushalt nur einen Elternteil, der alle drei Facetten der Elternschaft vereint (leiblich, rechtlich und sozial), während der Stiefelternteil lediglich als sozialer Elternteil fungiert, sofern er nicht durch die Stiefkindadoption auch die rechtliche Elternschaft innehat. Die Geburt eines gemeinsamen Kindes wird häufig als wichtiges verbindendes Element in der Etablierung einer *neuen* Familie gesehen (Henz & Thomson, 2005), weshalb es nicht verwunderlich ist, dass in Stieffamilien im Schnitt mehr Kinder leben als in Kernfamilien (Kreyenfeld & Martin, 2011). In diesen *komplexen* Stieffamilien können sich unterschiedliche Konstellationen von Geschwisterdyaden finden, etwa leibliche Geschwister aus der Trennungsfamilie oder Stiefgeschwister, wenn beide Partner:innen Kinder aus früheren Beziehungen mitbringen, wobei das gemeinsame Kind dann für alle anderen Kinder ein Halbgeschwister darstellt. Die Vielfalt von Familien- und Geschwisterbeziehungen innerhalb von Stieffamilien ist insgesamt äußerst groß, weshalb ein genauer Blick auf die einzelnen Familienmitglieder und -dyaden sinnvoll erscheint.

7.2   Eltern-Kind-Beziehung in Stieffamilien

Stieffamilien sind in vielerlei Hinsicht besonders und stehen bei der Bewältigung ihres Familienalltags vor spezifischen Herausforderungen. Parallel zum Aufbau einer tragfähigen Paarbeziehung geht es darum, die Stiefeltern-Stiefkind-Beziehung zu entwickeln bzw. eine soziale Elternschaft auszuloten. Eine Kennenlernphase ohne Kinder gibt es nicht, weshalb bei den Wünschen, Erwartungen und Hoffnungen in die neue Beziehung die vorhandenen Kinder und deren Bedürfnisse sowie Wünsche mitgedacht werden (sollten). Bei der Konstituierung einer Stieffamilie sind folglich alle Familienmitglieder beteiligt und gefordert, denn durch notwendige Anpassungen der Regeln und Routinen sowie eine Neuverteilung der Entscheidungsrechte können Kinder in der Gründungsphase einen Verlust ihres Einflusses bei Familienentscheidungen oder auch Einschränkungen der Aufmerksamkeit und Zuwendung des leiblichen Elternteils erfahren (Hetherington & Jodl, 1994).

In der ersten Zeit der Stieffamiliengründung steht die Neuorganisation des Familienalltags im Vordergrund. Rollen und Zuständigkeiten müssen neu ausgehandelt, bekannte und etablierte Regeln oder Routinen auf den Prüfstand gestellt und sich über die Erwartungen an soziale und leibliche Elternschaft ausgetauscht werden (Pryor, 2014). Ist der soziale Elternteil selbst kinderlos, hat er zumeist kaum Erfahrungen im Umgang mit Kindern und muss sich erst an das Leben mit Kindern gewöhnen. Doch selbst wenn der soziale Elternteil bereits Kinder aus vorherigen Beziehungen hat, ist in der Regel nicht die Geschichte der Schwangerschaft, Geburt oder der bisherigen Entwicklung des Kindes bekannt und der soziale Elternteil kann nicht aus einem gemeinsamen Erfahrungsschatz an Erinnerungen und Erlebnissen mit dem Stiefkind schöpfen.

Die Etablierung einer tragfähigen Beziehung zwischen Stiefelternteil und Stiefkind hängt maßgeblich von der positiven Unterstützung durch den leiblichen Elternteil ab und wird erleichtert, wenn sich die neuen Partner:innen gut verstehen (King, Thorsen & Amato, 2014). Der leibliche Elternteil vermittelt dabei zwischen sozialem Elternteil und Kind und hat einen positiven Einfluss darauf, ob die Kinder den neuen Stiefelternteil als Familienmitglied annehmen (King, Boyd & Thorsen, 2015) bzw. ob sich diese Beziehung festigt und über die Adoleszenz hinaus Bestand hat (King & Lindstrom, 2016). Dennoch ist der Aufbau einer positiven Verbindung zu den Stiefkindern auch stark von den aktiven Bemühungen des sozialen Elternteils abhängig, wie beispielsweise dessen Angebote gemeinsamer Aktivitäten und Unterstützung, die Exploration gemeinsamer Interessen oder erkennbar ernstes Interesse an der Lebenswelt der Kinder (Ganong, Coleman, Fine & Martin, 1999; Ganong, Coleman, Sanner & Berkley, 2022; Ganong, Jensen, Sanner, Russell & Coleman, 2019). Daneben spielen auch die zeitlichen Ressourcen, die dem sozialen Elternteil zur Verfügung stehen (z. B. aufgrund der gewählten Betreuungsmodelle mit dem getrenntlebenden Elternteil), eine Rolle (Ganong, Coleman & Jamison, 2011). Neben den Eltern sind es aber vor allem die Kinder, die die Anstrengungen der Stiefeltern entweder sehen und unterstützen oder aber auch ablehnen können. So scheint es für ältere Stiefkinder schwieriger zu sein, eine gute Beziehung zum Stiefelternteil aufzubauen (King et al., 2014).

Eine schon erwähnte Besonderheit in Stieffamilien ist, dass heutzutage Trennungen oder Scheidungen als Entstehungshintergrund überwiegen. Getrenntlebende Elternteile – in den allermeisten Fällen Väter – sind heute stärker an der Erziehung und Betreuung ihrer Kinder beteiligt und wollen oft auch nach einer Trennung einen aktiven Teil im Leben ihrer Kinder einnehmen. So zeigt eine niederländische Langzeitstudie, dass sich die Beziehung zwischen getrenntlebenden Vätern und Kindern über Kohorten hinweg verbessert hat und der Anteil an Vätern, die keinen Kontakt zu ihren Kindern haben, in den letzten Jahrzehnten deutlich zurückgegangen ist (van Spijker, Kalmijn & van Gaalen, 2022). Eine wesentliche Herausforderung ist deshalb, wie es gelingen kann, getrenntlebende Elternteile in das Familienleben einzubeziehen und Erziehungsthemen mit allen beteiligten sozialen und leiblichen Elternteilen kooperativ auszuhandeln.

Studien über Familienbeziehungen nach einer elterlichen Trennung belegen, dass die Beziehung der leiblichen Eltern zueinander auch viele Jahre nach einer Trennung einen Einfluss auf den Aufbau und die Aufrechterhaltung von neuen Beziehungen der Kinder zu sozialen Elternteilen oder auch Stiefgeschwistern hat (Ahrons, 2007). Die Sorge von getrenntlebenden Vätern, dass die Beziehung geschwächt wird oder sich der Kontakt zum Kind verringert, wenn eine Stieffamilie gegründet wird, kann aber durch Studien etwas entkräftet werden: Insgesamt nahm die Kontakthäufigkeit zum getrenntlebenden Elternteil nicht ab, wenn eine Stieffamilie gegründet wurde und auch die Beziehungsqualität zum getrenntlebenden Elternteil litt nicht wesentlich darunter (Beckh & Walper, 2002; King, 2009). Die Beteiligung des getrenntlebenden Elternteils erhöht damit auch die Komplexität der Familienbeziehungen umso mehr, wenn für verschiedene Geschwisterkonstellationen unterschiedliche Regelungen oder subjektive Zuständigkeiten bestehen oder gelebt werden.

Darüber hinaus stellt sich für die Kinder die Frage, ob und welche Auswirkungen es für sie hat, wenn sie in Stieffamilien aufwachsen. Auch wenn sich in Metaanalysen schwache Nachteile für Kinder in verheirateten Stieffamilien in Bezug auf schulisches und psychologisches Wohlbefinden im Vergleich zu Kindern, die in Kernfamilien aufwachsen, abzeichnen (Jeynes, 2006), können Stiefkinder durchaus Vorteile aus dieser Familiensituation ziehen, vor allem in Bezug auf die ökonomische Situation des Haushalts sowie durch einen Zugewinn an sozialen Beziehungen. Finanzielle Unterstützung durch den Stiefelternteil kommt insbesondere – wenn auch vielfach unregelmäßig – dann vor, wenn Stiefkinder im gemeinsamen Haushalt leben, wenn die neuen Partner:innen verheiratet sind, aber auch, wenn der Stiefelternteil keine anderen leiblichen Kinder innerhalb oder außerhalb des Haushalts hat (Arat & Poortman, 2024). Dieses letzte Ergebnis scheint besonders interessant, da es verdeutlicht, dass biologische Bande und gegebenenfalls auch rechtliche Verpflichtungen durchaus relevant sind und zu weniger finanziellen Investitionen in Stiefkinder führen können, selbst wenn die leiblichen Kinder und Stiefkinder im gleichen Haushalt leben.

7.3 Geschwisterbeziehungen in Stieffamilien

Im Unterschied zu den meisten leiblichen Geschwistern, die überwiegend im gleichen Haushalt aufwachsen, variiert bei Stief- und Halbgeschwistern das Ausmaß an geteilter Umwelt stärker. Während einige Stief- und Halbgeschwister große Teile ihrer Kindheit und Jugend im gleichen Haushalt leben, gibt es auch Stief- und Halbgeschwister, die kaum oder gar keinen Kontakt miteinander haben, da sie in unterschiedlichen Haushalten aufwachsen (Andersson, 2020). Im letztgenannten Fall wird von diesen Stief- und Halbgeschwistern die Beziehung oft gar nicht als *Geschwisterschaft* erlebt (Ganong et al., 2022; Sanner, Russell, Coleman & Ganong, 2018). Diese Einschätzung wird möglicherweise auch durch das Verhalten der Eltern und Stiefeltern verstärkt (Ganong et al., 2022). So berichteten Erwachsene in einer Studie retrospektiv von mehr Förderung ihrer Geschwisterbeziehung durch die Mutter, wenn es sich um volle leibliche Geschwister oder Stiefgeschwister handelte (Witte, 2018). Beim Vater zeigten sich diese Effekte nur bei leiblichen Geschwistern im Vergleich zu allen anderen Konstellationen (Witte, 2018). Möglicherweise wird die Wahrnehmung als *Geschwister* auch durch die Zuschreibung durch Personen aus dem Umfeld inner- und außerhalb der Familie verstärkt.

Weitere wesentliche Faktoren für eine enge Geschwisterbeziehung unter Stiefgeschwistern waren in einer qualitativen Studie von Ganong et al. (2022) ein Kennenlernen der Stiefgeschwister in einem jungen Alter, die Unterstützung der Beziehung der Eltern durch das Schaffen von Möglichkeiten für gemeinsame Aktivitäten und das Bestehen eines wechselseitigen Interesses an einer guten Beziehung zueinander. Insbesondere belastende Familienereignisse und geringe (emotionale) Ressourcen der Eltern gingen mit ambivalenten und feindseligen Beziehungen zwischen Stiefgeschwistern einher (Ganong et al., 2022).

7.4 Geschwisterbeziehungen in Stieffamilien im Lebensverlauf

Anders als bei leiblichen Geschwistern sind die Wege in die Geschwisterschaft bei Stief- und Halbgeschwistern unterschiedlich. Stiefgeschwister lernen sich in der Regel erst im Zuge der neuen Beziehung ihrer Eltern kennen. Hierbei fallen zeitgleich mit dem Kennenlernen der neuen Stiefgeschwister auch weitere Herausforderungen an, insbesondere im Aufbau der Beziehung zu den neuen Partner:innen der leiblichen Eltern. Haben die Kinder eine kritische Einstellung zur neuen Beziehung der Eltern, so kann dies auch die Geschwisterbeziehung überschatten (Ganong et al., 2022). Hier macht es für die Ausgestaltung der Geschwisterschaft aber auch einen Unterschied, inwieweit sich die Geschwister von nun an einen gemeinsamen Haushalt und Alltag teilen. Durch das Hinzukommen von Stiefgeschwistern kann sich – je nach deren Alter – die Position der Kinder in der Geschwisterreihenfolge ändern: Ein ehemals ältester Bruder unter leiblichen Geschwistern kann nun auf eine mittlere Position rücken, wenn ein noch älteres Stiefgeschwister hinzukommt, und auch das jüngste Kind kann seine Position verlieren. Dies und der möglicherweise sehr geringe Altersabstand kann für die Kinder eine Herausforderung darstellen (Kasten, 2003).

Die Haushaltszugehörigkeit und Kontakthäufigkeit sind nicht nur für Stiefgeschwister, sondern auch für Halbgeschwister relevant. Halbgeschwister, die über die mütterliche Seite miteinander verbunden sind, leben häufig länger zusammen als Halbgeschwister, die über die väterliche Seite miteinander verwandt sind (Witte, 2018). Die Geburt eines Halbgeschwisters geht insbesondere dann mit negativen Gefühlen einher, wenn sie kurz nach der Trennung der leiblichen Eltern erfolgt, auch wenn durchaus – insbesondere bei Mädchen – auch Vorfreude auf das kleine Geschwisterchen berichtet wird (Bernstein, 1997). Doch auch das Kind, das als gemeinsames Kind bzw. als Halbgeschwister in eine Stieffamilie geboren wird, ist mit erhöhten Anforderungen und Erwartungen konfrontiert. So ist die Lebensrealität von gemeinsamen Kindern in Stieffamilien, qualitativen Interviews zufolge, geprägt durch das Aufwachsen in einer Kernfamilie inmitten eines Stieffamiliensystems, was als äußerst anforderungsreich empfunden wird (Sanner, Ganong & Coleman, 2020): Diese Kinder leben in einer Stieffamilie, obwohl beide Eltern leiblich sind, und haben im Vergleich zu ihren Halbgeschwistern nie eine Trennung der Eltern erlebt. Da gemeinsame Kinder als einzige mit allen Familienmitgliedern leiblich verbandet sind, berichten sie oftmals von Loyalitätskonflikten gegenüber ihren Halbgeschwistern und dem leiblichen Elternteil, insbesondere wenn diese Dyaden konfliktreich sind. Zudem entstehen mitunter auch Schuldgefühle der gemeinsamen Kinder darüber, dass sie eine (subjektiv wahrgenommene oder vielleicht tatsächlich gelebte) privilegierte Sonderstellung in der Familie einnehmen. Wie eng sich eine Geschwisterbeziehung zwischen Halbgeschwistern entwickelt, hängt nicht zuletzt auch davon ab, wie Eltern das Familienleben gestalten.

Auch wenn Stief- und Halbgeschwisterschaft durchwegs mit Herausforderungen einhergehen kann, konnte ebenso nachgewiesen werden, dass Kinder, die durch eine Trennung und erneute Verpartnerung der Eltern Stief- oder Halbgeschwister *gewonnen* haben, mit der Trennung ihrer leiblichen Eltern zufriedener waren als Kinder ohne Stief- und Halbgeschwister, mit ausschließlich leiblichen Geschwistern (Gatins, Kinlaw & Dunlap, 2014). Die Autor:innen geben ein besseres Co-Parenting der Eltern und eine geringere finanzielle Belastung der Haushalte als vermittelnde Faktoren an.

7.4.1 Ausgestaltung der Geschwisterbeziehung in der Kindheit

Die Beziehung zwischen Stief- und Halbgeschwistern ist in der Kindheit zum einen von weniger Wärme und Nähe, zum anderen aber auch von weniger Konflikten und Rivalität geprägt (Sanner et al., 2018; Witte, 2018). Im Vergleich zwischen Halbgeschwistern, die entweder über den Vater oder über die Mutter miteinander verwandt sind, zeigt sich mehr Wärme und Nähe bei den mütterlichen Halbgeschwistern, gleichzeitig aber auch mehr Konflikte und Rivalität, beides jedoch noch nicht auf dem gleichen Niveau wie leibliche Geschwister (Witte, 2018). In Bezug auf die relative Macht in der Beziehung zeigen sich bei jüngeren Geschwistern mehr Machtgefälle unter Halb- und Stiefgeschwistern als unter leiblichen Geschwistern (Witte, 2018): Ist das ältere Geschwister leiblich mit dem anderen verwandt, so scheint dies stärker in der Beziehung mit diesen den Ton anzugeben. Dieser Effekt zeigte sich aber nur im Bericht der jüngeren Geschwister, nicht in dem der älteren Geschwister.

7.4.2 Ausgestaltung der Geschwisterbeziehung im Erwachsenenalter

Die Unterschiede in der Beziehung zwischen leiblichen und Stief- oder Halbgeschwistern setzen sich im Erwachsenenalter fort. Im Erwachsenenalter berichteten leibliche Geschwister im Vergleich zu Stief-, Halb- und Pflegegeschwistern mehr

Kontakt und mehr wechselseitige Unterstützung (Steinbach & Hank, 2018; White & Riedmann, 1992; Witte, 2018). Leibliche Geschwister nahmen die Beziehung als verlässlicher und belastbarer wahr als Halb- und Stiefgeschwister (Witte, 2018), berichteten in den meisten Studien aber auch von mehr Konflikten untereinander (Khan, Brewer & Archer, 2020; Steinbach & Hank, 2018; Witte, 2018). Dies liegt möglicherweise daran, dass mit mehr gemeinsam verbrachter Zeit mehr Konflikte auftreten können, oder aber auch daran, dass die Beziehung eine höhere emotionale Bedeutung hat. Zudem erleben leibliche Geschwister die Beziehung als verlässlicher, was das offene Ausleben von Konflikten ohne Angst vor einem Beziehungsabbruch ermöglicht.

Wie auch bei leiblichen Geschwistern wird bei Stief- und Halbgeschwistern das Ausmaß des Kontaktes durch die geografische Nähe, das Alter und die Beziehung in der Kindheit mitbestimmt (Sanner et al., 2018). Insbesondere wenn Personen keine leiblichen Geschwister hatten, hatten sie mehr Kontakt mit ihren Stief- und Halbgeschwistern (White & Riedmann, 1992). Insgesamt ist vor allem im Erwachsenenalter eine große Bandbreite unterschiedlich gelebter Geschwisterschaft zwischen Halb- und Stiefgeschwistern möglich: So berichteten Ganong et al. (2022) von Stiefgeschwistern, die ihre Geschwisterschaft als äußerst stabil (auch über eine mögliche Trennung der Eltern hinweg) wahrnahmen, aber auch von solchen, die nicht über die Lebensumstände der Stiefgeschwister (z. B. Namen ihrer Kinder) informiert waren.

7.5 Fazit

Stieffamilien sind keine neue Familienform, dennoch sind sie – anders als früher – durch mehr Komplexität gekennzeichnet. Dies ist nicht zuletzt dem Umstand zu verdanken, dass getrenntlebende Elternteile (meist Väter) heute deutlich häufiger nach einer Trennung weiterhin am Leben ihrer Kinder teilhaben und somit soziale, leibliche und getrenntlebende Elternteile das Familienleben in einer Stieffamilie mitgestalten können. Je nach konkreter Konstellation lassen sich in der Literatur einfache, komplexe und zusammengesetzte Stieffamilien mit und ohne Adoption der Kinder durch den sozialen Elternteil unterscheiden.

Doch gerade in der Gründungsphase einer Stieffamilie kommt es für die involvierten Kinder zu grundlegenden Veränderungen ihres gewohnten Familienlebens, der Routinen und Alltagspraktiken, denen sie nicht immer uneingeschränkt zustimmen, da z. B. zeitliche Ressourcen oder Aufmerksamkeit nun mit den neuen Partner:innen geteilt werden müssen. Der Aufbau von tragfähigen Beziehungen mit dem sozialen Elternteil und die Neuorganisation des Familienlebens sind eine Herausforderung, bei der insbesondere der leibliche Elternteil eine vermittelnde Rolle einnimmt, um diesen Prozess positiv zu unterstützen (King et al., 2015). Doch auch die (wahrgenommenen) Bemühungen des sozialen Elternteils, mit den Kindern in Kontakt zu treten und eine Beziehung zu gestalten (Ganong et al., 2022), sind verschränkt mit der Integration des getrenntlebenden leiblichen Elternteils, der häufig weiterhin ein aktiver Teil im Leben der Kinder spielen möchte. All dies hat – wie gezeigt – Konsequenzen für die Beziehungen der Stief- und Halbgeschwister untereinander.

In Hinblick auf die Geschwisterbeziehungen kommt noch hinzu, dass in Stieffamilien vielfältige Geschwisterkonstellationen entstehen können. Diese umfassen häufiger Halbgeschwister, die nur einen gemeinsamen biologischen Elternteil teilen, sowie Stiefgeschwister aus vorherigen Beziehungen. Da die Forschung zu Geschwisterbeziehungen in dieser Familienform in Deutschland wenig präsent ist, zeigen überwiegend US-amerikanische Studien, dass wiederum den Eltern und deren sozialen Ressourcen eine Schlüsselrolle zukommt, ob und inwieweit sich Stief- und Halbgeschwister als *echte* Geschwister sehen und eine vertrauensvolle Beziehung zueinander aufbauen (Ganong et al., 2022). Zudem ist es nicht verwunderlich, dass ein Beziehungsaufbau besser gelingt, wenn Geschwister in Stieffamilien im gleichen Haushalt leben oder die gleiche Umwelt teilen und somit eine signifikante Zeit miteinander aufwachsen. Wenngleich Studien darauf hindeuten, dass Beziehungen zwischen Halb- und Stiefgeschwistern im Durchschnitt von weniger emotionaler Nähe, aber auch durch weniger Konflikte und Rivalität geprägt sind (Sanner et al., 2018; Witte, 2018), können *gewonnene* Geschwister ebenso als Ressource gesehen werden, vor allem wenn dies die einzige Möglichkeit ist, Geschwisterschaft im Leben zu erfahren. Wie diese auch im weiteren Lebensverlauf ausgestaltet wird, ist einer großen Variation unterworfen, wenngleich geographische Nähe, Kontakthäufigkeit und emotionale Nähe in der Kindheit eine große Rolle spielen (Sanner et al., 2018).

Interessant in diesem Zusammenhang wäre auch die Frage, wie sich Geschwisterbeziehungen in Stieffamilien entwickeln, wenn sich die Partner:innen erneut trennen. Das Trennungsrisiko einer Stieffamilie ist nicht unerheblich (Teachman, 2008). Hierzu gibt es momentan in der Forschungsliteratur noch keine stichhaltigen Antworten, wenngleich zu erwarten ist, dass auch hier die emotionale Beziehung, die von den Geschwistern während der gemeinsamen Zeit in der Stieffamilie aufgebaut wurde, eine positive Rolle spielt.

Wünschenswert wäre in Zukunft, dass Forschung zu Trennungs- und Stieffamilien, aber vor allem auch zu Geschwisterbeziehungen, mehr Beachtung findet und mit geeigneten Daten Forschungserkenntnisse gewonnen werden. So wird beispielsweise der Komplexität der Geschwisterbeziehungen und -konstellationen in den meisten Studien nicht Rechnung getragen. Gerade bei Studien im Kindesalter werden meist nur Geschwister, die im gleichen Haushalt zusammenleben, berücksichtigt. Auch fehlt eine Betrachtung von Geschwisterbeziehung jenseits der Dyade, also beispielsweise Informationen dazu, wie sich die Dynamiken zwischen mehr als zwei Geschwistern über den Lebensverlauf gestalten. Diese Erkenntnisse wären nicht nur für die Geschwisterforschung im Allgemeinen wertvoll, sondern insbesondere auch für die Trennungs- und Scheidungsforschung, wenn es um Stief- und Halbgeschwister geht.

Literatur

Ahrons, C. R. (2007). Family ties after divorce: Long-term implications for children. *Family Process, 46*(1), 53–65.

Andersson, L. (2020). Oh half-brother, where art thou? The boundaries of full- and half-sibling interaction. *Demographic Research, 43*, 431–460.

Arat, E. & Poortman, A.-R. (2024). Financial contributions to stepchildren: The role of gender and postdivorce family structure. *Family Relations, 73*(2), 1362–1378.

Beckh, K. & Walper, S. (2002). Stiefkinder und ihre Beziehung zu den Eltern. In W. Bien, A. Hartl & M. Teubner (Hrsg.), *Deutsches Jugendinstitut Familien-Survey: Vol. 10. Stieffamilien in Deutschland: Eltern und Kinder zwischen Normalität und Konflikt* (S. 201–228). VS Verlag für Sozialwissenschaften.

Bernstein, A. C. (1997). Stepfamilies from Siblings' Perspectives. *Marriage & Family Review, 26*(1–2), 153–175.

Bundesministerium für Familie, Senioren, Frauen und Jugend. (2021). *Neunter Familienbericht. Elternsein in Deutschland – Ansprüche, Anforderungen und Angebote bei wachsender Vielfalt – mit Stellungnahme der Bundesregierung.* Berlin.

Entleitner-Phleps, C. (2017). *Zusammenzug und familiales Zusammenleben von Stieffamilien.* Springer.

Entleitner-Phleps, C., Lux, U. & Walper, S. (2020). Doing Family in komplexen Familienformen: Herausforderungen in der Alltagsgestaltung und im Coparenting in Stieffamilien. In K. Jurczyk (Hrsg.), *Doing und Undoing Family. Konzeptionelle und empirische Entwicklungen* (S. 214–228). Beltz Juventa.

Entleitner-Phleps, C. & Rost, H. (2017). Stieffamilien. In P. Bergold, A. Buschner, B. Mayer-Lewis & T. Mühling (Hrsg.), *Familien mit multipler Elternschaft: Entstehungszusammenhänge, Herausforderungen und Potentiale* (S. 29–56). Budrich.

Ganong, L. & Coleman, M. (2004). *Stepfamily Relationships. Development, Dynamics, and Interventions.* Springer.

Ganong, L., Coleman, M., Fine, M. & Martin, P. (1999). Stepparents' Affinity-Seeking and Affinity-Maintaining Strategies With Stepchildren. *Journal of Family Issues, 20*(3), 299–327.

Ganong, L., Coleman, M. & Jamison, T. (2011). Patterns of stepchild–stepparent relationship development. *Journal of Marriage and Family, 73*(2), 396–413.

Ganong, L., Coleman, M., Sanner, C. & Berkley, S. (2022). Effective stepparenting: Empirical evidence of what works. *Family Relations, 71*(3), 900–917.

Ganong, L., Jensen, T., Sanner, C., Russell, L. & Coleman, M. (2019). Stepfathers' affinity-seeking with stepchildren, stepfather-stepchild relationship quality, marital quality, and stepfamily cohesion among stepfathers and mothers. *Journal of Family Psychology, 33*(5), 521–531.

Ganong, L., Sanner, C., Landon, O. & Coleman, M. (2022). Patterns of Stepsibling Relationship Development. *Journal of Family Issues, 43*(10), 2788–2809.

Gatins, D., Kinlaw, C. R. & Dunlap, L. L. (2014). Impact of Postdivorce Sibling Structure on Adolescent Adjustment to Divorce. *Journal of Divorce & Remarriage, 55*(3), 239–251.

Henz, U. & Thomson, E. (2005). Union Stability and Stepfamily Fertility in Austria, Finland, France & West Germany. *European Journal of Population, 21*(1), 3–29.

Hetherington, E. M. & Jodl, K. M. (1994). Stepfamilies as settings for child development. In A. Booth & J. Dunn (Hrsg.), *Stepfamilies: Who benefits? Who does not?* (S. 55–79). Routledge.

Jeynes, W.H. (2006). The Impact of Parental Remarriage on Children. *Marriage & Family Review, 40*(4), 75–102.

Kasten, H. (2003). *Geschwister: Vorbilder, Rivalen, Vertraute* (5. Aufl.). Reinhardt Verlag.

Khan, R., Brewer, G. & Archer, J. (2020). Genetic Relatedness, Emotional Closeness and Physical Aggression: A Comparison of Full and Half Sibling Experiences. *Europe's Journal of Psychology, 16*(1), 167–185.

King, V. (2009). Stepfamily formation: Implications for adolescent ties to mothers, nonresident fathers, and stepfathers. *Journal of Marriage & Family, 71*(4), 954–968.

King, V., Boyd, L. M. & Thorsen, M. L. (2015). Adolescents' Perceptions of Family Belonging in Stepfamilies. *Journal of Marriage and the Family*, 77(3), 761–774.

King, V. & Lindstrom, R. (2016). Continuity and Change in Stepfather-Stepchild Closeness Between Adolescence and Early Adulthood. *Journal of Marriage and the Family*, 78(3), 730–743.

King, V., Thorsen, M. L. & Amato, P. R. (2014). Factors associated with positive relationships between stepfathers and adolescent stepchildren. *Social Science Research*, 47(0), 16–29.

Kreyenfeld, M. & Martin, V. (2011). Economic conditions of stepfamilies from a cross-national perspective. *Zeitschrift Für Familienforschung*, 23(2), 128–153.

Kunze, S. (2020). *Stieffamilien: Beziehungsqualität und kindliche Kompetenzentwicklung*. Springer.

Pryor, J. (2014). *Stepfamilies: A global perspective on research, policy, and practice*. Routledge.

Sanner, C., Ganong, L. & Coleman, M. (2020). Shared Children in Stepfamilies: Experiences Living in a Hybrid Family Structure. *Journal of Marriage and the Family*, 82(2), 605–621.

Sanner, C., Russell, L. T., Coleman, M. & Ganong, L. (2018). Half-Sibling and Stepsibling Relationships: A Systematic Integrative Review. *Journal of Family Theory & Review*, 10(4), 765–784.

Schnor, C. (2014). The Effect of Union Status at First Childbirth on Union Stability: Evidence from Eastern and Western Germany. *European Journal of Population*, 30(2), 129–160.

Statistisches Bundesamt. (2023a). Sterbefälle und Lebenserwartung: Entwicklung der Lebenserwartung in Deutschland seit 1871/1881. Verfügbar unter: https://www.destatis.de/DE/Themen/Gesellschaft-Umwelt/Bevoelkerung/Sterbefaelle-Lebenserwartung/sterbetafel.html [Zugriffsdatum: 25.03.2024].

Statistisches Bundesamt. (2023b). *15% der Alleinerziehenden mit Kindern unter 18 Jahren sind Väter: Anteil 2022 fünf Prozentpunkte höher als zehn Jahre zuvor* [Pressemitteilung]. Verfügbar unter: https://www.destatis.de/DE/Presse/Pressemitteilungen/Zahl-der-Woche/2023/PD23_20_p002.html [Abrufdatum: 25.03.2024].

Statistisches Bundesamt. (2023c). *3,8% weniger Ehescheidungen im Jahr 2022: Pressemitteilung Nr. 252 vom 28. Juni 2023*. Verfügbar unter: https://www.destatis.de/DE/Presse/Pressemitteilungen/2023/06/PD23_252_126.html [Zugriffsdatum: 24.03.2024].

Steinbach, A. (2008). Stieffamilien in Deutschland. *Zeitschrift Für Bevölkerungswissenschaft*, 33(2), 153–180.

Steinbach, A. & Hank, K. (2018). Full-, Half-, and Step-Sibling Relations in Young and Middle Adulthood. *Journal of Family Issues*, 39(9), 2639–2658.

Teachman, J. (2008). Complex life course patterns and the risk of divorce in second marriages. *Journal of Marriage and Family*, 70(2), 294–305.

Teubner, M. (2002). Stieffamilientypen und haushaltsübergreifende Stiefkonstellationen. In W. Bien, A. Hartl, & M. Teubner (Hrsg.), *Deutsches Jugendinstitut Familien-Survey: Vol. 10. Stieffamilien in Deutschland: Eltern und Kinder zwischen Normalität und Konflikt* (S. 51–62). VS Verlag für Sozialwissenschaften.

van Spijker, F., Kalmijn, M. & van Gaalen, R. (2022). The long-term improvement in father–child relationships after divorce: Descriptive findings from the Netherlands. *Demographic Research*, 46, 441–452.

Visher, E. B., Visher, J. S. & Hager, T. (1987). *Stiefeltern, Stiefkinder und ihre Familien: Probleme und Chancen*. Psychologie-Verlags-Union.

Walper, S., Entleitner-Phleps, C. & Langmeyer, A. N. (2020). Betreuungsmodelle in Trennungsfamilien: Ein Fokus auf das Wechselmodell. *Zeitschrift für Soziologie der Erziehung und Sozialisation*, (1), 62–80.

White, L. K., & Riedmann, A. (1992). When the Brady Bunch Grows Up: Step/Half- and Fullsibling Relationships in Adulthood. *Journal of Marriage and the Family*, 54(1), 197–208.

Witte, S. (2018). *Geschwister im Kontext von Misshandlung, Missbrauch und Vernachlässigung: Risikokonstellationen, Qualität der Geschwisterbeziehung und aktuelle psychische Belastung*. Beltz.

8 Pflege- und Adoptivgeschwister

Ina Bovenschen, Paul Bränzel und Selina Kappler

Geschwisterbeziehungen sind die am längsten andauernden Beziehungen im Leben. Positive Geschwisterbeziehungen können auch Kindern, die in einer Pflege- oder Adoptivfamilie aufwachsen, einen wichtigen Schutzfaktor für die Entwicklung bieten (z. B. Wojciak, McWey & Waid, 2018; Wojciak, Tomfohrde, Simpson & Waid, 2023). Geschwisterbeziehungen stellen jedoch nicht immer nur eine Ressource dar, da Geschwisterbeziehungen einerseits Vertrautheit und Intimität, Solidarität und Unterstützung bieten, andererseits aber auch mit Rivalität und Konkurrenz sowie Eifersucht und Neid verbunden sein können (Walper, Thönissen, Wendt & Bergau, 2010). Die Kontroverse, ob eher die förderlichen oder die problematischen Aspekte von Geschwisterbeziehungen im Vordergrund stehen, prägt auch den fachlichen Diskurs in Bezug auf Pflegekinder (für eine Beschreibung der Positionen vgl. z. B. Schrapper, 2015).

Während eine relativ große Zahl von Publikationen Geschwisterbeziehungen in intakten Kernfamilien untersucht hat, war die Forschung zu Pflege- und Adoptivfamilien primär an den Eltern-Kind-Beziehungen interessiert (DiGiovanni & Font, 2021; Font & Kim, 2022; Hillman et al., 2023). Die Rolle und Bedeutung von Geschwisterbeziehungen für die Entwicklung der Pflege- oder Adoptivkinder war hingegen bislang kaum Gegenstand von nationalen und internationalen Studien. Die Wissensbestände, auf die derzeit zurückgegriffen werden kann, sind Gegenstand dieses Forschungsüberblicks. Der Fokus liegt dabei auf Befunden zu drei Themensträngen[1]: (i) den Vor- und Nachteilen einer gemeinsamen bzw. einer getrennten Unterbringung von leiblichen Geschwistern, (ii) der Gestaltung von Kontakt und Informationsaustausch bei getrenntlebenden leiblichen Geschwistern sowie (iii) den Beziehungen zu sozialen Geschwistern in der Pflege- und Adoptivfamilie. Eingangs wird jedoch zunächst die besondere Familiensituation in Pflege- und Adoptivfamilien beschrieben.

---

1 Auf Befunde zur Rolle von Geschwisterbeziehungen im Umgang mit Erfahrungen von Misshandlung und Vernachlässigung kann im Rahmen dieses Kapitels nicht eingegangen werden; hier sei auf die Arbeit von Susanne Witte (2018) verwiesen.

8.1 Die besondere Familiensituation von Pflege- und Adoptivkindern

Die Gründe, aus denen Kinder und Jugendliche in einer Adoptivfamilie beziehungsweise für einen begrenzten Zeitraum oder auf Dauer in einer Pflegefamilie leben, sind vielfältig: Ursache kann der Tod der leiblichen Eltern sein oder deren fehlende Möglichkeit oder Bereitschaft, ein Kind aufzuziehen. Geben die Eltern ihr Kind nicht zur Adoption frei, schaffen es aber auch längerfristig nicht, ihr Kind so zu versorgen und zu fördern, wie es für eine gesunde Entwicklung notwendig ist, wachsen Kinder oft dauerhaft in Pflegefamilien auf. Pflege- und Adoptivfamilien sind eine besondere Form von Familien, da Pflege- und Adoptivkinder Kinder mit zwei Eltern(-paaren) sind, nämlich den Adoptiv- bzw. Pflegeeltern und den leiblichen Eltern. Die Aufgaben und Rechte von Pflege- und Adoptiveltern bzw. der leiblichen Eltern und Herkunftsfamilie unterscheiden sich dabei (▶ Kasten 8.1), was auch unterschiedliche Perspektiven für die Lebensplanung der Kinder impliziert, die auch für die Geschwisterbeziehungen relevant sein können.

Kasten 8.1

Rechtliche Unterschiede zwischen einer Adoption und Vollzeitpflege

Mit einer *Adoption* wird ein rechtlich vollwertiges Eltern-Kind-Verhältnis, das nicht auf biologischer Abstammung beruht, neu begründet. Spricht das Familiengericht die Adoption aus, verändern sich die Verwandtschaftsverhältnisse des Kindes. Die Elternverantwortung für das Kind mit den dazugehörigen Rechten und Pflichten wird auf die Adoptiveltern (die »annehmenden« Eltern) übertragen (§1754 BGB). Gleichzeitig wird durch die Adoption jede (rechtliche) verwandtschaftliche Beziehung des Kindes zu seiner Herkunftsfamilie aufgelöst (§1755 BGB). Hat das Kind biologische Geschwister, gelten diese rechtlich nicht mehr als Geschwister, und es bestehen keine Umgangsrechte der Geschwister.

Die *Vollzeitpflege* gehört dagegen nach deutschem Sozialrecht zu den Hilfen zur Erziehung. Primäres Ziel ist dabei, eine zeitlich befristete Hilfe zu bieten, währenddessen die Erziehungsbedingungen in der Herkunftsfamilie verbessert werden sollen, so dass die Kinder zu einem späteren Zeitpunkt wieder in ihrer Herkunftsfamilie leben können. Die Zahl der Pflegekinder, die in ihre Herkunftsfamilie rückgeführt werden, ist in Deutschland im internationalen Vergleich jedoch sehr niedrig, und in der Praxis leben viele Pflegekinder in sogenannten »Dauerpflegeverhältnissen«. Das Sorgerecht oder Teile der Personensorge für ein Pflegekind haben in der Regel die leiblichen Eltern oder das Jugendamt bzw. ein (Amts-)Vormund. Unabhängig von der sorgerechtlichen Regelung haben die leiblichen Eltern das Recht auf Umgang mit dem Kind (§1684 Abs.1 BGB). Die Pflegeeltern erhalten in der Regel die »Alltags- und Notfallsorge«, um im Alltag mit dem Kind handlungsfähig zu sein (z.B. medizinische Behandlungen mit Ausnahme von Operationen, Freizeitgestaltung).

> Geschwister von Pflegekindern haben – ebenso wie Großeltern und andere Bezugspersonen des Kindes – ein Recht auf Umgang mit dem Kind, wenn dieser dem Kindeswohl dient (§1685 BGB).

Wie viele Geschwisterkinder in Deutschland in einer Pflegefamilie leben oder adoptiert werden, ist nicht in den Statistiken der Kinder- und Jugendhilfe dokumentiert. Einschätzungen aus der Praxis legen jedoch nahe, dass vele Pflege- und Adoptivkinder leibliche und/oder soziale Geschwister haben. Die Geschwisterkonstellationen von Pflege- und Adoptivkindern sind komplexer, als dies bei intakten Kernfamilien der Fall ist. So entstehen Geschwisterkonstellationen in Pflege- und Adoptivfamilien auf anderen Wegen als durch Blutsverwandtschaft, z. B. durch eine rechtliche Zuordnung der Abstammung (bei Adoption) oder durch ein gemeinsames Aufwachsen (in Pflegefamilien). Diese sozialen Geschwister können leibliche Kinder der Adoptiv- oder Pflegeeltern, aber auch weitere Adoptiv- oder Pflegekinder aus anderen Herkunftsfamilien sein. Häufig haben Pflege- und Adoptivkinder auch leibliche Geschwister bzw. Halbgeschwister, die entweder gemeinsam mit ihnen oder getrennt in anderen Familien aufwachsen. Durch neue Beziehungen der leiblichen Eltern und verschiedene Lebensorte der Kinder kann die Geschwisterkonstellation noch komplexer werden. Dies ist beispielweise der Fall, wenn nur ein Teil einer Geschwistergruppe (gemeinsam oder getrennt) in einer Pflegefamilie untergebracht wird, während einzelne Geschwisterkinder in der Herkunftsfamilie verbleiben. Bei einem Teil der Pflege- und Adoptivkinder bekommen die leiblichen Elternteile gemeinsam oder mit neuen Partner:innen nach der Unterbringung des Kindes in der Adoptiv- bzw. Pflegefamilie ein weiteres Kind. In manchen Fällen wachsen die nachgeborenen (Halb-)Geschwister bei ihren leiblichen Eltern auf, während in anderen Fällen auch diese Geschwister in (anderen) Adoptiv- oder Pflegefamilien untergebracht werden. Die Vielfalt der möglichen Geschwisterkonstellationen bei Pflege- und Adoptivkindern ist folglich sehr groß, was die systematische Untersuchung der Geschwisterkonstellationen in Pflege- und Adoptivfamilien erschwert.

8.2 Gemeinsame bzw. getrennte Unterbringung von leiblichen Geschwistern

Wenn Geschwisterkinder nicht mehr in ihrer Herkunftsfamilie leben können, ergibt sich die wichtige Frage, ob die Kinder gemeinsam oder getrennt voneinander in eine Pflege- und Adoptivfamilie vermittelt werden. Auch wenn Kontakte zwischen Geschwistern bei einer getrennten Unterbringung weiterhin möglich sind und bei Pflegekindern sogar ein Umgangsrecht zwischen Geschwistern besteht (§1685 BGB), fallen die Geschwister bei einer getrennten Unterbringung als Interaktionspartner:innen und potentielle emotionale Bezugspersonen im Alltag weg. Bei gemeinsam untergebrachten bzw. gemeinsam adoptierten Geschwistern ist der Austausch im Alltag weiterhin möglich, dennoch geht die Fremdunterbringung mit Veränderungen einher, da sich ihre gewachsene Geschwisterbeziehung und -dynamik an die neue Umgebung und die dort vorherrschenden Familienstrukturen und -dynamiken anpassen muss.

Unstrittig ist, dass Geschwisterbeziehungen bei der Planung der Unterbringung in eine Pflege- und Adoptivfamilie Berücksichtigung finden sollten (vgl. hierzu Art. 8 UN-KRK sowie §36 Abs. 2 Satz 3 SGB VIII). Die Frage jedoch, in welchen Fallkonstellationen Geschwisterkinder gemeinsam oder getrennt untergebracht werden sollten, ist nicht leicht zu beantworten. In Bezug auf die Unterbringung von Kindern in Pflegefamilien gibt es in einigen Ländern gesetzliche Regelungen, dass eine gemeinsame Unterbringung von Geschwisterkindern anzustreben ist (z. B. Fostering Connections to Success & Increasing Adoptions Act und Protecting Sibling Relationships in Foster Care Act in den USA sowie The Children and Young Persons Act in England). Auch in der deutschen Fachliteratur der Pflegekinderhilfe findet sich mehrheitlich die Empfehlung, Geschwisterbeziehungen durch eine gemeinsame Unterbringung zu erhalten (z. B. Kindler, 2010; Schrapper, 2015; Wiemann, 2008; Wolf, 2012), basierend auf dem Argument, dass Geschwisterkinder sich bei einer gemeinsamen Unterbringung aufgrund ihrer emotionalen Verbundenheit und gegenseitiger Anteilnahme in schwierigen und ungewohnten Situationen unterstützen und sich besser in die Familie integrieren können. Einzelne Autor:innen (Nienstedt & Westermann, 2017) favorisieren aber eine regelhafte Trennung von Geschwistern bei Vermittlung in die Pflegefamilie. Hauptargument der letztgenannten Position ist, dass die Geschwister die negativen Beziehungsmuster aus der Herkunftsfamilie bei einer gemeinsamen Unterbringung in die Pflegefamilie übertragen, was die Entwicklung der Kinder nachteilhaft beeinflussen kann.

8.2.1 Empirische Ergebnisse zur gemeinsamen vs. getrennten Unterbringung

Auch wenn in der Praxis die Frage einer getrennten oder gemeinsamen Platzierung von Geschwistern aus Mangel an Plätzen für eine gemeinsame Unterbringung häufig pragmatisch mit »getrennt« beantwortet werden muss (Hillman et al., 2023; Schrapper, 2015; Wojciak, McWey & Helfrich, 2013), finden sich in der Mehrheit der vorhandenen Studien (leichte) Vorteile für gemeinsam untergebrachte Kinder im Vergleich zu getrennt untergebrachten Geschwisterkindern (für eine aktuelle Übersicht vgl. DiGiovanni & Font, 2021). Einzelne Studien fanden jedoch keine Unterschiede zwischen gemeinsam und getrennt untergebrachten Pflegekindern (Holtan, Handegård, Thørnblad & Vis, 2013; Koh, Rolock, Cross & Eblen-Manning, 2014) oder sogar Nachteile bei einer gemeinsamen Unterbringung von Geschwisterkindern (Vinnerljung, Sallnäs & Berlin, 2017).

Studien, die eine gemeinsame und getrennte Unterbringung von Geschwistern in Pflegefamilien vergleichen, adressieren als Entwicklungsergebnisse vor allem die Stabilität der Fremdunterbringung sowie das psychische Wohlbefinden der Kinder. Empirische Befunde zur gemeinsamen vs. getrennten Unterbringung von adoptionsbedürftigen Geschwistergruppen liegen bislang nur vereinzelt vor (z. B. Hillman et al., 2023), was daran liegt, dass diese nur in wenigen Fällen gleichzeitig in eine Adoptivfamilie vermittelt werden (können).

In Bezug auf die Stabilität der Unterbringung zeigte sich in einer aktuellen US-amerikanischen Studie von Font und Kim (2022) mit mehr als 2.000 Pflegekindern, dass Pflegekinder, die mit mindestens einem Geschwisterkind platziert wurden, signifikant seltener einen Wechsel der Pflegefamilie erlebten. Dies galt in besonderem Maße für Wechsel aufgrund von Problemen oder negativen Erfahrungen in den Pflegefamilien. Dieser Befund steht in Einklang mit Ergebnissen aus einer Reihe anderer Studien, die bei einer gemeinsamen Unterbringung von Geschwisterkindern stabilere Pflegeverhältnisse bzw. weniger Wechsel in einer Pflegefamilie fanden (Barth et al., 2007; Berridge & Cleaver, 1987; Leathers, 2005, 2006; Thorpe & Swart, 1992; Waid, Kothari, Bank & McBeath, 2016). Darüber hinaus zeigte sich in verschiedenen Studien, dass eine gemeinsame Unterbringung von Geschwistern auch die Wahrscheinlichkeit einer dauerhaften Lebensperspektive in Form einer Adoption (Akin, 2011; Leathers, 2005) oder der Übernahme der Vormundschaft durch die Pflegeeltern (Leathers, 2005) erhöht. Erklärt werden die positiven Auswirkungen einer gemeinsamen Unterbringung dadurch, dass sich die Geschwisterkinder beim Ankommen in der Familie emotional unterstützen, und es den Kindern dadurch besser gelingt, sich an das neue Familienverhältnis anzupassen und in die Familie zu integrieren (z. B. Child Welfare Information Gateway, 2019). Unterstützung für diese These findet sich beispielsweise in der Studie von Hegar und Rosenthal (2011), in der gemeinsam untergebrachte Pflegekinder von einer größeren emotionalen Nähe zu den Pflegeeltern und einer positiveren Beziehung zu den anderen Familienmitgliedern berichteten als getrennt untergebrachte Pflegekinder.

Die Befundlage zur Frage, ob eine gemeinsame Unterbringung von Geschwistern die psychische Gesundheit und die psychosoziale Anpassung der Kinder fördern kann, ist dünn. Eine US-amerikanische Studie (Linares, Li, Shrout, Brody & Pettit, 2007) konnte keine systematischen Unterschiede in Abhängigkeit von der Art der Unterbringung (gemeinsam, teilweise getrennt, vollständig getrennt) finden; dies war auch der Fall in der einzigen Studie in Deutschland, der Fallerhebung des Deutschen Jugendinstituts (Kindler, 2010). In anderen Studien wurden jedoch auch (leichte) Vorteile für das psychische Wohlbefinden der Kinder bei einer gemeinsamen Unterbringung von Geschwistern deutlich, z. B. im Hinblick auf das allgemeine Wohlbefinden (Fernandez & Lee, 2013) und internalisierende Probleme wie Angst oder depressive Symptome (Hegar & Rosenthal, 2011). In manchen Studien fanden sich Vorteile einer gemeinsamen Unterbringung nur für bestimmte Gruppen von Kindern/Jugendlichen, für bestimmte Bereiche des Wohlbefindens oder in Abhängigkeit davon, wessen Perspektive erfragt wurde. In der Studie von Tarren-Sweeney und Hazell (2005) fanden sich beispielsweise nur bei Mädchen, nicht aber bei Jungen, weniger externalisierende Auffälligkeiten bei gemeinsam vermittelten Geschwisterkindern. In der Studie von Hillman et al. (2023) mit gemeinsam oder getrennt vermittelten Adoptivkindern berichteten die Jugendlichen, die gemeinsam mit Geschwistern untergebracht waren, von geringerer psychischer Belastung im Vergleich zu getrennt untergebrachten Adoptivkindern, während dies aus Sicht der Adoptiveltern nicht der Fall war (vgl. hierzu auch Hegar & Rosenthal, 2009, 2011).

8.2.2 Empfehlungen für die Praxis zur Fremdunterbringung von Geschwisterkindern

Eine gemeinsame Unterbringung von Geschwistern in einer Pflege- oder Adoptivfamilie kann eine wichtige Ressource für die Entwicklung der Kinder und die Stabilität des Familienverbunds sein. Die empirische Befundlage macht jedoch auch deutlich, dass dies nicht bedeutet, dass die Kinder in allen Fällen von einer gemeinsamen Unterbringung profitieren.[2] Eine Prüfung im Einzelfall ist daher unerlässlich. Bei der Prüfung, ob eine gemeinsame oder getrennte Unterbringung der Geschwister die beste Entwicklungsprognose mit sich bringt, empfehlen sich als Kriterien die Beziehungsqualität zwischen den Geschwistern und die Belastungen, die die Kinder mitbringen. Anlässe, eine getrennte Unterbringung von Geschwistern in Betracht zu ziehen, können eine starke psychische Belastung eines Kindes und stark konflikträchtige oder von Übergriffen gekennzeichnete Geschwisterbeziehungen (z. B. Linares et al., 2007), ein ausgeprägtes Konkurrenzverhalten der Kinder sowie das parentifizierende Verhalten eines (in der Regel älteren) Geschwisterkindes sein (Kindler, 2010). Für die fachliche Vorgehensweise bedeutet dies, dass mit den beteiligten Erwachsenen und Kindern im Rahmen der Vorbereitung der Fremdunterbringung darüber gesprochen werden muss, wie die Beziehung der Geschwisterkinder bislang ausgestaltet war.

Darüber hinaus sind die Ressourcen der potentiellen Adoptiv- und Pflegeeltern ein wichtiges Thema. Wenn eine gemeinsame Unterbringung von Geschwistern das Ziel ist, sollte die Bereitschaft der potentiellen Adoptiv- und Pflegeeltern, mehrere Geschwisterkinder aufzunehmen, ein besonders zu gewichtendes Kriterium für die Auswahl der Pflege- und Adoptiveltern sein (Expertise- und Forschungszentrum Adoption, 2021; Helming, Eschelbach, Spangler & Bovenschen, 2010). Wenn Kinder gemeinsam untergebracht werden, kann eine kontinuierliche fachliche Begleitung den Familien helfen, Veränderungen in der Beziehungsqualität oder der Familiendynamik frühzeitig festzustellen und bei ausgeprägten Geschwisterkonflikten zu intervenieren (Child Welfare Information Gateway, 2019).

Wenn die Entscheidung getroffen wird bzw. werden muss, Geschwisterkinder getrennt unterzubringen, sollte dies gut dokumentiert und begründet werden. Dies ist besonders wichtig, um sehr jungen Kindern die Entscheidung zu einem späteren Zeitpunkt, beispielsweise, wenn die Kinder später auf die Suche nach ihrer Herkunftsfamilie gehen, erklären zu können. Um einer Belastung für die Kinder durch

---

2 DiGiovanni und Font (2021) bewerten die Befundlage sehr kritisch und bemängeln beispielsweise die sehr unterschiedliche Festlegung, was als »gemeinsame Unterbringung von Geschwistern« bewertet wird (alle Geschwister gemeinsam vs. Unterbringung mit mindestens einem Geschwisterkind, vgl. hierzu auch Jones, 2016). Darüber hinaus sind bei der Interpretation der positiven Zusammenhänge zwischen einer gemeinsamen Unterbringung und positiven Entwicklungsergebnissen auch Selektionseffekte zu berücksichtigen, d. h., dass sich die beiden Gruppen (gemeinsam und getrennt vermittelte Pflege- bzw. Adoptivkinder) bereits vor der Entscheidung in einzelnen relevanten Merkmalen (z. B. den Vorerfahrungen und dem Ausmaß der Verhaltensauffälligkeiten) unterschieden haben und die Entwicklungsverläufe auch dadurch beeinflusst worden sind (für eine entsprechende Argumentation vgl. auch Tarren-Sweeney & Hazell, 2005).

die Trennung von den Geschwistern vorzubeugen, bedarf es einer sensiblen und fachlich gut begleiteten Vorbereitung und Nachbetreuung der betroffenen Kinder, damit diese die psychischen und emotionalen Folgen der Trennung verarbeiten können (Reimer & Wolf, 2012). Ebenso sollte in regelmäßigen Abständen überprüft werden, ob die Gründe für die getrennte Unterbringung noch gegeben sind oder sich Möglichkeiten für eine Zusammenführung der Geschwister bieten (Child Welfare Information Gateway, 2019).

8.3 Kontakt und Informationsaustausch bei getrenntlebenden Geschwisterkindern

Voneinander getrennt untergebrachte Geschwisterkinder sind trotz der physischen Trennung oft weiterhin emotional miteinander verbunden, sodass die Trennung in vielen Fällen mit Gefühlen von Trauer und Verlust assoziiert ist (Affronti, Rittner & Semanchin Jones, 2015; Cossar & Neil, 2013; Meakings, Coffey & Shelton, 2017; Reimer & Wolf, 2012). Kontakte zu Geschwistern können stabilisierend für die Kinder sein, da sie dadurch die Gewissheit bekommen, dass es den Geschwistern gut geht, und sie besser in der Pflege- oder Adoptivfamilie ankommen können. Kontakte zu den leiblichen Geschwistern können zudem einen wichtigen Beitrag bei der Biographiearbeit leisten, gerade weil die Beziehungen zu den leiblichen Geschwistern möglicherweise weniger belastend sind als die zu den leiblichen Eltern. Kontakte zu (jüngeren) Geschwisterkindern in der Herkunftsfamilie können allerdings auch Belastungen verstärken, wenn sie durch Gedanken, die Geschwister im Stich gelassen zu haben und die Verantwortung als älteres Geschwisterkind nicht zu erfüllen, negative Gefühle wie Schuld oder Scham auf Seiten des Adoptiv- oder Pflegekindes auslösen (Reimer, 2008; Reimer & Petri, 2017).

8.3.1 Empirische Ergebnisse zu Kontakt und Informationsaustausch bei getrenntlebenden Geschwistern

Bei der Mehrheit der Pflegeverhältnisse bestehen (regelmäßige) persönliche Kontakte zwischen dem Kind und Mitgliedern seiner Herkunftsfamilie (z.B. mit den Eltern, Großeltern und/oder Geschwistern). In der DJI-Fallerhebung hatten 48 % der Pflegekinder Kontakte zu ihren leiblichen Geschwistern, die von wöchentlichen Kontakten bis hin zu seltenen Kontakten weniger als einmal im Jahr reichten (Helming, Küfner & Kindler, 2010). Bei Adoptionen sind Kontakte zwischen der Adoptivfamilie und der Herkunftsfamilie insgesamt deutlich seltener und häufig auf indirekte Kontakte (vermittelt über die Adoptionsvermittlungsstellen) beschränkt. In einer Längsschnittstudie des Deutschen Jugendinstituts hatten 40,2 %

der Adoptivfamilien, die im Mittel fünf Jahre und zehn Monate nach Aufnahme des Kindes befragt wurden, Kontakt zur Herkunftsfamilie; bei 13,4 % bestand Kontakt zwischen der Adoptivfamilie und einem oder mehreren Geschwisterkindern (Demmer, Bovenschen, Kappler & Kindler, in Vorbereitung). Viele Pflege- und Adoptivkinder wünschen sich mehr Kontakt zu ihren getrenntlebenden Geschwistern (Lundström & Sallnäs, 2012; Wojciak et al., 2013).

Befunde aus der Adoptionsforschung zeigen, dass Kontakt und Informationsaustausch mit der Herkunftsfamilie die Zufriedenheit mit der Adoption fördern, das Adoptivkind bei der Identitätsentwicklung unterstützen und die Beziehung zu den Adoptiveltern stärken können (Grotevant, Perry & McRoy, 2005; Grotevant, 2009; Grotevant, McRoy, Wrobel & Ayers-Lopez, 2013). In der Gesamtschau der Befunde zu Umgangskontakten bei Pflegekindern finden sich bei einem Vergleich von Pflegekindern mit und ohne Besuchskontakt zur Herkunftsfamilie überwiegend keine bedeutsamen Unterschiede in den untersuchten Aspekten des Entwicklungsverlaufs oder leichte Vorteile für Kinder mit Besuchskontakten (Helming et al., 2010). Gleichzeitig zeigen die Forschungsbefunde, dass die Wirkungen von Umgang kontextsensitiv sind, d. h., von verschiedenen Umständen wie der Art der Vorerfahrungen der Kinder, der Beziehung zwischen den Familien, dem Alter des Kindes bei Vermittlung in die Pflege- und Adoptivfamilie ebenso wie der Art der Kontaktgestaltung abhängig sind (Helming et al., 2010). In Einklang damit fanden zwei Studien aus England (Meakings, Paine & Shelton, 2021; Neil, Young & Hartley, 2018) bei Geschwisterkontakten von Adoptierten, dass Adoptiveltern persönliche Kontakte des Adoptivkindes zu den getrenntlebenden Geschwistern in der Mehrzahl der Fälle als positiv wahrnahmen, während indirekte Kontakte (z. B. Briefe, vermittelt durch eine Fachstelle) zwischen den Geschwistern kritischer bewertet und als schwer umsetzbar beschrieben wurden.

8.3.2 Empfehlungen für die Praxis zum Kontakt bei getrenntlebenden Geschwisterkindern

Bei der Realisierung von Kontakten zwischen fremduntergebrachten Geschwistern spielen die beteiligten Erwachsenen (die Pflege- und Adoptiveltern, aber auch die Fachkräfte) eine Schlüsselrolle. Denn nur, wenn sie der Geschwisterbeziehung offen gegenüberstehen und den Kontakt zwischen den Geschwistern fördern, können sich die Geschwister weiter kennenlernen bzw. schützenswerte Beziehungen erhalten werden (Berge, Green, Grotevant & McRoy, 2006; Jones, 2016).

Die Aufrechterhaltung von Kontakten zwischen getrenntlebenden Geschwistern ist aufwändig, und es gibt einige Stimmen, die kritisieren, dass diese Kontakte bislang unzureichend gefördert und begleitet werden (Cossar & Neil, 2013; Meakings et al., 2021; Reimer, 2020). Das *richtige* Ausmaß an Informationsaustausch und/oder Kontakt zu finden, bedarf stets einer individuellen Aushandlung, und nicht immer ist Informationsaustausch bzw. Kontakt im Sinne des Kindeswohls. Dies gilt auch für Kontakte zwischen getrenntlebenden Geschwistern. Darüber hinaus gilt es, zu berücksichtigen, dass sich der Wunsch nach Informationen und Kontakt bei allen Beteiligten mit der Zeit verändern kann und das Kontaktarrangement immer wieder neu ausgehandelt werden muss. Die Erarbeitung individueller und flexibel anpassbarer Kontaktgestaltungspläne ist deshalb unabdingbar, um Geschwisterbeziehungen trotz getrennter Unterbringung verlässlich und dauerhaft aufrecht zu erhalten (Cossar & Neil, 2013; Jones, 2016). Selbst wenn zum Zeitpunkt der räumlichen Trennung der Geschwister (noch) keine tragfähige Beziehung zwischen den Geschwistern bestand (z. B. bei einem sehr jungen Alter der Kinder oder der späteren Geburt eines Geschwisterkindes), kann die Beziehung das Potential haben, im späteren Leben der Kinder bedeutsam zu werden. Auch in diesen Fällen sollten daher Fachkräfte die Möglichkeiten des Beziehungsaufbaus identifizieren und fördern (Meakings et al., 2021). Die Aufrechterhaltung von indirekten Kontakten scheint in der Praxis jedoch besonders herausfordernd zu sein (Meakings et al., 2021), sodass die Fachdienste gerade in diesen Fällen ausreichend Ressourcen zur Verfügung stellen und proaktiv auf Familien zugehen sollten, damit Kontakte (dauerhaft) gelingen.

Nicht nur die Fachkräfte müssen Geschwisterkinder bei einer Aufrechterhaltung der Kontakte unterstützen, sondern auch die Adoptiv- und Pflegeeltern. Eine wichtige Grundlage für die Kontakte ist eine offene und wertschätzende Kommunikation über die Herkunft des Kindes und dessen Herkunftsfamilie innerhalb der Pflege- bzw. Adoptivfamilie. Gerade wenn Pflege- und Adoptivkinder sich Sorgen machen, wie es ihren Geschwistern geht, können die Pflege- bzw. Adoptiveltern den Kindern durch Gespräche über die Herkunftsfamilie und damit verbundene Sorgen und Ängste emotionale Sicherheit geben und die Zufriedenheit der Kinder mit der Lebenssituation fördern (Cossar & Neil, 2013). Eine fachliche Begleitung vor und nach Aufnahme des Kindes kann dabei helfen, den Adoptiv- und Pflegeeltern Sicherheit für diese Gespräche zu geben.

8.4 Soziale Geschwisterbeziehungen in Adoptiv- oder Pflegefamilien

Wenn in der Adoptiv- oder Pflegefamilie bereits Kinder leben, verändert die Aufnahme eines Kindes das Beziehungsgefüge der Familie; dies betrifft neben der Eltern-Kind-Beziehung auch das Geschwistersystem. Bereits in der Familie lebende Kinder übernehmen eine wichtige Rolle im Integrationsprozess des Adoptiv- oder Pflegekindes; sie haben Modell- und Vorbildfunktion, übermitteln die Normen und Werte der Familie und bieten dem neuen Familienmitglied auch emotionale Unterstützung und erfüllen Fürsorgeaufgaben (Mannion et al., 2023). Berichte der leiblichen Kinder in Pflegefamilien machen deutlich, dass viele Kinder stolz darauf sind, Verantwortung zu übernehmen und aktiv zu unterstützen. Gleichzeitig beschreiben die meisten Kinder auch Herausforderungen und Belastungen durch die Erweiterung der Familie. Durch die besonderen Fürsorgebedürfnisse, die ein Großteil der Pflege- und Adoptivkinder mitbringen, werden häufig sehr viele Ressourcen der Eltern gebunden, was dazu führen kann, dass sich die bereits in der Familie lebenden Kinder in den Hintergrund gedrängt und nicht mehr wahrgenommen fühlen und sich Gefühle von Neid und Rivalität entwickeln. Verstärkt werden können diese Gefühle dadurch, dass es im Gegensatz zur Geburt von leiblichen Geschwistern oft keine Zeit gibt, sich auf das neue Familienmitglied vorzubereiten (für einen Überblick vgl. Mannion et al., 2023). Einige leibliche Kinder in Pflegefamilien berichten auch, sie fühlten sich nicht ausreichend in die Entscheidung einbezogen, ein Pflegekind aufzunehmen (Mannion et al., 2023). Dies bestätigte sich auch in der deutschen Studie von Debye und Jungbauer (2022); insbesondere zu Beginn der Pflegeverhältnisse fühlten sich die leiblichen Kinder der Pflegeeltern zu wenig informiert, und sie äußerten rückblickend den Wunsch, nicht nur durch die eigenen Eltern, sondern auch durch Fachkräfte der Jugendämter vorbereitet worden zu sein.

Zusätzlich können Rivalität und Konflikte zwischen den Geschwistern auch entstehen, wenn die neu hinzukommenden Pflege- und Adoptivkinder das Gefühl haben, dass die bereits in der Familie lebenden (leiblichen) Geschwister bevorzugt werden bzw. den Eltern emotional näher stehen (Loehlin, Horn & Ernst, 2010; Selwyn, Wijedasa & Meakings, 2014). Gerade die rechtlichen Grundlagen einer Adoption und einer Vollzeitpflege können hier eine Rolle spielen, da die Adoptivgeschwister durch die Adoption leiblichen Geschwistern gleichgestellt sind, während Pflegekinder rechtlich nicht zur Familie gehören und ihre rechtliche Zuordnung zu den leiblichen Eltern behalten. Ohne eine Einbenennung haben Pflegekinder einen anderen Nachnamen, was bei Pflegekindern das Gefühl auslösen kann, *nicht dazu zugehören*. Grenzen der Gleichheit und Gleichbehandlung in Pflegefamilien können sich zudem in Bezug auf Erbschaften oder größere Geschenke ergeben, was bei den Kindern Neid und den Eltern ein schlechtes Gewissen erzeugen kann.

8.4.1 Empirische Ergebnisse zur Qualität sozialer Geschwisterbeziehungen

Die Qualität sozialer Geschwisterbeziehungen in Pflege- und Adoptivfamilien wurde in der empirischen Forschung bislang kaum untersucht. In Bezug auf die emotionale Verbundenheit zeigten sich in einer der wenigen vorhandenen Studien keine Unterschiede zwischen Adoptivgeschwistern und leiblichen Geschwistern (Samek & Rueter, 2011). Adoptivgeschwister verbrachten jedoch weniger Freizeit miteinander als leibliche Geschwister. Hinsichtlich der Beziehungen zwischen Pflegekindern und den leiblichen Kindern der Pflegeeltern zeigten sich in einer weiteren Studie weniger enge Beziehungen zwischen den nicht verwandten Kindern, aber keine Unterschiede im Hinblick auf die Feindseligkeit zwischen den Geschwistern (Mosek, 2013).

Wie das neu hinzukommende Kind wahrgenommen wird, kann auch von der vorherigen Familienkonstellation abhängen. So sahen leibliche Kinder in der Studie von Debye und Jungbauer (2022), die vor der Inpflegenahme Einzelkinder waren, die Pflegekinder als ihre *normalen* Geschwister an, während Kinder, die bereits vor der Inpflegenahme Geschwister hatten, eher einen Unterschied zwischen den leiblichen Geschwistern und ihren Pflegegeschwistern machten.

Soziale Geschwister können auch in Bezug auf die Auseinandersetzung mit der Adoption und Herkunftsfamilie einen wichtigen Beitrag leisten. So stellte eine Studie mit Adoptivkindern fest, dass die Zufriedenheit mit der eigenen Adoption eines Adoptivkindes die Zufriedenheit des anderen Adoptivkindes mit dessen Adoption beeinflusste, indem sich sowohl positive wie auch negative Einstellungen zur Adoption von einem auf das andere Kind übertrugen (Farr, Flood & Grotevant, 2016). Wenn soziale Geschwister in die Kontakte der Adoptivkinder involviert waren, zeigten die Adoptierten im Jugendalter zudem weniger Verhaltensauffälligkeiten und positivere Gefühle gegenüber der Herkunftsfamilie. Darüber hinaus war die Beteiligung der sozialen Geschwister an den Kontakten der Adoptierten mit einer höheren Frequenz an Kontakten assoziiert (Farr, Flood & Grotevant, 2016).

8.4.2 Empfehlungen zur Unterstützung sozialer Geschwisterbeziehungen

Wenn ein Adoptiv- oder Pflegekind in eine Familie vermittelt werden soll, in der bereits Kinder leben, sollten die in der Familie lebenden Kinder von Anfang an am Entscheidungsprozess beteiligt und ihre Bedenken und Wünsche berücksichtigt werden (Debye & Jungbauer, 2022). Mit Blick auf Kriterien, die für die Auswahl einer geeigneten Familie herangezogen werden, hat sich in der Praxis etabliert, dass neu zur Familie hinzukommende Adoptiv- bzw. Pflegekinder die jüngsten Kinder im Familienverbund sein sollten (Meakings et al., 2017). Dieses Kriterium scheint plausibel, da es absichert, dass eine Geschwisterreihung entsprechend der Geburtsreihenfolge eingehalten wird. Empirische Grundlagen für diese Empfehlung fehlen aber bislang.

Die Forschung zu Stieffamilien zeigt, dass der Beziehungsaufbau unter biologisch nicht verwandten Geschwistern häufig eine große Herausforderung darstellt (Hetherington, 1999). Den Eltern kommt bei der Bewältigung dieser Herausforderung eine Schlüsselrolle zu. Die potentiellen Pflege- bzw. Adoptiveltern sollten daher bereits vor der Vermittlung eines Kindes über die Chancen und Risiken von Beziehungen zwischen sozialen Geschwistern aufgeklärt werden. Wichtig ist auch die Vermittlung von Strategien zur Prävention von Konflikten, da das Elternverhalten mögliche Rivalitäten zwischen den Kindern begünstigen oder vermeiden kann (Tan, 2008). Wesentlich für das Gelingen der sozialen Geschwisterbeziehungen in Pflege- und Adoptivfamilien ist auch, dass die Kinder von den Adoptiv- und Pflegeeltern gerecht behandelt werden und dies auch so wahrnehmen. Dies bedeutet nicht, dass alle Kinder gleichbehandelt werden, aber dass Ungleichbehandlungen begründet sind (z.B. durch unterschiedliches Alter oder durch Unterschiede in den Fürsorgebedürfnissen), und mit den Kindern unterschiedliche Bedürfnisse der Kinder und daraus resultierende Unterschiede im Elternverhalten offen besprochen werden (Kowal, Krull & Kramer, 2006).

Literatur

Affronti, M., Rittner, B. & Semanchin Jones, A. M. (2015). Functional adaptation to foster care: Foster care alumni speak out. *Journal of Public Child Welfare, 9*(1), 1–21.

Akin, B. A. (2011). Predictors of foster care exits to permanency: A competing risks analysis of reunification, guardianship, and adoption. *Children and Youth Services Review, 33*(6), 999–1011.

Barth, R. P., Lloyd, E. C., Green, R. L., James, S., Leslie, L. K. & Landsverk, J. (2007). Predictors of placement moves among children with and without emotional and behavioral disorders. *Journal of Emotional and Behavioral Disorders, 15*(1), 46–55.

Berge, J. M., Green, K. M., Grotevant, H. D. & McRoy, R. G. (2006). Adolescent sibling narratives regarding contact in adoption. *Adoption Quarterly, 9*(2–3), 81–103.

Berridge, D. & Cleaver, H. (1987). *Foster home breakdown.* Blackwell.

BGB. (2002). https://www.gesetze-im-internet.de/bgb/index.html

Child Welfare Information Gateway (2019). *Sibling issues in foster care and adoption.* U. S. Department of Health and Human Services.

Cossar, J. & Neil, E. (2013). Making sense of siblings: connections and severances in post-adoption contact. *Child & Family Social Work, 18*(1), 67–76.

Debye, A. & Jungbauer, J. (2022). Erfahrungen von leiblichen Kindern in Pflegefamilien – Eine qualitative Studie zu einem blinden Fleck in der Pflegekinderhilfe. *Praxis der Kinderpsychologie und Kinderpsychiatrie, 71*(8), 705–721.

Demmer, K., Bovenschen, I., Kappler, S. & Kindler, H. (in Vorbereitung). Openness in adoption. Findings from a longitudinal samples of German adoptees. *Adoption and Fostering.*

DiGiovanni, A. & Font, S. (2021). Revisiting conventional wisdom: What do we know from 30 years of research on sibling placement in foster care? *Children and Youth Services Review, 126,* 105943.

Expertise- und Forschungszentrum Adoption (2021). *Handreichung für die Adoptionspraxis. Teil 1: Vorbereitung von adoptionsbedürftigen Kindern, Herkunftseltern, Bewerberinnen und Bewerbern und (potenziellen) Adoptiveltern.* Deutsches Jugendinstitut e.V.

Farr, R. H., Flood, M. E. & Grotevant, H. D. (2016). The role of siblings in adoption outcomes and experiences from adolescence to emerging adulthood. *Journal of Family Psychology, 30*(3), 386–396.

Fernandez, E. & Lee, J.-S. (2013). Accomplishing family reunification for children in care: An Australian study. *Children and Youth Services Review, 35*(9), 1374–1384.

Font, S. A. & Kim, H. W. (2022). Sibling separation and placement instability for children in foster care. *Child Maltreatment, 27*(4), 583–595.

Grotevant, H. D. (2009). Emotional Distance Regulation over the Life Course in Adoptive Kinship Networks. In G. M. Wrobel & E. Neil (Hrsg.), *International advances in adoption research for practice* (S. 295–316). Wiley-Blackwell.

Grotevant, H. D., McRoy, R. G., Wrobel, G. M. & Ayers-Lopez, S. J. (2013). Contact between adoptive and birth families: Perspectives from the Minnesota/Texas adoption research project. *Child Development Perspectives, 7*(3), 193–198.

Grotevant, H. D., Perry, Y. V. & McRoy, R. G. (2005). Openness in adoption: Outcomes for adolescents within their adoptive kinship networks. In D. M. Brodzinsky & J. Palacios (Hrsg.), *Psychological issues in adoption: Research and practice* (S. 167–186). Praeger Publishers/Greenwood Publishing Group.

Hegar, R. L. & Rosenthal, J. A. (2009). Kinship care and sibling placement: Child behavior, family relationships, and school outcomes. *Children and Youth Services Review, 31*(6), 670–679.

Hegar, R. L. & Rosenthal, J. A. (2011). Foster children placed with or separated from siblings: Outcomes based on a national sample. *Children and Youth Services Review, 33*(7), 1245–1253.

Helming, E., Eschelbach, D., Spangler, G. & Bovenschen, I. (2010). Einschätzung der Eignung und Vorbereitung von Pflegepersonen In H. Kindler, E. Helming, T. Meysen & K. Jurczyk (Hrsg.), *Handbuch Pflegekinderhilfe* (S. 398–447). Deutsches Jugendinstitut.

Helming, E., Küfner, M. & Kindler, H. (2010). Umgangskontakte und die Gestaltung von Beziehungen zur Herkunftsfamilie. In H. Kindler, E. Helming, T. Meysen & K. Jurczyk (Hrsg.), *Handbuch Pflegekinderhilfe*. Deutsches Jugendinstitut.

Hetherington, E. M. (1999). Family functioning and the adjustment of adolescent siblings in diverse types of families. *Monographs of the Society for Research in Child Development*, 64(4), 1–25.

Hillman, S., Lajmi, N., Steele, M., Hodges, J., Simmonds, J. & Kaniuk, J. (2023). Sibling co-placement as a protective actor: A mixed method study on the impact of sibling placement on adolescent adoptees' emotional and behavioral development. *Adoption Quarterly*, 1–35.

Holtan, A., Handegård, B. H., Thørnblad, R. & Vis, S. A. (2013). Placement disruption in long-term kinship and nonkinship foster care. *Children and Youth Services Review*, 35(7), 1087–1094.

Jones, C. (2016). Sibling relationships in adoptive and fostering families: A review of the international research literature. *Children & Society*, 30(4), 324–334.

Kindler, H. (2010). Die Entscheidung für die Unterbringung eines Kindes in einer Pflegefamilie. In H. Kindler, E. Helming, T. Meysen & K. Jurczyk (Hrsg.), *Handbuch Pflegekinderhilfe* (S. 282–342). Deutsches Jugendinstitut.

Koh, E., Rolock, N., Cross, T. P. & Eblen-Manning, J. (2014). What explains instability in foster care? Comparison of a matched sample of children with stable and unstable placements. *Children and Youth Services Review*, 37, 36–45.

Kowal, A. K., Krull, J. L. & Kramer, L. (2006). Shared understanding of parental differential treatment in families. *Social Development*, 15(2), 276–295.

Leathers, S. J. (2005). Separation from siblings: Associations with placement adaptation and outcomes among adolescents in long-term foster care. *Children and Youth Services Review*, 27(7), 793–819.

Leathers, S. J. (2006). Placement disruption and negative placement outcomes among adolescents in long-term foster care: the role of behavior problems. *Child Abuse & Neglect*, 30(3), 307–324.

Linares, L. O., Li, M., Shrout, P. E., Brody, G. H. & Pettit, G. S. (2007). Placement shift, sibling relationship quality, and child outcomes in foster care: a controlled study. *Journal of Family Psychology*, 21(4), 736–743.

Loehlin, J. C., Horn, J. M. & Ernst, J. L. (2010). Parent-child closeness studied in adoptive families. *Personality and Individual Differences*, 48(2), 149–154.

Lundström, T. & Sallnäs, M. (2012). Sibling contact among Swedish children in foster and residential care – Out of home care in a family service system. *Children and Youth Services Review*, 34(2), 396–402.

Mannion, E., McCormack, D., O'Brien, T., McSpadden, H., Downes, C. & Turner, R. N. (2023). The experiences of foster carers' birth children of living in fostering families: A qualitative evidence synthesis. *Adoption Quarterly*, 1–38.

Meakings, S., Coffey, A. & Shelton, K. H. (2017). The Influence of adoption on sibling relationships: Experiences and support needs of newly formed adoptive families. *The British Journal of Social Work*, 47(6), 1781–1799.

Meakings, S., Paine, A. L. & Shelton, K. H. (2021). Birth sibling relationships after adoption: experiences of contact with brothers and sisters living elsewhere. *The British Journal of Social work*, 51(7), 2478–2499.

Mosek, A. (2013). The quality of sibling relations created through fostering. *Relational Child and Youth Care Practice*, 26(3), 26–41.

Neil, E., Young, J. & Hartley, L. (2018). *The joys and challenges of adoptive family life: A survey of adoptive parents in the Yorkshire and Humberside region*. University of East Anglia.

Nienstedt, M. & Westermann, A. (2017). *Pflegekinder und ihre Entwicklungschancen nach frühen traumatischen Erfahrungen*. Klett-Cotta.

Reimer, D. (2008). *Pflegekinder in verschiedenen Familienkulturen. Belastungen und Entwicklungschancen im Übergang*. Zentrum für Planung und Evaluation Sozialer Dienste.

Reimer, D. (2020). Geschwisterbeziehung bei fremduntergebrachten Kindern: Belastungen und Ressourcen. In K. H. Brisch (Hrsg.), *Bindung und Geschwister. Vorbilder, Rivalen, Verbündete* (S. 194–214). Klett-Cotta.

Reimer, D. & Petri, C. (2017). *Wie gut entwickeln sich Pflegekinder? Eine Longitudinalsstudie.* universi.

Reimer, D. & Wolf, K. (2012). Geschwisterbeziehungen in der Fremdunterbringung. Ressourcen und Belastungen. *SOS-Dialog, 11*, 22–27.

Samek, D. R. & Rueter, M. A. (2011). Associations between family communication patterns, sibling closeness, and adoptive status. *Journal of Marriage and the Family, 73*(5), 1015–1031.

Schrapper, C. (2015). Geschwisterkinder in Pflegefamilien und Heimen. Zur Bedeutung von Geschwisterschaft in Krisen und bei Trennungen. In I. Brock (Hrsg.), *Bruderheld und Schwesterherz. Geschwister als Ressource* (S. 223–244). Psychosozial-Verlag.

Selwyn, J., Wijedasa, D. & Meakings, S. (2014). *Beyond the adoption order. Challenges, interventions and adoption disruption.* University of Bristol.

SGB VIII. (1990). https://www.gesetze-im-internet.de/sgb_8/.

Tan, T. X. (2008). Impact of biological children's adjustment on their siblings who were adopted from china. *Adoption Quarterly, 11*(4), 278–295.

Tarren-Sweeney, M., & Hazell, P. (2005). The mental health and socialization of siblings in care. *Children and Youth Services Review, 27*(7), 821–843. https://doi.org/10.1016/j.childyouth.2004.12.014.

Thorpe, M. B. & Swart, G. T. (1992). Risk and protective factors affecting children in foster care: a pilot study of the role of siblings. *Canadian Journal of Psychiatry, 37*(9), 616–622.

UN-KRK. (2010). https://www.bmfsfj.de/resource/blob/93140/78b9572c1bffdda3345d8d393acbbfe8/uebereinkommen-ueber-die-rechte-des-kindes-data.pdf.

Vinnerljung, B., Sallnäs, M. & Berlin, M. (2017). Placement breakdowns in long-term foster care – a regional Swedish study. *Child & Family Social Work, 22*(1), 15–25.

Waid, J., Kothari, B. H., Bank, L. & McBeath, B. (2016). Foster care placement change: The role of family dynamics and household composition. *Children and Youth Services Review, 68*, 44–50.

Walper, S., Thönissen, C., Wendt, E.-V. & Bergau, B. (2010). *Sibling relations in family constellations at risk. Findings from development-psychological and family-psychological studies.* Sozialpädagogisches Institut des SOS-Kinderdorf.

Wiemann, I. (2008). *Ratgeber Pflegekinder. Erfahrungen, Hilfen, Perspektiven* (7. Aufl.). Rowohlt.

Witte, S. (2018). *Geschwister im Kontext von Misshandlung, Missbrauch und Vernachlässigung: Risikokonstellationen, Qualität der Geschwisterbeziehung und aktuelle psychische Belastung.* Beltz. http://nbn-resolving.org/urn:nbn:de:bsz:31-epflicht-1114228.

Wojciak, A. S., McWey, L. M. & Helfrich, C. M. (2013). Sibling relationships and internalizing symptoms of youth in foster care. *Children and Youth Services Review, 35*(7), 1071–1077.

Wojciak, A. S., McWey, L. M. & Waid, J. (2018). Sibling relationships of youth in foster care: A predictor of resilience. *Children and Youth Services Review, 84*, 247–254.

Wojciak, A. S., Tomfohrde, O., Simpson, J. E. & Waid, J. (2023). Sibling Separation: Learning from Those with Former Foster Care Experiences. *The British Journal of Social Work, 53*(4), 2198–2216.

Wolf, K. (2012). Einordnung der Ergebnisse in die Kontexte von Wissenschaft und Praxis. In Sozialpädagogisches Institut des SOS-Kinderdorf e. V. (Hrsg.), Ressourcen, Belastungen und pädagogisches Handeln in der stationären Betreuung von Geschwisterkindern (S. 142–151). Sozialpädagogisches Institut des SOS-Kinderdorf e. V.

9 Trauernde Geschwister

Birgit Wagner

Jedes Jahr verlieren in Deutschland etwa 20.000 Kinder und Jugendliche ihr Leben. Viele dieser verstorbenen Kinder hinterlassen Geschwister, die unmittelbar von diesem Verlust betroffen sind. Die Geschwisterbeziehung ist eine lebenslange familiäre und emotionale Bindung, die mit der Geburt eines weiteren Kindes beginnt und erst mit dem Tod eines Geschwisters endet. Geschwister teilen oft sowohl soziale als auch genetische Gemeinsamkeiten und pflegen vor allem in ihrer Kindheit und Jugendzeit intensiven Kontakt miteinander. Der Verlust eines Geschwisters, insbesondere wenn dieser im Erwachsenenalter auftritt, bedeutet den Abschied von einer der engsten und langanhaltendsten Bezugspersonen (Robinson & Mahon, 1997). Die Geschwisterbeziehung trägt maßgeblich zur Identitätsentwicklung eines Kindes oder Jugendlichen bei, und gerade der Verlust eines Geschwisters verdeutlicht die Einzigartigkeit dieser Beziehung untereinander (Packman, Horsley, Davies & Kramer, 2006). Der trauernde Geschwisterteil verliert nicht nur eine vertraute Bezugsperson, sondern sieht sich auch mit gravierenden Veränderungen in der familiären Struktur konfrontiert.

Obwohl die Zahl der trauernden Geschwister hoch ist, wurde dieser Trauergruppe bisher nur begrenzte Aufmerksamkeit geschenkt. Kinder, die ein Geschwister verlieren, sind in vielerlei Hinsicht oft die »vergessenen« Trauernden (Dyregrov & Dyregrov, 2005). Nach dem Verlust eines Kindes in der Familie liegt der Fokus in der Regel auf der intensiven Trauer der Eltern, sowohl innerhalb der Familie als auch im sozialen Umfeld. Die trauernden Eltern erhalten in der Regel die größte soziale Unterstützung und Aufmerksamkeit von außen. Erst in den letzten Jahren haben sich Trauergruppen und Interventionen speziell für trauernde Geschwister entwickelt. Dennoch ist das Angebot und die professionelle Unterstützung für diese Trauergruppe im Vergleich zu anderen Gruppen, wie beispielsweise die der trauernden Eltern oder Menschen, die Lebenspartner:innen verloren haben, eher begrenzt. Auch in der wissenschaftlichen Forschung gibt es bisher nur wenig Untersuchungen und Interventionsstudien zu trauernden Geschwistern.

Das Kapitel konzentriert sich auf Geschwister, die in ihrer Kindheit und Jugend ein Geschwisterteil verloren haben, und beleuchtet daher nicht alle Aspekte der Geschwistertrauer (wie beispielsweise den Verlust eines erwachsenen Geschwisters oder den Tod eines Zwillings). Im Folgenden werden die verschiedenen Faktoren vorgestellt, die die Geschwistertrauer beeinflussen, sowie die Auswirkungen des Verlusts eines Geschwisters auf die psychische Gesundheit des trauernden Kindes.

9.1 Altersabhängige Trauerkonzepte

Die Art und Weise, wie Kinder und Jugendliche den Verlust einer nahestehenden Person verarbeiten, unterscheidet sich in vielerlei Hinsicht von der Trauererfahrung von Erwachsenen. Das Verständnis des Todes bei Kindern und Jugendlichen hängt vor allem von ihrer kognitiven Entwicklung und ihrem Alter ab (Poltorak & Glazer, 2006). Kinder durchlaufen oft kürzere Trauerphasen, in denen sie, je nach ihrer Entwicklungsstufe, neben dem Schmerz der Trennung auch Gefühle wie Schuld, Wut und impulsives Verhalten erleben können (Nolbris & Hellström, 2005). Kinder im Alter von einem bis drei Jahren haben noch kein ausgereiftes Konzept von Tod und Sterben entwickelt. Ein Kleinkind, das ein Geschwisterteil verloren hat, reagiert deswegen hauptsächlich auf die Trauer und die emotionale Anspannung seiner Eltern und nimmt die Veränderungen in deren Stimmung wahr. Die Trauerreaktionen in dieser Altersgruppe manifestieren sich oft in Form von Veränderungen in körperlichen Verhaltensweisen, wie zum Beispiel Bettnässen oder Schlafstörungen (Miller, 2009).

Erst ab dem siebten Lebensjahr entwickeln Kinder ein tieferes Verständnis von Tod und Sterben. Allerdings empfinden sie den Verlust eines Geschwisterkindes als eine persönliche Erfahrung, die nur ihnen widerfahren ist, und sie sehen den Tod nicht als ein universelles Ereignis, von dem jeder Mensch betroffen ist (Miller, 2009). In dieser Altersspanne schließen sie die Möglichkeit ein, dass ihr Geschwister zurückkehren könnte, zum Beispiel mit Aussagen wie »Meine Schwester schläft«. In der Altersgruppe von acht bis zwölf Jahren sind Kinder sich bereits des dauerhaften Verlustes bewusst. Mit dem Verständnis ihrer eigenen Endlichkeit entwickeln sie oft starke Ängste und Sorgen nach einem Todesfall in der Familie. Jugendliche ab dem 13. Lebensjahr erleben die Trauer um einen Geschwisterteil häufig sehr intensiv. Der Schmerz der Trennung und die Sehnsucht nach dem verstorbenen Familienmitglied können als überwältigend erlebt werden und unterscheiden sich kaum mehr von der Trauererfahrung von Erwachsenen. Jugendliche in dieser Altersgruppe können auch mit schulischen Problemen aufgrund des Verlustes konfrontiert sein (Worden, 1996).

9.2 Psychologische Auswirkungen der Trauer bei Geschwistern

Der Verlust eines Geschwisterkindes in der Kindheit oder Jugend stellt einen langfristigen Risikofaktor für die psychische und physische Gesundheit der betroffenen Jugendlichen und späteren Erwachsenen dar. Oft beginnen die psychischen Belastungen bereits vor dem Tod des Geschwisterkindes. Zahlreiche Studien an Kindern, deren Geschwister an einer schweren Krankheit wie Krebs litt, haben gezeigt, dass die hinterbliebenen Kinder signifikant häufiger unter Depressionen, Angststörungen und posttraumatischen Belastungsstörungen leiden als eine vergleichbare, nicht betroffene Kontrollgruppe (Alderfer & Hodges, 2010; Alderfer et al., 2010).

Familien, in denen ein Kind durch Suizid verstarb, hatten oft bereits Monate oder Jahre zuvor mit der psychischen Erkrankung des betroffenen Kindes oder Jugendlichen zu kämpfen. In einigen Fällen gab es bereits frühere Suizidversuche in der Familie, und die Familienstruktur war einem chronischen Stress bereits vor dem Suizid ausgesetzt (Wagner, 2013). Der Tod eines Geschwisterkindes verstärkt diese kumulative psychische Belastung. Eine Langzeitstudie in Schweden mit 174 trauernden Geschwistern, die zwei bis neun Jahre nach dem Verlust untersucht wurden, ergab, dass mehr als die Hälfte (54 %) von ihnen angab, ihre Trauer immer noch nicht verarbeitet zu haben. Dabei erwies sich soziale Unterstützung als ein bedeutender Schutzfaktor (Sveen, Eilegård, Steineck & Kreicbergs, 2013). In einer Studie von Dyregrov und Kolleg:innen (2014) über Kinder und Jugendliche, die ihr Geschwister bei dem Terroranschlag auf der Insel Utøya verloren hatten, zeigten 75 % eine Diagnose einer anhaltenden Trauerstörung, und 79 % der Schwestern sowie 50 % der Brüder wiesen das Vollbild einer posttraumatischen Belastungsstörung auf. 67 % der Geschwister berichteten, dass sie nach wie vor Schwierigkeiten in Schule und Beruf hatten. Eine weitere Studie untersuchte die Prävalenz von Depressionen und anhaltender Trauerstörung (▶ Kasten 9.1) bei Jugendlichen drei Jahre nach dem Verlust eines Geschwisters (Herberman Mash, Fullerton & Ursano, 2013).

Kasten 9.1

Diagnostische Kriterien der anhaltenden Trauerstörung (ICD-11)

1. Anhaltende Trauerreaktion nach dem Tod einer nahestehenden Person (z. B. Partner:in, Kind, Elternteil).
2. Ausgeprägte Sehnsucht nach der verstorbenen Person, welche begleitet wird durch starke emotionale Schmerzen (z. B. Traurigkeit, Schuldgefühle, Wut, Verleugnung, Schuldgefühle, Schwierigkeiten, den Tod anzunehmen, das Gefühl, einen Teil des eigenen Selbst verloren zu haben, die Unfähigkeit, eine positive Stimmung zu erleben, emotionale Taubheit, Schwierigkeiten bei der Beschäftigung mit sozialen oder anderen Aktivitäten.
3. Die Trauerreaktion persistiert über einen atypisch langen Zeitraum nach dem Verlust (mindestens mehr als 6 Monate).
4. Die Trauerreaktion übersteigt die erwarteten sozialen, kulturellen oder religiösen Normen für die Kultur und den Kontext des Einzelnen.
5. Trauerreaktionen, welche über längere Zeiträume andauern, und sich aufgrund des kulturellen und religiösen Kontextes der Person als eine normative Trauerzeit deuten lassen, werden als normale Trauerreaktionen angesehen und erhalten keine Diagnose.

Dabei zeigten 31 % leichte bis schwere Depressionen, und 57 % der trauernden Jugendlichen litten an einer anhaltenden Trauerstörung. Weitere Untersuchungen dokumentierten bei betroffenen Kindern und Jugendlichen Schlafstörungen sowie körperliche Beschwerden wie Magenschmerzen, Kopfschmerzen und Asthma (Cain, Fast & Erickson, 1964; McCown & Pratt, 1985). Diese Studien verdeutlichen, dass der Tod eines Geschwisters langfristige Auswirkungen auf die psychische Gesundheit und die Trauerverarbeitung haben kann.

9.3   Mortalität nach dem Tod eines Geschwisters

Der Tod eines Geschwisterteils kann langanhaltende psychische und physische Auswirkungen auf das betroffene und später erwachsene Kind haben und zu einer erhöhten Sterblichkeitsrate führen. In einer umfangreichen Bevölkerungsstudie in Schweden wurde das Sterberisiko von Geschwisterkindern im Alter von 18 bis 69 Jahren untersucht (Rostila, Saarela & Kawachi, 2012a). In allen Altersgruppen wurde im Vergleich zu nicht-trauernden Kontrollgruppen eine erhöhte Sterblichkeitsrate festgestellt. Die Autor:innen bewerteten den Zusammenhang zwischen dem Tod eines Geschwisterkindes und der Sterblichkeit als gleichwertig oder sogar stärker als die Sterblichkeit nach dem Verlust eines Kindes oder eines Elternteils (Rostila, Saarela & Kawachi, 2012b). Insbesondere in der jüngeren Altersgruppe (18 bis 39 Jahre) wurde eine erhöhte Sterblichkeitsrate bei den trauernden Geschwistern beobachtet. Generell wurde ein stärkerer Einfluss des unnatürlichen Todes (z. B. Suizid, Tötungsdelikte) im Vergleich zu einem natürlichen Todesfall in allen Alterskohorten festgestellt. Dies könnte auf das hohe Stressniveau nach dem Tod, den Trauerprozess selbst und begrenzte Bewältigungsmechanismen zurückzuführen sein. Die Autor:innen führen den Zusammenhang außerdem auf mangelnde soziale Unterstützung durch die Eltern und die Umwelt zurück.

Die gleiche Forschungsgruppe untersuchte auch die Sterblichkeitsrate von Geschwistern in Bezug auf Todesfälle durch Herzinfarkt (Rostila, Saarela & Kawachi, 2013b) und Schlaganfall (Rostila, Saarela & Kawachi, 2013a). Ähnlich wie in der zuvor beschriebenen Studie basierte diese Untersuchung auf Bevölkerungsregistrierungsdaten aus Schweden. Die Autor:innen stellten fest, dass das Risiko, an einem Herzinfarkt zu sterben, für Männer und Frauen erst nach einigen Jahren nach dem Verlust erhöht war, jedoch nicht unmittelbar danach. Das Risiko, an einem Schlaganfall zu sterben, war bei Frauen erhöht, die ein Geschwister verloren hatten, während für Männer kein ähnlicher Zusammenhang festgestellt wurde (Rostila et al., 2013a).

Die Analyse des schwedischen Datensatzes in Bezug auf Suizid als Folge des Todes eines Geschwisters zeigte ein deutlich erhöhtes Sterblichkeitsrisiko für die hinterbliebenen Geschwister (Rostila, Saarela & Kawachi, 2013c). Frauen, die den Tod eines Geschwisters erlebt hatten, wiesen ein um das 1,5-fache erhöhtes Risiko auf, ihr Leben durch Suizid zu beenden, im Vergleich zu einer nicht-trauernden Kontrollgruppe. Bei Männern war das Risiko etwas geringer, aber immer noch um das 1,2-Fache erhöht. Wenn das Geschwisterteil hingegen selbst durch Suizid gestorben war, hatten Frauen ein um das 3,1-Fache erhöhtes Risiko, ebenfalls durch Suizid zu sterben, und bei Männern lag das erhöhte Risiko bei 2,4.

Die vorliegenden Studien zur Sterblichkeitsrate bei trauernden Geschwistern liefern wichtige Erkenntnisse über die Vulnerabilität dieser Trauergruppe. Sie zeigen einerseits, dass der frühe Tod eines Geschwisterkindes langanhaltende Auswirkungen auf die Betroffenen haben kann, und andererseits, dass diese Auswirkungen bis hin zum vorzeitigen Tod führen können. Darüber hinaus bestätigen sie erneut, dass es ein Nachahmungseffekt für suizidales Verhalten innerhalb der Familie generationenübergreifend gibt.

9.4 Suizid eines Geschwisters

Der Suizid eines Geschwisters kann für die hinterbliebenen Geschwister oft nur schwer zu bewältigen sein. Die Gründe für den Suizid eines Kindes oder Jugendlichen sind äußerst vielfältig und können individuell stark variieren. Neben psychischen Erkrankungen und familiären Einflüssen können auch schulische Probleme und Beziehungsprobleme die Ursache für den Suizid sein. Zahlreiche Studien haben gezeigt, dass der Prozess der Verarbeitung und Anpassung nach dem Suizid eines Geschwisters stark davon beeinflusst wird, wie offen die hinterbliebenen Eltern und das soziale Umfeld mit dem Suizid umgehen. Jüngere Geschwister, die noch zu Hause bei ihren Eltern lebten, sind dabei einem erhöhten Risiko ausgesetzt, eine posttraumatische Belastungsstörung zu entwickeln als ältere Geschwister, die nicht mehr im elterlichen Zuhause wohnen (Dyregrov & Dyregrov, 2005). Ein möglicher Grund dafür ist, dass jüngere Kinder mehr Zeit mit den Eltern verbringen und aufgrund der intensiven Trauer der Eltern emotional in ihrer Trauer vernachlässigt werden. Der Suizid eines Geschwisterkindes hinterlässt bei den hinterbliebenen Familienmitgliedern häufig Schuldgefühle und das Gefühl, für den Tod mitverantwortlich zu sein. Diese Schuldgefühle können sich entwickeln, wenn die trauernden Kinder und Jugendlichen denken, sie hätten den Suizid verhindern können, wenn sie sich anders gegenüber ihrem Geschwister verhalten hätten. Besonders dann, wenn der Suizid auf familiäre Konflikte zurückzuführen ist, kann es innerhalb der Familie zu Schuldzuweisungen und gegenseitigen Vorwürfen hinsichtlich der Verantwortlichkeit kommen. Familienmitglieder tendieren dazu, ihre eigene Verantwortung am Suizid als schwerwiegender einzuschätzen, während andere Einflussfaktoren wie etwa vorherige psychische Erkrankungen als weniger relevant erlebt werden.

Ein weiterer bedeutender Einflussfaktor ist die wahrgenommene Stigmatisierung nach einem Suizid (Maple, Edwards, Plummer & Minichiello, 2010). Während die meisten Trauernden bei anderen Todesursachen Unterstützung aus ihrem sozialen Umfeld erfahren, erleben Familien nach einem Suizid oft Distanz und Zurückhaltung. Die Hinterbliebenen werden häufig als psychisch krank und weniger sympathisch beschrieben (Jordan, 2001). Dies kann dazu führen, dass Suizidangehörige

Schwierigkeiten haben, mit anderen, wie Freund:innen und Personen aus der Nachbarschaft, über den Verlust ihres Geschwisterkindes zu sprechen und sich infolgedessen isoliert fühlen. Aber auch das Schweigen über das Kind, das durch Suizid verstorben ist, kann innerhalb der Familie zu Konflikten führen. Die Kommunikation zwischen den Familienmitgliedern wird als weniger offen und distanziert beschrieben (Dunn & Morrish-Vidners, 1987). Trauernde Geschwister berichten oft über Schwierigkeiten, mit ihren Eltern über ihre eigene Trauer zu sprechen (Dyregrov & Dyregrov, 2005). Hindernisse für eine offene Kommunikation können sein, dass andere Familienmitglieder vor belastenden Informationen geschützt werden sollen. So werden den trauernden Geschwistern möglicherweise Informationen aus Abschiedsbriefen vorenthalten oder die genauen Umstände des Suizids werden verheimlicht. Unterschiedliche Hypothesen zum Suizid zwischen den Familienmitgliedern können ein weiteres Hindernis für offene Gespräche darstellen. Geschwister haben unter Umständen unterschiedliche Informationen über die Gründe des Suizids im Vergleich zu den Eltern. Auf Seiten der Eltern können Unsicherheiten im Umgang mit dem Suizid bestehen. Trauernde Eltern fühlen sich oft überfordert von ihrer eigenen Trauer und der Dramatik des Suizids, was es ihnen schwer macht, sich offen mit ihren verbliebenen Kindern über das Ereignis auszutauschen. Das Vermeiden von Gesprächen über den Suizid des Kindes kann auch aus der Sorge heraus entstehen, dass dies die Trauer der Geschwister weiter intensivieren könnte und für sie dann nicht mehr kontrollierbar ist. Dieses Vermeidungsverhalten steht in engem Zusammenhang mit der Traumasymptomatik, da viele Suizidhinterbliebene unter einer posttraumatischen Belastungsstörung leiden, die sich durch traumabezogene Flashbacks, Übererregung und das Vermeiden von traumabezogenen Gesprächen auszeichnet.

9.5 Veränderte Familiendynamik nach dem Verlust eines Geschwisters

Nach dem Tod eines Geschwisters müssen die verbliebenen Geschwister in den familiären Beziehungsmustern ihren neuen Platz finden – ohne das verstorbene Kind. Die hierarchischen Geschwisterstrukturen haben sich aufgelöst und das Gleichgewicht zwischen den Geschwistern innerhalb der Familie hat sich verändert. Das mittlere Kind kann jetzt zum jüngsten Kind werden oder das jüngste Kind zum Einzelkind. Besonders das Kind, das dem verstorbenen Geschwister altersmäßig am nächsten stand, kann Schwierigkeiten bei der Anpassung aufzeigen. Oftmals kommt es zu einer starken Identifizierung mit der familiären Rolle des verstorbenen Geschwisters. Dies kann sich darin äußern, dass das verbliebene Kind Kleidung und Spielzeug des verstorbenen Geschwisters nutzen möchte.

Trauernde Eltern haben ein erhöhtes Risiko, selbst nach dem Verlust ihres Kindes an psychischen oder physischen Erkrankungen zu leiden, oder eine anhaltende

Trauerstörung zu entwickeln (Wagner, 2013). In einer epidemiologischen Repräsentativbefragung wiesen trauernde Eltern mit 23,6 % die höchste Prävalenzrate für eine anhaltende Trauerstörung auf (Kersting, Brähler, Glaesmer & Wagner, 2011). Noch höhere Prävalenzraten wurden bei Eltern gefunden, die ihr Kind durch gewaltsame oder unerwartete Todesumstände verloren hatten (z. B. Tötungen, plötzlicher Säuglingstod, Unfälle). In einer norwegischen Studie zeigten 57 bis 78 % der Eltern eineinhalb Jahre nach dem gewaltsamen oder unerwarteten Tod ihres Kindes die Diagnose einer anhaltenden Trauerstörung oder posttraumatischen Belastungsstörung (Dyregrov, Nordanger & Dyregrov, 2003). Dijkstra (2000) fand in einer niederländischen Studie ebenfalls Prävalenzraten von 50 % bei Vätern und 75 % bei Müttern, die 20 Monate nach dem Tod ihres Kindes eine anhaltende Trauerstörung aufwiesen. Diese Studien verdeutlichen, dass trauernde Eltern langfristig erheblich unter psychischer Belastung leiden und oft professionelle psychosoziale Unterstützung benötigen. Der eigene Schmerz und die Trauer über den Verlust eines Kindes sind für die Eltern noch viele Monate und Jahre nach dem Tod des Kindes überwältigend. Gleichzeitig sind sie gefordert, ihren trauernden Kindern ein Vorbild dafür zu sein, wie man mit dem Tod umgehen kann. Für die Eltern ist dies eine paradoxe Situation: In dem Moment, in dem ihre Kinder Stabilität und Sicherheit benötigen, sind sie am wenigsten in der Lage, die Hilfe anzubieten, die die Kinder bräuchten.

Darüber hinaus sind trauernde Familien mit inkongruenten Trauerverarbeitungsprozessen innerhalb der Familie konfrontiert. Die Trauerreaktionen der einzelnen Familienmitglieder verlaufen nicht immer gleich, obwohl sie denselben Verlust erlitten haben. Einzelne Familienmitglieder können an manchen Tagen genauso intensiv trauern wie am ersten Tag des Verlustes, während die Intensität an anderen Tagen geringer ist. Es gibt gute und schlechte Stunden, Tage und Wochen, die sich unregelmäßig abwechseln (Stroebe & Schut, 1999). Diese variablen Trauerprozesse können zu Missverständnissen und Konflikten innerhalb der Familie führen. Die Art und Weise, wie innerhalb der Familie langfristig über das verstorbene Kind gesprochen wird, spielt ebenfalls eine entscheidende Rolle in der Geschwistertrauer (Wagner, 2013). Trauernde Eltern können zu viel oder überhaupt nicht über das verstorbene Kind sprechen (z. B. ständiges Erwähnen des verstorbenen Kindes oder Schweigen darüber).

Häufig übernehmen die verbleibenden Geschwister altersabhängig eine versorgende und tröstende Rolle für die Eltern (Wagner, 2013). Diese Rolle ist oft die einzige Möglichkeit für die Geschwister, ihren Eltern emotional nahe zu kommen. Es wurden vermehrt Wut und Zornausbrüche bei trauernden Geschwistern festgestellt, insbesondere dann, wenn sie sich vernachlässigt fühlen (McCown & Davies, 1995).

In Familien, in denen ein Kind verstorben ist, kann der Umgang mit der Erinnerung an das verstorbene Kind die Trauerverarbeitung der trauernden Geschwister sowohl fördern als auch behindern. Gemeinsame Rituale, an denen die trauernden Geschwister teilnehmen, können die Familienbindung stärken. Eine zu intensive Erinnerungskultur an das verstorbene Kind durch die Eltern kann jedoch dazu führen, dass den trauernden Geschwistern kaum Raum bleibt, um selbst noch ein Kind in der Familie zu sein (Packman et al., 2006). In manchen Familien erinnern

Fotos und Andenken Jahre nach dem Tod des Kindes noch immer an das verstorbene Kind. Erwachsene trauernde Geschwister berichten, dass sie ihre Eltern viele Jahre als unerreichbar und emotional distanziert erlebt haben. Trauernde Geschwister schildern davon, dass in manchen Familien das Zimmer des verstorbenen Kindes über Jahrzehnte hinweg unberührt geblieben ist. Das Leben der Geschwister wird von den Erinnerungen an das verstorbene Geschwisterkind überschattet. In der ersten Trauerphase haben die trauernden Eltern Schwierigkeiten, emotional am Leben ihrer Kinder teilzunehmen. Ein trauernder Bruder beschreibt die Zeit nach dem Tod seiner Schwester in einer Fokusgruppe zum Thema wie folgt: »Wenn ich zu Hause davon erzählte, dass ich in der Schule gemobbt wurde, bekam ich häufig zur Antwort: ›Das ist doch nicht so schlimm‹ oder ›Das wird schon wieder‹. Kein Ereignis aus meinem Leben konnte mit dem Tod meiner Schwester mithalten und ihre Aufmerksamkeit gewinnen.«

Immer wieder erleben trauernde Geschwister, dass ihnen gesagt wird, dass der Tod des eigenen Geschwisters für die Eltern furchtbar sein muss – ohne zu berücksichtigen, dass dies gleichermaßen auf das Geschwister zutrifft, mit dem:der sie gerade sprechen (Packman et al., 2006). Dies gibt Geschwistern verstärkt das Gefühl, dass ihre Trauer im Vergleich zu der Schwere der Trauer der Eltern weniger gewichtig ist (Horsley & Patterson, 2006). Viele trauernde Geschwister berichten, dass sie mit ihren Freund:innen kaum über das verstorbene Geschwister sprechen, obwohl hier der Raum wäre, in dem nicht die Trauer der Eltern dominiert.

9.6 Nachgeborene Geschwister: Identität und familiäre Beziehungen

Der Tod eines Kindes kann bei Eltern den Wunsch nach einem weiteren Kind stärken. Geschwister, die nach dem Verlust eines Kindes in eine trauernde Familie geboren werden, sehen sich spezifischen familiären Dynamiken gegenüber, die ihre Identitätsbildung und familiäre Bindung beeinflussen. Vollmann (2014) identifizierte in ihrer qualitativen Studie zwei Rollen, die Eltern ihren nachgeborenen Kindern oft zuschreiben: die »positive Stellvertretungs«-Rolle und die »negative Stellvertretungs«-Rolle. Kinder, die im »positiven« Sinne eine »Stellvertretung« darstellen, werden von den Eltern oft als ein »Geschenk« wahrgenommen, das dazu beiträgt, die entstandene Lücke zu füllen und die Familie wieder als vollständig zu empfinden. Dies führt häufig zu einer starken Idealisierung und erhöhter Aufmerksamkeit seitens der Eltern. Ist man jedoch in der Rolle der »negativen Stellvertretung«, empfinden sich die nachgeborenen Geschwister oft als Enttäuschung, da sie das verstorbene Geschwister nicht ersetzen können und die Erwartungen diesbezüglich nicht erfüllen. Eltern neigen dazu, diese Kinder vermehrt mit dem verstorbenen Kind zu vergleichen und ihre Enttäuschung darüber zum Ausdruck zu bringen, dass das Kind diesem Vergleich nicht gerecht wird (Vollmann, 2014).

Manche nachgeborenen Kinder werden in eine Umgebung akuter Trauer hineingeboren, und der Erziehungsstil der Eltern ist maßgeblich von dieser Verlusterfahrung geprägt (Vollmann, 2014). Pantke und Slade (2006) stellten bei nachgeborenen Jugendlichen ein überfürsorgliches Erziehungsverhalten der Eltern fest, begleitet von höheren Werten für Depression und Angst im Vergleich zu einer Kontrollgruppe. In einer Studie mit nachgeborenen Kindern nach einer Totgeburt zeigten zwölf Monate alte Babys ein signifikant beeinträchtigteres Bindungsverhalten zur Mutter im Vergleich zur Kontrollgruppe (Hughes, Turton, Hopper, McGauley & Fonagy, 2001). Dieses Bindungsverhalten konnte mit der nicht verarbeiteten Trauer der Mutter in Verbindung gebracht werden. In einer späteren Folgestudie, mit den gleichen Kindern im Schulalter, wurde kein Unterschied in kognitiver Beeinträchtigung, physischer Gesundheit und schulischer Leistung im Vergleich zur Kontrollgruppe mehr festgestellt (Turton, Badenhorst, Pawlby, White & Hughes, 2009). Dennoch traten größere Schwierigkeiten bei den nachgeborenen Kindern in ihrer Peer-Gruppe auf. Die Kinder wurden häufiger von ihren Müttern kritisiert, und die Mütter zeigten ein höheres Maß an Kontrollverhalten. Insgesamt wurde ein weniger harmonisches Beziehungsverhalten und geringeres emotionales Engagement bei den Müttern im Vergleich zur Kontrollgruppe beobachtet (Turton et al., 2009).

Zusammenfassend kann festgehalten werden, dass die Identitätsentwicklung der nachgeborenen Kinder maßgeblich von der Trauerbewältigung der Eltern beeinflusst wird. Insbesondere dann, wenn die Trauer der Eltern bei der Geburt des Kindes noch nicht ausreichend verarbeitet wurde, kann sich diese transgenerationale Trauer auf die nachgeborenen Kinder übertragen. Bisher hat die Gruppe der nachgeborenen Kinder in der wissenschaftlichen Forschung noch wenig Aufmerksamkeit erhalten. Die bisherige Forschung stützt sich entweder auf Einzelfallstudien oder Studien mit kleinen Stichproben (Vollmann, 2014).

9.7 Posttraumatische Reifung bei trauernden Geschwistern

Das Konzept der persönlichen oder traumatischen Reifung nach dem Verlust einer nahestehenden Person ist ein etabliertes Thema in der Resilienzforschung (z. B. Bonanno, Papa & O'Neill, 2001). Trauernde Kinder und Jugendliche können nach dem Tod eines Geschwisters einen Reifungsprozess erleben, der positive Entwicklungen und Stärken mit sich bringen kann. Insbesondere eine gesteigerte Selbstachtung und persönliche Reifung infolge des Verlustes wurden bereits identifiziert (Davies, 1991; Hogan & Greenfield, 1991). Eine Studie von Rosenberg und Kolleg:innen (2015) untersuchte Kinder, die ein Geschwister aufgrund einer Tumorerkrankung verloren hatten. In dieser Untersuchung gaben 36 % der befragten Teilnehmenden an, dass sie nun besser mit anderen Menschen kommunizieren könnten, während 43 % angaben, dass sie sich reifer und erwachsener fühlten als vor dem Verlust. In Bezug auf den Einfluss auf ihre berufliche Entwicklung gaben 45 % an, dass der Verlust einen positiven Einfluss hatte. Die meisten Jugendlichen werden durch den Tod eines Geschwisterkindes zwangsweise früher erwachsen. Sie müssen aufgrund der veränderten Familiensituation eigenverantwortlicher werden oder sogar elterliche Aufgaben für ihre verbleibenden Geschwister übernehmen. Diese Aufgabenbewältigung kann bei den späteren Erwachsenen ein gesteigertes Selbstvertrauen hinterlassen, da sie erfahren, dass sie auch in zukünftigen schwierigen Lebenssituationen bestehen können. Die Erkenntnis, dass das Leben endlich ist, kann zu einer höheren Wertschätzung des eigenen Lebens und der Beziehungen zu anderen führen. Dennoch gibt es bisher nur wenige Studien, welche den Aspekt der persönlichen Reifung bei trauernden Geschwistern systematisch untersucht haben (z. B. Cohen & Katz, 2015).

9.8 Unterstützung und therapeutische Implikationen

Der Tod eines Kindes trifft viele Geschwister oft unvorbereitet und in den seltensten Fällen haben ihre Eltern sie auf den Verlust vorbereitet. Selbst wenn das Geschwister durch eine lange und schwere Erkrankung verstorben ist, finden in nur wenigen Familien vorbereitende Gespräche über den möglichen Tod des Kindes statt. Valdimarsdottir und Kolleg:innen (2007) befragten in ihrer Studie trauernde Eltern danach, wie viel Zeit sie sich bewusst Gedanken gemacht haben, dass ihr Kind sterben würde. 45 % der Eltern gaben an, dass sie weniger als 24 Stunden vor dem Tod des Kindes eine emotionale Wahrnehmung darüber hatten, dass ihr Kind die Krankheit nicht überleben würde. Eltern, die sich nur kurzzeitig mit dem Sterben des Kindes auseinandersetzten, zeigten häufiger langfristige psychische Gesundheitsprobleme, waren häufiger arbeitsunfähig und wurden eher vorzeitig in den Ruhestand versetzt. Dies verdeutlicht, dass viele Eltern und Familien sich häufig nur kurz vor dem tatsächlichen Tod des Kindes bewusst mit der Möglichkeit des Todes auseinandersetzen und entsprechend nicht ausreichend darauf vorbereitet sind.

Der aktuelle Forschungsstand und die hohen Prävalenzzahlen in Bezug auf psychische Erkrankungen nach dem Verlust verdeutlichen, dass trauernde Geschwister einen erheblichen Bedarf an psychotherapeutischer Unterstützung haben. Obwohl es eine Reihe von Interventionen zur Behandlung der anhaltenden Trauerstörung im Allgemeinen gibt, fehlen immer noch evidenzbasierte Interventionen, die speziell auf die Situation und die Bedürfnisse trauernder Geschwister zugeschnitten sind. Ridley und Frache (2020) führten eine systematische Untersuchung von Trauerinterventionen für Kinder (unter 18 Jahre) nach dem Tod eines Geschwisters durch. Die Ergebnisse zeigten, dass die meisten Interventionen entweder in Gruppen oder in Form von Wochenendworkshops stattfanden, die in der Regel von unbezahltem und oft nicht spezialisiertem Personal angeboten wurden.

Eine Studie, welche im Rahmen eines sechswöchigen therapeutengestützten Online-Schreibprogramms für trauernde Geschwister durchgeführt wurde, zeigte, dass eine signifikante Symptomverbesserung für die Symptome der Depression und anhaltender Trauerstörung gefunden werden konnte. Diese positiven Effekte zeigten sich auch noch nach einem Jahr (Wagner et al., 2022). Diese Studie zeigt die Chancen einer niedrigschwelligen, kurzen, internetbasierten Schreibintervention für trauernde Geschwister auf. Zusammenfassend kann gesagt werden, dass psychosoziale Unterstützung sowohl individuell für die trauernden Geschwister als auch für die Eltern und die gesamte Familie angeboten werden sollte (Dyregrov & Dyregrov, 2005). Sowohl die trauernden Geschwister als auch die Eltern könnten von Psychoedukation und psychotherapeutischer Unterstützung in ihrem Trauerprozess profitieren. Im Folgenden sind die empfohlenen Schwerpunkte für die Unterstützung von trauernden Geschwistern zusammengefasst:

i. *Förderung offener Kommunikation:* Eine dysfunktionale Kommunikation über die Trauer der trauernden Geschwister innerhalb der Familie ist oft ein Merkmal des veränderten Familiensystems, da aufgrund der Schwere der elterlichen Trauer kaum Gespräche stattfinden können. Trauernde Geschwister fühlen sich in ihrer Trauer angenommener, wenn sie offen über ihre Gefühle und Gedanken sprechen können, und diese Gespräche sollten gefördert werden. Eine offene Kommunikation kann ein schützendes Umfeld für trauernde Geschwister schaffen, die nicht nur den Verlust eines nahestehenden Familienmitglieds betrauern, sondern auch ihre bisherige Familienstruktur verloren haben.
ii. *Umgang mit Ritualen und Gedenkkultur innerhalb der Familie:* Der Umgang mit der Gedenkkultur der Eltern sollte innerhalb der Familie offen besprochen werden. Es ist empfehlenswert, trauernde Geschwister in die Entscheidungen darüber einzubeziehen, wie und in welcher Form dem verstorbenen Geschwisterkind gedacht werden soll. Die Entwicklung gemeinsamer Familienrituale kann die Familienzusammengehörigkeit stärken.
iii. *Zeit und Aufmerksamkeit für trauernde Geschwister:* Ein weiteres wichtiges Ziel der Eltern sollte darin bestehen, trauernden Geschwistern mindestens genauso viel Zeit und Aufmerksamkeit zu widmen wie dem verstorbenen Kind. Häufig verbringen trauernde Eltern längerfristig mit der Trauer um das verstorbene Kind mehr Zeit als sie den trauernden Geschwistern an Aufmerksamkeit und emotionaler Nähe widmen. Hier kann eine spezifische Psychoedukation für trauernde Eltern hilfreich für das Familiensystem sein.
iv. *Förderung der Einbeziehung des sozialen Umfelds (z. B. Schule, nachbarschaftliche Gemeinschaft):* Zahlreiche Studien belegten den protektiven Einfluss von sozialer Unterstützung auf die Trauerverarbeitung von trauernden Geschwistern, insbesondere durch die nachbarschaftliche Gemeinschaft, die im Alltag die größte Nähe zu den trauernden Geschwistern hat (Eilertsen, Eilegård, Steineck, Nyberg & Kreicbergs, 2013). Nachbarschaft, Großeltern und Freund:innen können den trauernden Geschwistern insbesondere in der ersten Trauerphase Unterstützung geben, in der die Eltern für sie nicht emotional unterstützend da sein können. Ebenso können Schule und Lehrende eine förderliche Rolle spielen. Die Struktur des Schulalltags, die Förderung von Räumen, welche frei von der fa-

miliären Trauer sind, sind wichtige Aufgaben der Schule und der Peer-Gruppe. Auch hier kann eine bewusste Förderung von sozialen Netzwerken empfehlenswert sein.

9.9 Ausblick

Geschwister, die den Verlust eines Geschwisters erleben, stehen vor einer Reihe von besonderen Herausforderungen und Erfahrungen im Trauerprozess, welche sie von anderen Trauergruppen unterscheidet (z. B. trauernde Eltern, verwitweten Personen). Der Tod eines Geschwisters kann die engste Beziehung in der Kindheit beenden, die geprägt ist von gemeinsamen Erinnerungen und Erfahrungen, was den Verlust besonders schmerzhaft macht. Die individuelle Geschwisterdynamik spielt hierbei eine entscheidende Rolle, da Geschwisterbeziehungen von Rivalität bis zu tiefer Verbundenheit reichen können.

Ein weiteres Merkmal im Trauerprozess zeichnet sich dadurch aus, dass die Bedürfnisse der trauernden Geschwister oft vernachlässigt werden, da sich die Aufmerksamkeit und Unterstützung durch das soziale Umfeld häufig auf die Eltern konzentriert. Dies führt häufig dazu, dass sich die trauernden Geschwister allein gelassen oder in ihrer eigenen Trauer unzureichend beachtet fühlen. Der Verlust eines Geschwisters kann zudem langfristige Auswirkungen auf das Leben und die psychische Gesundheit haben, bis hin zu einer erhöhten Mortalitätsrate im Vergleich zu nicht trauernden Geschwistern. Daher ist es wichtig, spezielle psychotherapeutische und psychosoziale Unterstützung für trauernde Geschwister bereitzustellen.

Literatur

Alderfer, M. A. & Hodges, J. A. (2010). Supporting siblings of children with cancer: A need for family–school partnerships. *School Mental Health*, 2(2), 72–81.
Alderfer, M. A., Long, K. A., Lown, E. A., Marsland, A. L., Ostrowski, N. L., Hock, J. M. & Ewing, L. J. (2010). Psychosocial adjustment of siblings of children with cancer: a systematic review. *Psycho-Oncology*, 19(8), 789–805.
Balk, D. (1983). Adolescents' grief reactions and self-concept perceptions following sibling death: A study of 33 teenagers. *Journal of Youth and Adolescence*, 12(2), 137–161.
Bonanno, G. A., Papa, A. & O'Neill, K. (2001). Loss and human resilience. *Applied and Preventive Psychology*, 10(3), 193–206.
Cain, A. C., Fast, I. & Erickson, M. E. (1964). Children's disturbed reactions to the death of a sibling. *American Journal of Orthopsychiatry*, 34(4), 741.
Cohen, O. & Katz, M. (2015). Grief and growth of bereaved siblings as related to attachment style and flexibility. *Death Studies*, 39(3), 158–164.

Davies, B. (1991). Long-term outcomes of adolescent sibling bereavement. *Journal of Adolescent Research, 6*(1), 83–96.
Dijkstra, I. C. (2000). *Living with loss. Parents Grieving for the Death of Their Child.* Febodruk.
Dunn, R. G. & Morrish-Vidners, D. (1987). The psychological and social experience of suicide survivors. *OMEGA – Journal of Death and Dying, 18*(3), 175–215.
Dyregrov, K. & Dyregrov, A. (2005). Siblings after suicide – »The forgotten bereaved.« *Suicide & Life-Threatening Behavior, 35*(6), 714–724.
Dyregrov, K., Dyregrov, A. & Kristensen, P. (2014). Traumatic bereavement and terror: the psychosocial impact on parents and siblings 1.5 years after the July 2011 terror killings in Norway. *Journal of Loss and Trauma, 20*(6), 556–576.
Dyregrov, K., Nordanger, D. & Dyregrov, A. (2003). Predictors of psychosocial distress after suicide, SIDS and accidents. *Death Studies, 27*(2), 143–165.
Eilertsen, M.-E. B., Eilegård, A., Steineck, G., Nyberg, T. & Kreicbergs, U. (2013). Impact of social support on bereaved siblings' anxiety: a nationwide follow-up. *Journal of Pediatric Oncology Nursing, 30*(6), 301–310.
Herberman Mash, H. B., Fullerton, C. S. & Ursano, R. J. (2013). Complicated grief and bereavement in young adults following close friend and sibling loss. *Depression and Anxiety, 30*(12), 1202–1210.
Hogan, N. S. & Greenfield, D. B. (1991). Adolescent sibling bereavement symptomatology in a large community sample. *Journal of Adolescent Research, 6*(1), 97–112.
Horsley, H. & Patterson, T. (2006). The effects of a parent guidance intervention on communication among adolescents who have experienced the sudden death of a sibling. *The American Journal of Family Therapy, 34*(2), 119–137.
Hughes, P., Turton, P., Hopper, E., McGauley, G. A. & Fonagy, P. (2001). Disorganised attachment behaviour among infants born subsequent to stillbirth. *Journal of Child Psychology and Psychiatry, 42*(06), 791–801.
Jordan, J. R. (2001). Is suicide bereavement different? A reassessment of the literature. *Suicide and Life-Threatening Behavior, 31*(1), 91–102.
Kersting, A., Brähler, E., Glaesmer, H. & Wagner, B. (2011). Prevalence of complicated grief in a representative population-based sample. *Journal of Affective Disorders, 131*(1–3), 339–343.
Maple, M., Edwards, H., Plummer, D. & Minichiello, V. (2010). Silenced voices: hearing the stories of parents bereaved through the suicide death of a young adult child. *Health & Social Care in the Community, 18*(3), 241–248.
McCown, D. E. & Davies, B. (1995). Patterns of grief in young children following the death of a sibling. *Death Studies, 19*(1), 41–53.
McCown, D. E. & Pratt, C. (1985). Impact of sibling death on children's behavior. *Death Studies, 9*(3–4), 323–335.
Miller, L. (2009). Family survivors of homicide: I. Symptoms, syndromes, and reaction patterns. *The American Journal of Family Therapy, 37*(1), 67–79.
Nolbris, M. & Hellström, A.-L. (2005). Siblings' needs and issues when a brother or sister dies of cancer. *Journal of Pediatric Oncology Nursing, 22*(4), 227–233.
Packman, W., Horsley, H., Davies, B. & Kramer, R. (2006). Sibling bereavement and continuing bonds. *Death Studies, 30*(9), 817–841.
Pantke, R. & Slade, P. (2006). Remembered parenting style and psychological well-being in young adults whose parents had experienced early child loss. *Psychology and Psychotherapy: Theory, Research and Practice, 79*(1), 69–81.
Poltorak, D. Y. & Glazer, J. P. (2006). The development of children's understanding of death: cognitive and psychodynamic considerations. *Child and Adolescent Psychiatric Clinics of North America, 15*(3), 567.
Range, L. M. & Calhoun, L. G. (1990). Responses following suicide and other types of death: The perspective of the bereaved. *OMEGA – Journal of Death and Dying, 21*(4), 311–320.
Ridley, A., & Frache, S. (2020). Bereavement care interventions for children under the age of 18 following the death of a sibling: a systematic review. *Palliative Medicine, 34*(10), 1340–1350.
Robinson, L. & Mahon, L. (1997). Sibling bereavement: a concept analysis. *Death Studies, 21*(5), 477–499.

Rosenberg, A. R., Postier, A., Osenga, K., Kreicbergs, U., Neville, B., Dussel, V. & Wolfe, J. (2015). Long-term psychosocial outcomes among bereaved siblings of children with cancer. *Journal of Pain and Symptom Management, 49*(1), 55–65.

Rostila, M., Saarela, J. & Kawachi, I. (2012a). Mortality in parents following the death of a child: a nationwide follow-up study from Sweden. *Journal of Epidemiology and Community Health, 66*(10), 927–933.

Rostila, M., Saarela, J. & Kawachi, I. (2012b). The forgotten griever: a nationwide follow-up study of mortality subsequent to the death of a sibling. *American Journal of Epidemiology, 176*(4), 338–346.

Rostila, M., Saarela, J. & Kawachi, I. (2013a). Fatal stroke after the death of a sibling: a nationwide follow-up study from Sweden. *PLOS One, 8*(2), e56994.

Rostila, M., Saarela, J. & Kawachi, I. (2013b). Mortality From myocardial infarction after the death of a sibling: a nationwide follow-up study from Sweden. *Journal of the American Heart Association, 2*(2), e000046.

Rostila, M., Saarela, J. & Kawachi, I. (2013c). Suicide following the death of a sibling: a nationwide follow-up study from Sweden. *BMJ Open, 3*(4), e002618.

Stroebe, M. & Schut, H. (1999). The dual process model of coping with bereavement: rationale and description. *Death Studies, 23*(3), 197–224.

Sveen, J., Eilegård, A., Steineck, G. & Kreicbergs, U. (2013). They still grieve – a nationwide follow-up of young adults 2–9 years after losing a sibling to cancer. *Psycho-Oncology, 23*(6), 658–664.

Turton, P., Badenhorst, W., Pawlby, S., White, S. & Hughes, P. (2009). Psychological vulnerability in children next-born after stillbirth: a case-control follow-up study. *Journal of Child Psychology and Psychiatry, 50*(12), 1451–1458.

Valdimarsdóttir, U., Kreicbergs, U., Hauksdóttir, A., Hunt, H., Onelöv, E., Henter, J.-I. & Steineck, G. (2007). Parents' intellectual and emotional awareness of their child's impending death to cancer: a population-based long-term follow-up study. *The Lancet Oncology, 8*(8), 706–714.

Vollmann, S. R. (2014). A Legacy of Loss: Stories of Replacement Dynamics and the Subsequent Child. *OMEGA-Journal of Death and Dying, 69*(3), 219–247.

Wagner, B. (2013). *Komplizierte Trauer.* Springer.

Wagner, B., Hofmann, L. & Maaß, U. (2022). A therapist-supported internet-based intervention for bereaved siblings: a randomized controlled trial. *Palliative Medicine, 36*(10), 1532–1543.

Worden, J. W. (1996). *Children and grief: When a parent dies.* Guilford Press.

III Besondere Geschwisterbeziehungen

10 Geschwister psychisch erkrankter Menschen

Reinhard Peukert und Leonore Julius

Jede Geschwisterbeziehung ist für sich genommen besonders und hochkomplex, wie in vielen Beiträgen dieses Bandes ausgeführt. Bei dem besonderen Erleben von Kindern, Jugendlichen und Erwachsenen, deren Geschwister an einer chronischen Erkrankung bzw. Behinderung leidet (hier *Mitgeschwister*), sind einerseits Gemeinsamkeiten zu beobachten, aber auch bedeutsame Differenzen für den Lebensprozess, abhängig von Art, Ausprägung und Dauer der jeweiligen Erkrankung bzw. Behinderung. Die besondere Lebenssituation von Geschwistern eines psychisch erkrankten Menschen erweist sich in der je spezifischen Kombination von Erfahrungen und Verarbeitungsmustern, wobei eine ganze Reihe der Erfahrungen bzw. Muster für sich genommen in vielen anderen Geschwisterbeziehungen, die sogenannten gesunden Geschwister eingeschlossen, gesehen werden können.

Die herausfordernde Lebenssituation stellt sich für die Geschwister psychisch Erkrankter zumeist gerade in der Entwicklungsphase ein, in der sie mit der Herausbildung einer eigenständigen, mit sich selbst identischen und handlungsfähigen Persönlichkeit befasst sind. Der Schwerpunkt des Krankheitsbeginns bei den hier in Frage stehenden schweren psychischen Erkrankungen – schizophrene und schizoaffektive sowie schwere affektive Störungen – liegt im Jugend- und frühen Erwachsenenalter, daher sind die Mitgeschwister in der Regel nur wenig älter oder jünger. In diesem für die eigene Entwicklung bedeutsamen Altersabschnitt bringen die manifeste Erkrankung mit Diagnose und der Kontakt zum Versorgungssystem grundlegende Veränderungen für die Familie mit sich und stellt alle Familienmitglieder vor besondere Herausforderungen. Schlagartig sind die Eltern primär mit den Erkrankten und den Behandlungs- sowie Betreuungsumständen beschäftigt, das Geschwister wird als stark veränderte Persönlichkeit erlebt, das bisherige Rollen- und Interaktionsgefüge der Familie gilt nicht mehr, ohne dass sich ein neues – wenn auch nur labiles – Gleichgewicht eingestellt hätte. Dabei scheinen die Herausforderungen aus der veränderten familialen Gesamtsituation für die Mitgeschwister größer zu sein als die von allen anderen Familienmitgliedern. Diese Situation wird von vielen Mitgeschwistern in fast identischen Worten ausgedrückt:

> Bei meiner Schwester (50 Jahre alt) wurde vor gut 30 Jahren eine paranoide Schizophrenie diagnostiziert. Im Rückblick hörte damit meine durchaus glückliche Kindheit auf (Forum 21/36).

> Irgendwie habe ich meine Schwester wie sie vorher war verloren, und ich denke, ich werde sie nicht wieder zurückbekommen (Stålberg et al., 2004, S. 448).

> Er ist in den beiden Jahren einfach ein völlig anderer Mensch geworden (Sin et al., 2012, S. 56).

> Die Kommunikation mit meinem Bruder war nicht mehr auf die gewohnte Art möglich. Als der Bruder, den ich kannte, war er nicht mehr erreichbar (Samstag & Samstag, 2018, S. 23).

Die gesamte Breite der Erfahrungen, der subjektiven Verarbeitungsstrategien und der Folgen der besonderen Geschwistersituation werden in der 2022 erschienenen Monographie *Geschwister psychisch erkrankter Menschen. Übersehen – überhört – übergangen in den Familien und im Versorgungssystem* vorgestellt (Peukert & Julius, 2022). In diesem Beitrag liegt der Schwerpunkt auf Aspekten, die als Besonderheit bei der hier in Frage stehenden Geschwistergruppe hervortreten, sowie Gesichtspunkten, die sich als besonders einschneidend und prägend erwiesen haben.

10.1 Das Kernerleben als Geschwister eines psychisch erkrankten Menschen

Mit dem Einzug der Erkrankung in die Familie müssen Mitgeschwister lernen, mit dem unbekannten, schwer einzuordnenden Verhalten des erkrankten Familienmitglieds irgendwie umzugehen, sie müssen eine Neujustierung der Beziehung zu den Eltern erfahren und sie müssen ein Gefühl des Verlustes des bisher vertrauten Geschwisters in einem Trauerprozess bewältigen.

Dabei ist anzumerken: Es sind die alltäglichen Begegnungen mit dem erkrankten Geschwister und den gemeinsamen Eltern, die den Schweregrad der von den gesunden Kindern und Jugendlichen erlebten Belastungen definieren; die Art und Schwere der Erkrankung spielen bei dem Ausmaß der Belastungen eine untergeordnete Rolle (Horwitz et al., 1996; Greenberg et al., 1997; Friedrich et al., 1999; Barnett et al., 2012).

Die Mitgeschwister verstehen sich von nun an innerhalb der Familie oft als Schattenkinder (Simon, 1997; Beaulieu, 2012; vgl. auch *...nur eine Schwester?* von Mucha, 1982). Das GeschwisterNetzwerk hat zur Darstellung derselben Situation das folgende Bild in sein Logo aufgenommen (▶ Abb. 10.1).

Hier fühlt sich der Junge in einem Baum sitzend verlassen und allein, er sieht weit weg die Eltern und die erkrankte Schwester, die einander zugewandt sind. Mit Sohni (2011) könnte man formulieren: »Ihr drei habt's gut miteinander« (S. 45).

Gleichzeitig bleibt auch unter den veränderten Gegebenheiten die Geschwisterbeziehung mit all ihren Ambivalenzen erhalten, nicht selten vertieft sie sich sogar (Bock et al., 2008). Das Bedürfnis, das erkrankte Geschwister zu unterstützen, die als erdrückend wahrgenommene Hilflosigkeit sowie Konflikte mit eigenen Bedürfnissen führen zu der zentralen Ambivalenz im Erleben der Mitgeschwister: dem Wunsch, dem Geschwister nahe und zugleich fern zu sein. Der Versuch der Auflösung hat unweigerlich diverse Dilemmata zur Folge, häufig verbunden mit Schuld- und Schamgefühlen.

Abb. 10.1: Logo von GeschwisterNetzwerk.de

10.2 Impulse für die Persönlichkeitsentwicklung

Neben allen Belastungen und ambivalenten Verstrickungen lösen die mit dem Auftreten der Erkrankung einhergehenden Herausforderungen nicht selten Entwicklungsschübe aus, bei denen sich die Chance einer im Einzelfall sogar tiefgreifenden Reintegration der Erfahrungen in ein verändertes Verstehen der eigenen Person eröffnet.

Einen wichtigen Impuls zu wachsender Autonomie formulierte eine Schwester in Samstag und Samstag (2018, S. 54): »[Ich musste] überhaupt herausfinden [...], wie ich jetzt leben will, nachdem sich so vieles für mich verändert hat!« Nahezu wortgleich äußerten sich Mitgeschwister in Australien (K. E. Strohm, persönliche Mitteilung, Nov. 2017) und Deutschland: »Meine Schwester, mein Bruder hat mich zu der Person gemacht, die ich heute bin.« (Munkert & Peukert, 2009, S. 22).

Bereits in frühen Studien brachten Mitgeschwister unaufgefordert (*without prompting*) positive Aspekte ihres Erlebens ein, u.a. Selbstbewusstsein, soziale Kompetenzen, Toleranz, Stress-Resilienz.

10.3 Ähnlichkeiten und Unterschiede zum Erleben von Geschwistern mit anderen chronischen Erkrankungen bzw. Behinderungen

Mit vielen Behinderungen sowie chronischen Erkrankungen werden Mitgeschwister schon in sehr jungen Jahren, ggf. von Geburt an, konfrontiert oder sie erleben eine kontinuierlich fortschreitende Entwicklung. Bei psychischen Erkrankungen geht dem qua Diagnose objektivierten Krankheitsbeginn häufig eine mehrjährige Phase mit Vorläufersyndromen und nur kurzfristigem Aufleuchten prägnanter Krankheitssymptome voraus, die sogenannte Prodromalphase. Sie ist gekennzeichnet durch z. B. depressive Verstimmungen, Verfolgungsängste, generalisierte Todeserwartung oder übersteigerte Selbsteinschätzung (Häfner et al., 2013). Diese Beobachtungen werden sowohl von den Eltern als auch von den Mitgeschwistern alltagspsychologisch interpretiert, und selbst bei gelegentlich starker Ausprägung von Symptomen werden diese über einen langen Zeitraum hinweg nicht als psychiatrisch relevant eingeschätzt.

Mit den Turbulenzen einer krisenhaften Zuspitzung beginnt jedoch eine neue Zeitrechnung – sei die Notlage hervorgerufen durch eine akute Psychose, einen Suizidversuch, eine lebensbedrohliche körperliche Verfassung (z. B. bei Essstörungen), Situationen mit hoher Aggressivität oder sogar Gewalt. In der Regel folgt auf solche Ereignisse eine psychiatrische Behandlung, die nicht selten mit einer für alle Beteiligten traumatisierenden zwangsweisen Klinikaufnahme einhergeht.

Zumeist führt dieses Geschehen zum vollständigen (oft vorübergehenden) Zusammenbruch aller Gewissheiten, die bis dahin in der Familie gegolten haben, begleitet von dem Gefühl, aus dem bisherigen Leben herausgefallen zu sein. Es ist eine Phase, die als enorme Belastung erlebt wird und lange nachwirken kann (*Zeugentrauma* bei den nicht erkrankten Familienmitgliedern bei Miterleben der Zwangseinweisungen), wenngleich viele der Beteiligten die Diagnosestellung auch als gewisse Entlastung erleben – als Ausgangspunkt für eine Neuorientierung.

Mitgeschwister sind häufig in der Lage, die Beziehung zu dem erkrankten Familienmitglied unter den neuen Gegebenheiten aufrecht zu erhalten und deren Besonderheiten, mitunter auch Absonderlichkeiten, im Verhalten nunmehr als Ausdruck der Erkrankung zu rekonstruieren. Vor diesem Hintergrund können sie auch dann noch den Kontakt unter Geschwistern aufrechterhalten, wenn dies für Eltern und professionelle Helfer:innen im Zuge dramatischer Krankheitsverläufe (vorübergehend) unmöglich ist, und sie können im therapeutischen Prozess sehr hilfreich sein (V. Aderhold, persönliche Mitteilung, 17.03.2019). In einer Vielzahl von Studien existieren deutliche Hinweise darauf, dass Mitgeschwister daraus ein vorurteilsfreies Verständnis von psychischen Erkrankungen entwickeln und diese – u. a. – als nachvollziehbares Ergebnis dynamischer (familialer) Prozesse sehen.

Es darf jedoch nicht übersehen werden, dass die außergewöhnlichen Belastungen eine schmerzhafte Grenze überschreiten und zu negativen Entwicklungen führen können, von Kontaktabbrüchen über Verhaltensauffälligkeiten bis hin zu physischen und psychischen Störungen bei 10 bis 30 % der Kinder und Jugendlichen (Julius, 2020).

Ein Teil dieser Belastungen kann allerdings präventiv vermieden werden, indem die faktische Beteiligung der Mitgeschwister am Geschehen sowohl innerhalb der Familie als auch von professionellen Helfer:innen wahr- und ernstgenommen wird und ihnen gezielt Aufmerksamkeit geschenkt wird (GeschwisterNetzwerk, 2022).

10.3.1 Ähnliche Erfahrungen bei anderen Erkrankungen von Geschwistern

Das Erleben bei Geschwistern von z. B. an Krebs Erkrankten und von Opfern schwerer Unfälle ist mit hoher Wahrscheinlichkeit den Erfahrungen der Mitgeschwister psychisch Erkrankter sehr ähnlich, denn drei Kernelemente treffen auch auf sie zu:

i. das plötzliche Eintreten in einer fortgeschrittenen Entwicklungsphase;
ii. die Auflösung aller bisherigen Erlebnis- und Handlungsmuster in der Familie, verbunden mit zum Teil gravierenden Problemen im außerfamilialen Alltag (z. B. gezieltes Verstellen bzw. Verschweigen, u. a. aufgrund von Stigmatisierungsbefürchtungen);
iii. der langfristig unvorhersehbare Verlauf.

Auch die persönlichkeitsfördernde Funktion der Herausforderungen wurde empirisch bestätigt. In ihrer Studie zu an Krebs erkrankten Kindern sahen Boeger und Seiffge-Krenke (1996) einen Anteil an Geschwistern, deren Erfahrungen einen Entwicklungsimpuls auslösten, den die Autorinnen der Übernahme selbständiger und komplexer Aufgaben innerhalb der Familie zuschreiben. Wer hingegen die Chance eines Entwicklungsimpulses nicht habe oder nicht nutzen könne, den führten die Herausforderungen ggf. in eine negativ belastete, eine defizitäre Lebenssituation, die die Autorinnen in einen unmittelbaren Zusammenhang mit dem elterlichen Verhalten stellen.

Gemäß der uns vorliegenden Studien und eigenen Erhebungen sind die persönliche Situation der Mitgeschwister vor dem Erkrankungseintritt, ihre bisherige Einbindung in der Familie, ihre Rolle in der familialen Dynamik sowie die von ihnen gewählten bzw. erarbeiteten Selbstschutzmaßnahmen (Coping-Strategien) für die langfristigen Auswirkungen ausschlaggebend.

10.3.2 Unterschiedliche soziale Auswirkungen

Im Rahmen einer prospektiven, populationsbasierten Kohortenstudie (Wolfe et al., 2014) wurde in den USA die soziale Integration sowohl von Geschwistern von Kindern mit Entwicklungsstörungen als auch die von Geschwistern psychisch erkrankter Menschen erhoben. Die Erhebungsphase dieser Teilstudie lag im Jahr 2004, als die Kohorte bereits mehr als 50 Jahre lang begleitet worden war. Bei 235 identifizierten Geschwistern psychisch Erkrankter ermittelten die Autor:innen einen um bis zu vier Jahre verspäteten Schulabschluss und eine Verdoppelung der Arbeitslosenquote im Vergleich zu allen anderen Geschwistern. Bei den 337 Geschwistern von Menschen mit Entwicklungsstörungen fanden sie diesen Unterschied nicht, wohl aber weniger und spätere Eheschließungen sowie weniger Scheidungen. Die Unterschiede führen die Autor:innen auf die Andersartigkeit der spezifischen krankheits- bzw. behinderungsbedingten Erfahrungen zurück, auf die unterschiedlichen Zeitpunkte des Krankheitsbeginns sowie die Unwägbarkeiten und Unsicherheiten hinsichtlich des Krankheitsverlaufs und des Verhaltens der psychisch erkrankten Geschwister, wobei der Einfluss anderer negativer Kindheitserfahrungen kontrolliert wurde. Wegen der defizitären Versorgungssituation in den USA, die (auch) Mitgeschwister in eine Mitverantwortung zwingt, muss offenbleiben, inwieweit die Ergebnisse dieser sehr belastbaren Studie auf deutsche Verhältnisse übertragbar sind.

10.4 Gesellschaftliche Einflüsse

Hier nimmt die von den Mitgeschwistern erahnte Sicht der umgebenden Gesellschaft auf psychische Erkrankungen eine zentrale Rolle ein. Dabei sind zwei miteinander verbundene Aspekte hervorzuheben: zum einen das allgegenwärtige, vermeintliche Wissen um die genetische Komponente bei psychischen Erkrankungen – ein tiefgreifendens, in der Bevölkerung weit verbreitetes Missverständnis, das auch das Denken der Geschwister erreicht und bei ihnen unheilvolle Zukunftsängste und Lebensentscheidungen auslöst. Zum anderen ist die nach wie vor bestehende Stigmatisierung psychischer Erkrankungen zu betonen.

10.4.1 Die Vererbungsangst: Fehleinschätzung des genetischen Risikos

Nahezu alle in Deutschland und im Ausland befragten Geschwister berichten von einer Sorge, die sie sehr lange mit sich herumtragen: die Angst, selbst an einer psychischen Störung zu erkranken. Dies hat Newman bereits 1966 in der Studie zu jüngeren Brüdern von an Schizophrenie Erkrankten als eine wesentliche Belastung benannt, ebenso wie L. P. Chase 1983 in ihrer Dissertation über Themen, die Geschwister umtreiben. Auch Stålberg et al. (2004) fanden in ihrer Studie diese Angst bei Mitgeschwistern als allgegenwärtig; sie sehen darin eines der drei zentralen Themen der Geschwisterforschung, neben den geschwisterlichen Bindungen und den Bewältigungsmustern. Sie identifizieren als Basis dieser Vererbungsangst den verengenden Blick auf die Genetik, wobei das vermeintliche Wissen um die genetische Vulnerabilität zu einer deutlichen Verstärkung des subjektiven Belastungserlebens führe.

Dabei wird das genetische Risiko deutlich überschätzt. Das allgemeine Verständnis des Risikos entspricht dem Bild: »Es liegt an den Genen, es ist angeboren!« Bereits das ist ein Fehlschluss; die epigenetischen Forschungen zu psychischen Erkrankungen verweisen beim Auftreten von generationsübergreifenden Störungen auf soziale Vererbung.[1] Daneben spielen die aktuellen Belastungen aufgrund der Lebenssituation der Geschwister eine bedeutende Rolle bei der individuellen Krankheitslast.

Zwei von drei Geschwistern von an Schizophrenien Erkrankten nennen negative Auswirkungen der Erkrankung auf ihr eigenes Wohlbefinden in Form psychischer Probleme und 20% berichten von somatischen Beschwerden (Lively et al., 1995). Schon bei einer der ersten Untersuchungen von Marsh et al. (1993a) wurden als persönliche Risiken eigene psychische Probleme, insbesondere Depressionen und Angststörungen *als Reaktion auf die Belastungen* zu Protokoll gegeben. In der Studie von Bach (2018) mit Geschwistern, die sich als besonders belastet erleben, sprechen diese von Situationen, die sie als traumatisierend erlebt haben; Bach nennt diese Erfahrungen »Intrusionen«. Nahezu alle Proband:innen berichten von psychiatrisch relevanten Auswirkungen sowie von unterschiedlichen psychosomatischen Beschwerden.

In drei Studien wurde der Zusammenhang von Belastungen aufgrund der Erkrankung in der Familie mit der Entwicklung von Depressionen bei den anderen Familienmitgliedern untersucht. Krautgartner et al. (2005) fanden heraus: »Jene Angehörigen, die den Patienten häufig beaufsichtigten, die sich wegen des Patienten häufig Sorgen machten und die den Patienten oft zu motivieren versuchten, zeigten gehäuft Hinweise auf Depressivität« (S. 153). Geschwister wurden in dieser Studie nicht getrennt ausgezählt.

Smith et al. (2014) haben in einer für England repräsentativen Studie für alle Personen, die sich informell helfend, kümmernd, versorgend (*carer*) für einen kranken oder behinderten Familienangehörigen (nicht beschränkt auf psychische Erkrankungen) engagieren, das Risiko für eine psychische Erkrankung erhoben. Die Einschränkungen bei der psychischen Gesundheit der Befragten variieren mit dem Umfang des Kümmerns: Ab zehn Stunden in der Woche steigen die Werte für psychische Erkrankungen stark an.

Bei einer vergleichbaren Gruppe benennt das Australische Institut für Familienstudien ausdrücklich auch für die untersuchten Mitgeschwister Einbußen in der psychischen Gesundheit und Vitalität sowie eine erhöhte Rate an Depressionen in Abhängigkeit vom Unterstützungsbedarf des erkrankten oder behinderten Familienmitglieds (Edwards et al., 2008).

Die Studienergebnisse können so verstanden werden: Die von den Mitgeschwistern erlebten Belastungen sind ein wesentlicher Faktor für die in vielen epidemiologischen Studien gefundenen Erkrankungshäufigkeiten – und dies steht ausdrücklich im Einklang mit den Forschungsergebnissen namhafter Genetiker:innen (vgl. Exkurs in Peukert & Julius, 2022).

---

1 Siehe hierzu den auf internationalen Forschungen basierenden Exkurs *(Epi)Genetik und soziale Erfahrung* in Peukert und Julius (2022).

Betrachtet man die reine Statistik – also unabhängig von der anteiligen Wirkkraft der genetischen, der epigenetischen oder der aus den aktuellen Lebensproblemen erwachsenden Einwirkungen –, so ist die Wahrscheinlichkeit eines Mitgeschwisters, z.B. an einer Schizophrenie zu erkranken, denkbar gering. Nach bereits als historisch zu bezeichnenden Daten liegt sie bei knapp über 7% (Häfner et al., 1995), den nahezu gleichen Wert liefert allerdings auch eine sehr große Studie aus Taiwan (Cheng et al., 2018). Im Übrigen sagen diese Prävalenzdaten absolut nichts aus über die Verursachung und/oder Auslöser einer Erkrankung, obwohl dies immer wieder so ausgelegt wird.

10.4.2 Folgen der Vererbungsangst

Haben Mitgeschwister erst einmal die Frage nach einer möglichen eigenen psychischen Erkrankung aufgeworfen, richten viele von ihnen ihre Aufmerksamkeit auf sich selbst, um herauszufinden, ob sie bereits etwas Symptomatisches an sich entdecken. Dies verstärkt die Vererbungsangst zusätzlich. Eltern unterstützen diese Ängste noch, wenn sie – ob bewusst oder nicht – ihre gesunden Kinder auf Krankheitszeichen hin beobachten (Schmid et al., 2005). Mitgeschwister, die bereits eigene Kinder haben, bestätigen diesen Befund.

> [Eine Mutter] hat drei gesunde Kinder, ertappt sich jedoch immer wieder dabei, wie sie ihre Kinder sorgfältig beobachtet, um eventuelle Auffälligkeiten früh genug zu bemerken (Schmid & Peukert, 2003, S. 4).

> [Eine andere Schwester] hat aus eben dieser Angst ihr Kind bereits mit fünf Jahren zur Psychologin gebracht. Die Angst sitze tief, sagt sie […]. Sie glaube jedoch […], dass nicht nur ›die biologische Schiene‹ […] für eine Erkrankung verantwortlich sein könne (Schmid & Peukert, 2003, S. 4).

Vor diesem Hintergrund stellen sich viele der befragten Geschwister eine weitere Frage: Kann ich es verantworten, eigene Kinder zu bekommen? Die Befürchtung, ein eigenes Kind könne psychisch erkranken, führt in einigen Fällen sogar zur Vermeidung von Beziehungen: »Er hat sich von seiner Freundin getrennt, und einer der Gründe ist, dass er keine Kinder haben möchte« (Sin et al., 2012, S. 56).

In den USA haben Marsh et al. (1993a) eine erhöhte Single-Quote unter Geschwistern von psychisch erkrankten Menschen festgestellt, ebenso Greenberg et al. (1999). In der Studie von Lukens et al. (2004) waren von 19 Proband:innen (Durchschnittsalter 43 Jahre) zehn nie verheiratet und nur zwei hatten Kinder. Die meisten anderen hatten eine aktive Entscheidung getroffen, kinderlos zu bleiben. Sie führen das zurück auf die Angst vor einer genetischen Disposition und die Angst vor zunehmenden Belastungen durch den Umgang mit der psychischen Erkrankung des Geschwisters (Lukens et al., 2004, S. 491).

> Ich bin jetzt Single, aber ich habe beschlossen, dass ich keine Kinder haben möchte, weil ich das Ganze nicht noch einmal durchmachen kann. Also, das ist schon ziemlich hart. (Lukens et al., 2004, S. 493)

10.4.3 Stigma und Scham

Mehr als die Hälfte der Geschwister bei Schmid et al. (2006) gab die Erfahrung von Unverständnis und Ablehnung an, 38% nannten Ängste und Hemmungen insbesondere angesichts neuer Sozialkontakte, wobei in einer weiteren Studie jüngere Geschwister deutlich mehr Ängste vor Stigmatisierung und Peinlichkeiten äußerten als ältere (Greenberg et al., 1997). Bei Friedrich et al. (1999) berichten 60% der befragten Geschwister von erlebten Peinlichkeiten und Scham aufgrund des unkalkulierbaren und auffälligen Verhaltens der erkrankten Familienmitglieder.

Nicht (nur) die faktische Stigmatisierung ist »die zweite Erkrankung«, wie Finzen (2013, S. 9) es nannte, oder die Erfahrung einer »pain second-hand« (Braaten, 2018). Das Problem der Person, der ein Stigma angeheftet werden *könnte*, ist ein anderes. Es stellen sich bei nahezu jedem sozialen Kontakt unvermeidlich zwei Fragen:

i. Weiß mein Gegenüber um mein potenzielles Stigma, weiß die Person also um die meiner Lebenssituation innewohnende Möglichkeit, mich zu stigmatisieren, oder weiß sie darum (noch) nicht?
ii. Ist mein Gegenüber eine Person, der ich mich offenbaren kann (mein Stigma zeigen kann), oder sollte ich das lieber lassen, um ihre Akzeptanz, Zuneigung usw. nicht zu verlieren?

Es ist leicht vorstellbar, was daraus entstehen kann. Die Beziehung zu Gleichaltrigen wird belastet, da man ständig die Thematisierung des Geschwisters vermeiden muss und quasi ein Doppelleben führt.

> Ein Erkrankter in der Familie ist eine Geschichte, die viele, viele Jahre nicht erzählt wird. […] Deswegen schweigt man, man weiß ja, was für Stigmata das mit sich bringt (Gagi K., 2019, S. 123).

> Du erkennst bereits als Kind: Du bist eine stigmatisierbare Person, Du kannst stigmatisiert und abgewertet werden … – und so lernst Du zu schweigen. […] Du läufst ein Leben lang mit einer Geheimhaltung durchs Leben, weil Du über Deinen Bruder nichts Unverfängliches erzählen kannst. Das zieht viele andere Lügen nach sich. […] Du lebst ein zweites Leben (Peukert, 2019, S. 110 f.).

In einer anders gearteten Stigmatisierbarkeit sieht Cornelia Zöberlein (persönliche Mitteilung, Sept. 2017) einen wesentlichen Grund für Mitgeschwister, sich selbst ein Schweigegebot aufzuerlegen. Kommen die Geschwister aus einem »schwierigen« Elternhaus, so »befürchten [sie], dass diese Tatsache aufgedeckt wird. […] Gleichzeitig wollen jene, bei denen dies nicht zutrifft, nicht in eine solche Schiene gezogen werden.« Eine tiefe Verunsicherung wird bei allen sozialen Kontakten mit Personen erlebt, die für einen selbst wichtig sind,

i. weil sie einem als Freund:innen oder potenzielle Partner:innen mehr als andere Menschen bedeuten,
ii. weil sie für die eigene schulische bzw. berufliche Laufbahn von Bedeutung sind,
iii. oder weil deren Bewertungen und Urteile für die aktuelle berufliche bzw. private Situation von herausragender Bedeutung sind, wie z. B. die Eltern von potenziellen Lebenspartner:innen.

Als Ergebnis können unterschiedliche Beziehungsprobleme auftreten, z. B. mangelndes Vertrauen in (intimen) Beziehungen und Schwierigkeiten, Verpflichtungen einzugehen (Barak et al., 2005).

In einer englischen Studie zu Geschwistern von Ersterkrankten wurde eine Verstärkung der Einsamkeits- und Isolationsgefühle aufgrund der potenziellen Stigmatisierbarkeit beobachtet, weshalb es viele der Mitgeschwister vermieden, ihre Belastungen mit Freund:innen oder Lehrer:innen zu teilen (Sin et al., 2012).

Zahlreiche Geschwister (aber auch Kinder) von psychisch erkrankten Menschen schlagen eine berufliche Laufbahn in der oder im näheren Umfeld der Psychiatrie ein. In der Studie von Bock et al. (2008) traf dies beispielsweise auf über die Hälfte der Befragten zu. Inzwischen gibt es einige Belege, die zeigen, mit welcher Mühe manche dieser Menschen ihren familialen Hintergrund verbergen – häufig sogar bis zu ihrer Pensionierung. Stellvertretend dafür möge das folgende Beispiel von Luc Ciompi stehen, einem international anerkannten Sozialpsychiater, der viele Menschen im deutschsprachigen Raum mit seinen an Humanität orientierten Auffassungen und Studien beeinflusst hat. Ciompi hat erst nach seiner Emeritierung erstmals davon gesprochen, selbst Angehöriger zu sein.

> Ich habe immer noch aus dem gleichen, von der Kindheit herstammenden Gemisch aus Hemmung, Scham und Gefühl von Familienschande so lange nicht offen über meine schizophreniekranke Mutter zu sprechen gewagt. Seit ich das immer freier tue, stelle ich fest, dass dies offenbar auch auf manche andere Angehörige befreiend und beruhigend wirkt (Peukert, 2015, S. 78).

10.5 Die Angst vor einem Suizid der erkrankten Geschwister

Zum schwerwiegendsten Erleben im Verlauf gehört die Konfrontation mit den Suizidgedanken der erkrankten Geschwister. Hauschild (2019) bestätigt, dass die meisten Mitgeschwister Erfahrungen mit derartigen Todeswünschen der erkrankten Familienmitglieder gemacht haben. In zahlreichen Beispielen beschreibt sie Ängste, Verzweiflung, »lähmendes Leid«, aber auch Ambivalenzen und Wut, die diese permanente Bedrohung begleiten.

> Wenn sie die Furcht um ihn zulässt, so ihre Annahme, übertreibe sie womöglich in ihrer Sorge. Wenn sie den Gedanken wegdrückt, dass ihr Bruder sich etwas antun könnte, dann versagt sie ihm ihre Hilfe. Allein bleibt sie mit diesem Dilemma zurück (Hauschild, 2019, S. 52).

> Die Angst um die Schwester ist größer als die Angst vor der eigenen Überforderung mit dem Leid (Hauschild, 2019, S. 67).

> Ich hatte wieder Angst, meine Schwester nimmt sich das Leben, hatte auch für mich Angst, was noch wieder alles kommt, hatte wieder dieses schlechte Gewissen, warum ich nicht

helfen kann, und auf der anderen Seite wieder Wut, warum ich nicht ein normales Leben leben kann (Forum 51/119).

Die Furcht vor einem Suizid ist nicht unbegründet. In einer landesweiten norwegischen Studie wurden 70 Geschwister von Personen untersucht, die sich vor dem 30. Lebensjahr selbst töteten; in neun von zehn Fällen lag den Suiziden eine psychische Erkrankung zugrunde (Dyregrov et al., 2005). Nach Naber (1999) sind die Suizide bei psychisch Erkrankten mehr als zehnmal häufiger als in der Gesamtbevölkerung. Dies gilt auch für Kinder und Jugendliche im Vergleich zu Gleichaltrigen (Neurologen und Psychiater im Netz, 2023).

Nach der unwiderruflichen Selbsttötung eines Geschwisters werden die Hinterbliebenen mit verschiedensten Gefühlen konfrontiert: Trauer, Angst, depressive Stimmung, Schuldgefühle, den Suizid nicht verhindert zu haben, Scham, Stigmatisierung – aber auch Wut dem Geschwister gegenüber bei gleichzeitigen Schuldgefühlen aufgrund dieser Wut (Dyregrov et al., 2005; ▶ Kap. 9). Selbst nach dem Suizid trat bei einem Drittel der befragten Geschwister deren Bedürfnis in den Vordergrund, die Eltern zu schützen und den eigenen Kummer zu verbergen. Gleichzeitig fühlten sie sich jedoch in ihrem Leid von den Eltern übersehen: »Wir sind nur Geschwister« (Dyregrov et al., 2005, S. 718).

Der vollzogene Suizid führt nicht selten zu der Erkenntnis, sich in trügerischer Sicherheit gewogen zu haben, wobei die Sicherheit auf der Annahme basierte, eine gute geschwisterliche Beziehung und vertrauensvolle Nähe könne vor einem Suizid des Geschwisters schützen.

> Es hat mich Jahre gekostet, bis ich erstmals über die Selbsttötung meines Bruders öffentlich sprechen konnte. Endlich konnte ich äußern, welche Bedeutung sein Leben und sein Tod für mich hatten und haben. Mein Bruder Ingo hat mich unter anderem viel über das Innenleben psychisch erkrankter Menschen gelehrt und damit auch über psychische Erkrankungen; sein Suizid hat mich Demut gelehrt, verbunden mit der Einsicht, schwere Schicksalsschläge als das hinzunehmen, was sie sein können: Schicksal, das sich auch mit bestem Wollen und Handeln nicht ändern lässt (Peukert, 2008, S. 124 f.).

10.6 Zum Umgang mit dem Erleben als Mitgeschwister

Alle Familienangehörigen sehen sich gezwungen, aufgrund des subjektiven Erlebens des zum Teil verstörenden, eventuell sogar beängstigenden Verhaltens der erkrankten Person, dieses nicht erwartbare Verhalten mit ihren je individuellen Voraussetzungen und Bedürfnissen irgendwie in Einklang zu bringen. Als Folge davon bilden sich familiale Praxen (Einstellungs- und Handlungsmuster) und deutliche Veränderungen der familialen Rollen heraus.

Eine hervorstechende Praxis ist das funktionale familiale Schweigen; es dient dazu, ein einmal gefundenes labiles Gleichgewicht nicht zu stören. Kurz- und mittelfristig kann es zur Stabilisierung der familialen Strukturen beitragen, langfristig birgt es jedoch Risiken und verhindert Weiterentwicklungen.

Eine weitere häufig zu beobachtende Praxis bei Mitgeschwistern ist das Moratorium, d. h. das sehr frühzeitige und zeitweilige physische Verlassen der Familie um der eigenen Persönlichkeitsentwicklung willen – ohne dabei die Herkunftsfamilie endgültig zu verlieren. Aber auch der endgültige Bruch ist eine zu beobachtende Reaktion, die in der Literatur als »unhealthy escape« (Kinsella et al., 1996, S. 29) bezeichnet wird.

10.6.1 Spezifische Rollenübernahme

Die Geschwister der erkrankten Person müssen in dieser Gemengelage eine neue, den Veränderungen Rechnung tragende und zugleich ihnen entsprechende Nische im Beziehungsgeflecht ihrer Herkunftsfamilie kreieren und besetzen. Sie bewältigen diese Herausforderung, indem sie spezifische Rollen einnehmen, die aus ihren familialen Erfahrungen erwachsen und mit je spezifischen Haltungen, Erwartungen und Verhalten verknüpft sind:

- das übersehene Kind,
- das wütende und um Wahrnehmung kämpfende Kind,
- das zunächst übersehene Kind, das sich zum feindseligen erwachsenen Geschwister entwickelt,
- das Kind in einer Nebenrolle, das sich zum engagierten und produktiven Erwachsenen entwickelt,
- das vermeintlich große starke Kind, das sich selbst als kleines schwaches Kind sieht,
- das moderierende Kind, das familiale Konflikte zu regeln versucht.

Die Einnahme dieser Rollen löst jedoch in keiner Weise die Ambivalenzen und Dilemmata, die sich aus der Lebenssituation als Geschwister einer psychisch erkrankten Person ergeben.

10.6.2 Die Sorge um die Eltern

Das Erleben wird begleitet von einem sorgenvollen Blick auf die Eltern. Die Geschwister haben Angst, ihre Eltern könnten Schaden nehmen – und viele sind daher bereit, weit über ihre altersgemäße Hilfsbereitschaft hinaus zu gehen. Dies verbindet sich mit einem für die Geschwister schädlichen Motiv, nämlich dem handlungsrelevanten Wunsch, die Enttäuschung und Trauer der Eltern durch besondere Leistungen zu kompensieren.

10.6.3 Die unterschwellige Verpflichtung zur Sorge für das kranke Geschwister

Bereits sehr schnell nach dem Einzug der Erkrankung in die Familie verspüren Mitgeschwister die implizite, nicht selten auch explizite Aufforderung, sich um das erkrankte Geschwister zu kümmern. Dies ist für die aktuelle Situation deutlich weniger beängstigend als für die weitere Zukunft: Sie erkennen die Erwartung der Eltern, deren Rolle zu übernehmen, wenn die Eltern dies aus Altersgründen nicht mehr können. Nicht selten beeinflusst diese Aussicht Lebensentscheidungen persönlicher und beruflicher Art. Dazu gehört auch die Option, die als Zumutung empfundene Erwartungshaltung mit allen Konsequenzen abzulehnen. In der Praxis zeigt sich jedoch, wie die frühzeitige Auseinandersetzung mit allen Beteiligten Wege eröffnen kann, die für die Parteien akzeptabel sind.

10.6.4 Coping-Strategien

In diesem hochkomplexen Umfeld entwickeln alle Geschwister Selbstschutzmaßnahmen, die die Spannungen, Fremdansprüche und selbst definierte Herausforderung für jeweils einen gewissen Zeitraum lebbar machen. Eine Vielzahl von Studien mit unterschiedlichem Design (z. B. Marsh et al., 1993; Kinsella et al., 1996; Stålberg et al., 2004; Sin et al., 2012; Avcıoğlu et al., 2019) bestätigen eigene Erhebungen aus Interviews und Geschwistertreffen (z. B. Peukert, 2003; Peukert, 2008a; Munkert & Peukert, 2009; Julius et al., 2019). Danach kann grob nach kognitiven (*problem-focused*) und emotionalen (*emotion-focused*) Strategien unterschieden werden, die von sieben Kategorien abgebildet werden:

i. die psychisch-mentale Strategie – Abschwächung der Bindung zum Geschwister und/oder den Eltern,
ii. die kognitive Vermeidung – Ablenkung, Rückzug, Isolation,
iii. die soziale Strategie – Aktivierung von Unterstützung im sozialen Umfeld,
iv. die Re-Interpretation als Sinngebung für das eigene Leben – Engagement für das erkrankte Geschwister, soziales Engagement, Spiritualität,
v. die objektivierende Professionalisierung – Wissenserwerb, intellektuelle Distanzierung, Gewinnung von Souveränität,
vi. die physische Strategie – Moratorium oder konstruktive Flucht, (zeitweiliger) Kontaktabbruch,
vii. die systemische Strategie – funktionales familiales Schweigen, Selbstzensur, Sich-unsichtbar-Machen.

Alle Coping-Strategien enthalten das Moment der Distanzierung von den bedrängenden Erfahrungen und Gefühlen und allen ist gemeinsam, dass sie in bestimmten Lebensphasen die Kohärenz fördern, in anderen jedoch die persönliche Entwicklung konterkarieren können.

Auch wenn es in Studien bisher nur wenige Hinweise darauf gibt, welche Bewältigungsstrategie für welche Mitgeschwister in welcher Lebenssituation besonders förderlich sein könnte, so darf doch aus den Zusammenhängen eine vorsichtige Empfehlung für die Mitgeschwister abgeleitet werden: Es ist wertvoll, sich mit den eigenen Coping-Strategien auseinanderzusetzen, sich diese bewusst zu machen und im Lichte der obigen Ausführungen zu reflektieren.

10.7 Unterstützungsangebote und therapeutische Interventionen

Das zentrale Anliegen ist zugleich die zentrale Herausforderung aller Hilfen für Geschwister psychisch erkrankter Menschen. Sie müssen zunächst einmal wahrgenommen und beachtet werden als relevanter Teil der betroffenen Familie, in ihrer je besonderen Belastungssituation, in ihrer jeweiligen funktionalen Rolle in der jeweiligen Familie, mit ihren je individuellen Bedürfnissen und Bedarfen. Dies ist eigentlich so selbstverständlich, dass es nicht erwähnt werden müsste – aber die gegenwärtige Versorgungsrealität ist nach wie vor eine andere.

Unabhängig davon darf von enormen Selbstheilungskräften von Geschwistern ausgegangen werden, selbst unter höchst belasteten Bedingungen. Dies darf aber nicht dazu führen, sie weiterhin *außen vor* zu halten.

In etlichen Studien haben Mitgeschwister ihren Unterstützungsbedarf selbst formuliert (z. B. Marsh et al., 1993; Hatfield & Lefley, 2005; Friedrich et al., 2008; Sin et al., 2012; Amaresha et al., 2014). Auch ihre zentrale Forderung lautet: als eigenständige Mit-Leidende und Mit-Handelnde wahrgenommen zu werden, sowohl im familialen und weiteren sozialen Umfeld als auch im Versorgungssystem.

Die Wirksamkeit möglicher Unterstützungsangebote unterliegt dem Einfluss der jeweiligen persönlichen Situation des Mitgeschwisters, insbesondere von Alter und Geschlecht sowie dem sozio-kulturellen Hintergrund. Zudem spielt die Dauer der Erkrankung des Geschwisters eine erhebliche Rolle; die subjektiven Belastungen relativieren sich, entsprechend verändern sich auch die Reaktionen sowie der Unterstützungsbedarf. Für Eltern und Partner:innen von erkrankten Personen haben dies Bäuml et al. (1998) belegt; eigene Erhebungen legen eine Übertragbarkeit des Befundes auf Mitgeschwister nahe (Schmid & Peukert, 2003).

Bei der überwiegenden Mehrheit von Mitgeschwistern erweisen sich Gesprächsangebote als hinreichend, sei es in einem stabilen sozialen Umfeld (ohne Befürchtung von Stigmatisierung), sei es im Austausch mit Peers, in (leider selten angebotenen) Angehörigengesprächen oder auch durch auf Mitgeschwister ausgerichtete Psychoedukation. Bei jungen Mitgeschwistern haben sich Exklusiv-Zeiten mit Eltern oder anderen Verwandten bewährt.

> Und dann bin ich zu der Gruppe gegangen, und dann war ich plötzlich zuhause und zum ersten Mal habe ich begriffen, dass ich nicht alleine bin. Es gibt andere Leute, die genau diese Geschichte durchmachen, die sich die gleichen Fragen stellen. […] Und der Schmerz und das Erleben, das geht alles nicht weg. Aber die Gespräche in der Gruppe helfen! (Peukert, 2019, S. 112)

Bei einer kleineren Gruppe von Mitgeschwistern (10 bis 30 %, ▶ Kap. 10.3) besteht dagegen ein höherer Hilfebedarf. Diese Geschwister können die eigenen Ressourcen nicht erkennen und/oder nutzen, sie leben in einem prekären Umfeld oder sie wurden z. B. durch (sekundäre) Gewalterfahrung traumatisiert. In aller Regel ist die Fachlichkeit der professionellen Helfer:innen gegeben, um solche weitergehenden Bedarfe zu erkennen, abzuklären und abgestufte Unterstützungsangebote zu unterbreiten.

Dabei sollte beim Erstkontakt mit Geschwistern psychisch Erkrankter grundsätzlich von der Möglichkeit einer Traumatisierung ausgegangen werden; erfahrene Therapeut:innen werden sich mit gebührender Zurückhaltung von den Geschwistern zu dem lebensbedeutsamen Erleben führen lassen, sodass die Geschwister dieses Erleben in Erfahrung wandeln können, ohne darin unterzugehen.

10.8 Fazit

Neben den vielfältigen Belastungsaspekten einerseits sowie den positiven Auswirkungen der Herausforderungen auf die Mitgeschwister andererseits werden in den Berichten von Mitgeschwistern immer wieder Dynamiken erkennbar, die die Lebenssituationen selbst und deren Bewältigung auszeichnen. Die Beziehungen der Geschwister zueinander führen durch die Erkrankung mit ihren Belastungsmerkmalen zu geschwisterbezogenen Ambivalenzen und Dilemmata – und diese sind eingebettet in die jeweils vorliegende familiale Dynamik, die die geschwisterbezogenen Haltungen überformt. Darüber hinaus steuert die innerfamiliale Dynamik eigene Ambiguitäten und Konflikte bei. Diese entwickeln sich aus den bereits der Erkrankung vorausgehenden familialen Beziehungskonstellationen, in die die Erkrankung einbricht und Veränderungen erzwingt.

Bleibt dennoch eine familiale Struktur und ein familialer Umgang erhalten, der es den Mitgliedern nicht verwehrt, ihren Interessen und Bedürfnissen zu folgen, so spielt diese familiale Funktionalität eine herausragende Rolle für die Anpassungsfähigkeit der Mitgeschwister.

> Wir können so weit wegrennen wie wir wollen, wir können uns so viel abwenden wie wir wollen, unser kranker Bruder oder Schwester wird letztlich immer bei uns sein und uns immer auf dem Rücken sitzen. Und das ist gut so! (Peukert, 2003, S. 37)

Literatur

Amaresha, A. C., Venkatasubramanian, G. & Muralidhar, D. (2014). Needs of siblings of persons with psychosis: A systematic descriptive review. *Clinical Psychopharmacology and Neuroscience, 12*(2), 111–123.

Avcıoğlu, M. M., Karanci, A. N. & Soygur, H. (2019). What is related to the well-being of the siblings of patients with schizophrenia: An evaluation within the Lazarus and Folkman's Transactional Stress and Coping Model. *International Journal of Social Psychiatry, 65*(3), 252–261.

Bach, C. (2018). *Auswirkungen von Psychose-Erkrankungen auf die Geschwister der Erkrankten: Belastungen, Konflikte, Wünsche und Bewältigungsformen.* Unveröffentlichte Masterarbeit, Universität Kassel.

Bäuml, J., Pitschel-Walz, G. & Kissling, W. (1998). Psychoedukative Gruppen bei schizophrenen Psychosen unter stationären Behandlungsbedingungen – Ergebnisse der Münchner PIP-Studie, Aktueller Stand und Ausblick. In W. Binder & W. Bender (Hrsg.), *Angehörigenarbeit in der Psychiatrie. Standortbestimmung und Ausblick* (S. 123–172). Claus Richter.

Barak, D. & Solomon, Z. (2005). In the shadow of schizophrenia: A study of sibling's perceptions. *The Israel Journal of Psychiatry and Related Sciences, 42*(4), 234–241.

Barnett, R. A. & Hunter, M. (2012). Adjustment of sibling of children with mental health problems: Behaviour, self-concept, quality of life and family functioning. *Journal of Child and Family Studies, 21*(2), 262–272.

Beaulieu, M. J. (2012). The forgotten child: living in the shadow of a chronically ill sibling. *Perspective infirmiere; Revue officielle de l'Ordre des infirmieres et infirmiers du Quebec, 9*(3), 23–25.

Bock, T., Fritz-Krieger, S. & Stielow, K. (2008). Belastungen und Herausforderungen. Situation und Perspektive von Geschwistern schizophrener Patienten. *Sozialpsychiatrische Informationen, 38*(1), 23–31.

Boeger, A. & Seiffge-Krenke, I. (1996). Geschwister chronisch kranker Jugendlicher: Hat die chronische Erkrankung Auswirkungen auf ihre Entwicklungsmöglichkeiten? *Praxis der Kinderpsychologie und Kinderpsychiatrie, 45*(10), 356–362.

Braaten, E. (2018). *Growing up with a sibling with a disability.* The Clay Center for Young Healthy Minds. Verfügbar unter: www.mghclaycenter.org/parenting-concerns/growing-up-with-a-sibling-with-a-disability/ [Zugriffsdatum: 14.09.2023].

Chase, L. P. (1983). *Themes in the lives of well siblings of schizophrenics.* Dissertation, Saybrook Institute Pasadena, California.

Cheng, C. M., Chang, W. H., Chen, M. H., Tsai, C. F., Su, T. P., Li, C. T., Tsai, S. J., Hsu, J. W., Huang, K. L., Lin, W. C., Chen, T. J. & Bai, Y. M. (2018). Co-aggregation of major psychiatric disorders in individuals with first-degree relatives with schizophrenia: A nationwide population-based study. *Molecular Psychiatry, 23*(8), 1756–1763.

Dyregrov, K. & Dyregrov, A. (2005). Siblings after suicide – »The forgotten bereaved«. *Suicide and Life-Threatening Behavior, 35*(6), 714–724.

Edwards, B., Higgins, D. J., Gray, M., Zmijewki, N. & Kingston, M. (2008). *The nature and impact of caring for family members with a disability in Australia.* Australian Institute of Family Studies.

Finzen, A. (2013). *Stigma psychische Krankheit. Zum Umgang mit Vorurteilen, Schuldzuweisungen und Diskriminierungen.* Psychiatrie Verlag.

Forum 21/36. *Nutzerin Summer am 05.01.2018.* Forum GeschwisterNetzwerk. Verfügbar unter: https://forum.geschwisternetzwerk.de/showthread.php?tid=21&pid=36 [Zugriffsdatum: 14.09.2023].

Forum 51/119. *Nutzerin Maulwürfel am 17.04.2018.* Forum GeschwisterNetzwerk. Verfügbar unter: https://forum.geschwisternetzwerk.de/showthread.php?tid=51&pid=119 [Zugriffsdatum: 14.09.2023].

Friedrich, R. M., Lively, S. & Buckwalter, K. C. (1999). Well siblings living with schizophrenia. Impact of associated behaviors. *Journal of Psychosocial Nursing and Mental Health Services*, 37(8), 11–19.

Friedrich, R. M., Lively, S. & Rubenstein, L. M. (2008). Siblings' coping strategies and mental health services: a national study of siblings of persons with schizophrenia. *Psychiatric Services* 59(3), 261–267.

Gagi K. (2019). Geschwister nehmen das Leben als Schwester oder Bruder eines psychisch erkrankten Menschen in die eigenen Hände. In Aktion Psychisch Kranke, P. Weiß & J. M. Fegert (Hrsg.), *Planen – umsetzen – bewerten. Psychiatriepolitik gestalten* (S. 122–125). APK.

GeschwisterNetzwerk. (2022). *Im Fokus: Geschwister psychisch erkrankter Menschen. Informationen für Mitarbeiterinnen und Mitarbeiter im psychosozialen Versorgungssystem.* GeschwisterNetzwerk.

Greenberg, J. S., Kim, H. W. & Greenley, J. R. (1997). Factors associated with subjective burden in siblings of adults with severe mental illness. *The American Journal of Orthopsychiatry*, 67(2), 231–241.

Greenberg, J. S., Seltzer, M. M., Orsmond, G. I. & Krauss, M. W. (1999). Siblings of adults with mental illness or mental retardation: Current involvement and expectation of future caregiving. *Psychiatric Services*, 50(9), 1214–1219.

Häfner, H. (1995). *Was ist Schizophrenie?* Fischer.

Häfner, H., Maurer, K. & an der Heiden, W. (2013). Schizophrenie – eine einheitliche Krankheit? Ergebnisse aus 25 Jahren ABC-Studie. *Der Nervenarzt*, 84(9), 1093–1103.

Hatfield, A. B. & Lefley, H. P. (2005). Future involvement of siblings in the lives of persons with mental illness. *Community Mental Health Journal*, 41(3), 327–338.

Hauschild, J. (2019). *Übersehene Geschwister. Das Leben als Bruder oder Schwester psychisch Erkrankter.* Beltz.

Horwitz, A. V., Reinhard, S. C. & Howell-White, S. (1996). Caregiving as reciprocal exchange in families with seriously mentally ill members. *Journal of Health and Social Behavior*, 37(2), 149–162.

Julius, L., Hansen, H. & Wetterhahn, C. (2019). *Ihr seid auch meine Eltern.* GeschwisterNetzwerk. Verfügbar unter: www.geschwisternetzwerk.de/2019-julius-u-a-protokoll-seminar-hamburg/ [Zugriffsdatum: 27.12.2023].

Julius, L. (2020). *Wie viele Geschwister psychisch Erkrankter gibt es überhaupt?* GeschwisterNetzwerk. Verfügbar unter: www.geschwisternetzwerk.de/2020-2022-julius-wie-viele-geschwister-gibt-es-ueberhaupt/ [Zugriff: 14.09.2023].

Kinsella, K. B., Anderson, R. A. & Anderson, W. T. (1996): Coping skills, strengths, and needs as perceived by adult offspring and siblings of people with mental illness: A retrospective study. *Psychiatric Rehabilitation Journal*, 20(2), 24–32.

Krautgartner, M., Unger, A., Friedrich, F., Stelzig-Schöler, R., Rittmannsberger, H., Simhand, C., Grill, W., Doby, D. & Wancata, J. (2005). Risiken für Depressivität bei den Angehörigen Schizophrenie-Kranker. *Neuropsychiatrie*, 19(4), 148–154.

Lively, S., Friedrich, R. M. & Buckwalter, K. C. (1995). Sibling perception of schizophrenia: Impact on relationships, roles and health. *Issues in Mental Health Nursing*, 16(3), 225–238.

Lukens, E. P., Thorning, H. & Lohrer, S. (2004). Sibling perspectives on severe mental illness: Reflections on self and family. *The American Journal of Orthopsychiatry*, 74(4), 489–501.

Marsh, D. T., Appleby, N. F., Dickens, R. M., Owens, M. & Young, N. O. (1993). Anguished voices: Impact of mental illness on siblings and children. *Innovations and Research*, 2, 25–34.

Marsh, D. T., Dickens, R. M., Koeske, R. D., Yackovich, N. S., Wilson, J. M., Leichliter, J. S. & McQuillis, V. A. (1993a). Troubled journey: Siblings and children of people with mental illness. *Innovations and Research*, 2, 17–24.

Mucha, L. (1982). »... nur eine Schwester?« In Dörner, K., Egetmeyer, A. & Koenning, K. (Hrsg.). *Freispruch der Familie. Wie Angehörige psychiatrischer Patienten sich in Gruppen von Not und Einsamkeit, von Schuld und Last freisprechen* (S. 56–58). BALANCE buch+medien verlag.

Munkert, M. & Peukert, R. (2009). *Wenn die Geschwisterliebe auf eine harte Probe gestellt wird – aufwachsen mit einer psychisch kranken Schwester bzw. mit einem psychisch kranken Bruder.* GeschwisterNetzwerk. Verfügbar unter: www.geschwisternetzwerk.de/2009-munkert-peukert-gespraechsauswertung/ [Zugriffsdatum: 14.09.2023].

Naber, D. (1999). *Atypische Neuroleptika in der Behandlung schizophrener Patienten.* Uni-Med.

Neurologen und Psychiater im Netz (2023). *Mögliche Ursachen für Suizidabsichten und Suizid bei Kindern und Jugendlichen.* Verfügbar unter: www.neurologen-und-psychiater-im-netz.org/kinder-jugendpsychiatrie-psychosomatik-und-psychotherapie/warnzeichen/suizidabsichten-suizidversuch/moegliche-ursachen/#c737 [Zugriffsdatum: 14.09.2023].

Newman, G. (1966). Younger brothers of schizophrenics. *Psychiatry, 29*(2), 146–151.

Peukert, R. (2003). Geschwister teilen alles? Eindrücke vom ersten Treffen einiger Geschwister psychisch kranker Menschen. *Psychosoziale Umschau, 4,* 35–37.

Peukert, R. (2008). Geschwister sind auch Angehörige – wie die anderen auch, aber doch anders. In W. Binder & W. Bender (Hrsg.), *Angehörigenarbeit und Trialog. Auf dem Weg zu einer Trialogischen Psychiatrie* (S. 105–127). Claus Richter.

Peukert, R. (2008a). Endlich kommen wir auch mal zu Wort! – Überlegungen im Anschluss an das Geschwistertreffen in Hamburg am 19.04.2008. *Psychosoziale Umschau, 3,* 36–37.

Peukert, R. (2015). 40 Jahre Psychiatrie-Enquete – Bilanz der Angehörigen. In J. Armbruster, A. Dieterich, D. Hahn & K. Ratzke (Hrsg.), *40 Jahre Psychiatrie-Enquete. Blick zurück nach vorn* (S. 76–87). Psychiatrie Verlag.

Peukert, R. (2019). Geschwister nehmen das Leben als Schwester oder Bruder eines psychisch erkrankten Menschen in die eigenen Hände. In Aktion Psychisch Kranke, P. Weiß & J. M. Fegert (Hrsg.), *Planen – umsetzen – bewerten. Psychiatriepolitik gestalten* (S. 103–113). APK.

Peukert, R. & Julius, L. (2022). *Geschwister psychisch erkrankter Menschen. Übersehen – überhört – übergangen in den Familien und im Versorgungssystem.* Books on Demand.

Samstag, K. & Samstag, F. (2018). *Wahnsinn um die drei Ecken. Eine Familiengeschichte.* BALANCE buch+medien.

Schmid, R. & Peukert, R. (2003). *Auch Geschwister sind Angehörige. Werkstatt-Tag des BApK.* GeschwisterNetzwerk. Verfügbar unter: www.geschwisternetzwerk.de/2003-schmid-peukert-protokoll/ [Zugriffsdatum: 14.09.2023].

Schmid, R., Spießl, H. & Cording, C. (2005). Die Situation von Geschwistern psychisch Kranker. *Fortschritte der Neurologie, Psychiatrie, 73*(12), 736–749.

Schmid, R., Schielein, T., Spießl, H. & Cording, C. (2006). Belastungen von Geschwistern schizophrener Patienten. *Psychiatrische Praxis, 33*(4), 177–183.

Simon, C. (1997). *Mad house – Growing up in the shadow of mentally ill siblings.* Doubleday.

Sin, J., Moone, N., Harris, P., Scully, E. & Wellman, N. (2012). Understanding the experiences and service needs of siblings of individuals with first-episode psychosis. A phenomenological study. *Early Intervention in Psychiatry, 6*(1), 53–59.

Smith, L., Onwumere, J., Craig, T. E., McManus, S., Bebbington, P. & Kuipers, E. (2014). Mental and physical illness in caregivers: Results from an English national survey sample. *The British Journal of Psychiatry, 205*(3), 197–203.

Sohni, H. (2011). *Geschwisterdynamik.* Psychosozialverlag.

Stålberg, G., Ekerwald, H. & Hultman, C. M. (2004). At issue: Siblings of patients with schizophrenia: sibling bond, coping patterns, and fear of possible schizophrenia heredity. *Schizophrenia Bulletin, 30*(2), 445–458.

Wolfe, B., Song, J., Greenberg, J. S. & Mailick, M. R. (2014). Ripple effects of developmental disabilities and mental illness on nondisabled adult siblings. *Social Science and Medicine, 108*(5), 1–9.

11 Geschwister von chronisch erkrankten Kindern und Kindern mit Behinderungen

Melanie Jagla-Franke

Ziel dieses Beitrages ist es, über das mögliche Erleben von Geschwistern von Kindern und Jugendlichen mit chronischen Erkrankungen und/oder Behinderungen zu informieren. Aufgrund der Vielzahl von Erkrankungen und Behinderungen, die sich in der Form und in dem Verlauf stark unterscheiden, kann an dieser Stelle kein umfassender Überblick gegeben werden. Im Fokus steht die psychische Gesundheit der Geschwister, die durch risikoerhöhende und risikomindernde Faktoren beeinflusst wird. Weiterhin wird die Geschwisterbeziehung beleuchtet und es werden Unterstützungsangebote für Geschwister vorgestellt.

11.1 Chronische Erkrankungen und Behinderungen und ihre Auswirkungen auf gesunde Geschwister

Chronische Erkrankungen und Behinderungen im Kindes- und Jugendalter wirken sich auf die gesamte Familie und somit auch auf die Lebenswelt der gesunden Geschwister aus. Sichtbar wird dies oft anhand von einer veränderten Familiendynamik und Rollenverteilung unter den Geschwistern (Achilles, 2018). Abhängig von der familiären Anpassungsfähigkeit, der elterlichen psychischen und finanziellen Belastung sowie der Art und dem Verlauf der Erkrankung bzw. Behinderung wirken sich diese unterschiedlich auf die Familienmitglieder aus (Bredow et al., 2008). Während die Eltern im neuen Alltag dem erkrankten/behinderten Kind mehr Aufmerksamkeit und Zuwendung widmen und für das Geschwister seltener verfügbar sind, übernimmt das gesunde Geschwisterkind oftmals mehr Verantwortung bezüglich Aufgaben im Haushalt (Alderfer et al., 2010, Badnjevic, 2008; Mulroy, Roberts, Aiberti, Leonard & Bower, 2008; Tröster, 1999) oder Verantwortung für das betroffene Kind (Alderfer et al., 2010; Tröster, 1999). Die möglichen Belastungen der gesunden Geschwister sollten vor dem Hintergrund ihrer Entwicklung und der damit verbundenen (normativen) Entwicklungsaufgaben interpretiert werden. Hackenberg (1992) beschreibt, dass sie bereits 1983 zeigen konnte, dass Kinder zwischen sieben und zwölf Jahren, die mit einem behinderten Geschwister aufwuchsen, einerseits keine Auffälligkeiten im Vergleich zu gleichaltrigen Kindern zeigten, sondern sich eher offen und reflektiert beschrieben und sich an humanistischen Werten orientierten. Andererseits zeigten sich ebenfalls eine Idealisierung des behinderten Geschwisters und eine Überangepasstheit an (elterliche) Erwartungen und Normen. Etwa sieben Jahre später untersuchte Hackenberg (1992) 76 gesunde Geschwister, die auch an der ersten Untersuchung teilgenommen hatten. Bei den dann Jugendlichen zeigten sich, zusätzlich zu den Belastungen durch normative Entwicklungsaufgaben, weitere spezifische Belastungen. Die Brüder wiesen eher Auffälligkeiten hinsichtlich der Aggressivität auf, während Schwestern »eine stärkere sozial-emotionale Belastung« bei gleichzeitig »ausgeprägten sozialen Einstellungen« (S. 131) beschrieben. Weiterhin zeigten sich, abhängig von der Schwere der Behinderung, »spezifische Irritationen im Bindungs- und Ablösungsprozess im Hinblick auf die Eltern« (S. 131), d.h., die Themen Ablösung vom Elternhaus, Ausbildung, Beziehungsaufbau und Gründung einer eigenen Familie sind entwicklungstypisch für die Adoleszenz und den Übergang ins Erwachsenenalter bzw. für die Zeit des *Emerging Adulthood* (vgl. Arnett, Žukauskienė & Sugimura, 2014).

Die Literatur zeigt deutlich die Belastungen von gesunden Geschwistern auf, allerdings beschrieb Tröster (1999), dass die Geschwisterforschung aufgrund der Defizitorientierung die Anpassungsleistungen und die positiven Aspekte eher wenig berücksichtigt. Um beide Aspekte, also sowohl Belastungen als auch Ressourcen, darzustellen, soll das Risiko- und Schutzfaktorenmodell nach Scheithauer und Petermann (1999) dienen.

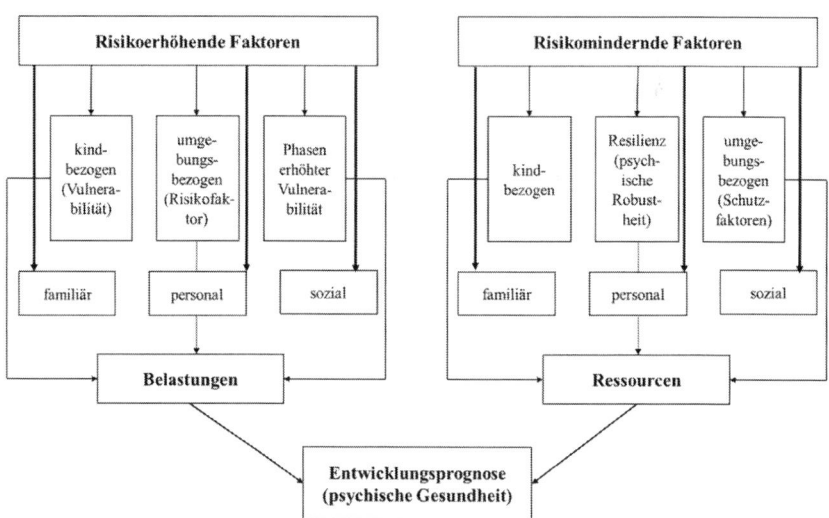

Abb. 11.1: Das Risiko- und Schutzfaktorenmodell von Scheithauer und Petermann (1999) in Verbindung mit dem Modell der psychosozialen Schutzfaktoren für Gesundheit nach Bengel et al. (2009); Abbildung erstellt in Anlehnung an Jagla (2019, S. 25).

Das Modell benennt zum einen *risikoerhöhende* Faktoren, die potentiell zu *Belastungen* führen können, und differenziert hier zwischen *kindbezogenen* sowie *umgebungsbezogenen Risikofaktoren* und *Phasen erhöhter Vulnerabilität*. Zum anderen werden *risikomindernde* Faktoren benannt, die potentiell Ressourcen darstellen.

Diese werden in *kindbezogene* sowie *umgebungsbezogene Schutzfaktoren* und *Resilienz* unterteilt. Als Erweiterung des Modells wird zusätzlich die Differenzierung von familiären, personalen und sozialen Schutzfaktoren nach Bengel, Meinders-Lücking und Rottmann (2009) eingebunden, um Entwicklungsprognosen noch besser abbilden zu können (▶ Abb. 11.1).

Im Folgenden werden die einzelnen Bereiche des Modells nacheinander beleuchtet, um darzulegen, was mit den einzelnen, potentiellen Belastungen und Ressourcen im Detail gemeint ist.

11.1.1 Risikoerhöhende und -mindernde familiäre Faktoren

Der Erhalt einer Diagnose erfordert im familiären Umfeld Anpassungsleistungen von allen Familienmitgliedern. Auf der Seite der Eltern treten emotionale, zeitliche und finanzielle Belastungen auf (Dyke, Mulroy & Leonard, 2009), die sich auch auf die gesunden Geschwister auswirken. Finanzielle Probleme (Badnjevic, 2008; Mulroy et al., 2008) führen zu Einschränkungen im Bereich der Freizeitgestaltung (Achilles, 2018; Haukeland, Fjermestad, Mossige & Vatne, 2015). Aufgrund von Belastungen im familiären System verbringen die gesunden Geschwister weniger Zeit mit den Eltern (Alderfer et al., 2010), erfahren eine elterliche Ungleichbehandlung (Yuwen, Lewis, Walker & Ward, 2017) und erhalten weniger Aufmerksamkeit (van Schoors et al., 2019). Dadurch fühlen sie sich von Eltern und Angehörigen teilweise unfair behandelt, was zu negativen Emotionen und Belastungen in der Geschwisterbeziehung führen kann (Jagla, Schenk, Franke & Hampel, 2017) – zum Teil auch dadurch, dass sie sich als »verbleibende potentielle Erfolgsträger« (Frick, 2009, S. 116) sehen, an die höhere Leistungserwartungen gestellt werden (Baumann, Dyches & Braddick, 2005). Oft wird vom familiären Umfeld implizit erwartet, dass sie *funktionieren*, auf das erkrankte/behinderte Geschwister Rücksicht nehmen (Badnjevic, 2008) und eigene Bedürfnisse hintenanstellen (Achilles, 2018). Untersuchungen von gesunden Geschwisterkindern pädiatrisch-onkologischer Patient:innen zeigen schlechtere familiäre Beziehungen (Erker et al., 2018) und dass Einschränkungen in der familiären Funktionsfähigkeit negative Auswirkungen auf die Anpassungsfähigkeit der gesunden Geschwister haben können (Long, Marsland & Alderfer, 2013). Als familiäre Risikofaktoren werden in der Literatur elterlicher Stress (Giallo & Gavidia-Payne, 2006) sowie mütterliche Depressivität (Walton & Ingersoll, 2015) benannt. McHale, Updegraff und Feinberg (2016) weisen dabei darauf hin, dass es zwischen den Geschwistern, vor allem bei Problemen, auch zu verbal und physisch aggressivem Verhalten kommen kann, was für alle Beteiligten ein zusätzliches Risiko darstellt.

Einige Erkrankungen und Behinderungen führen zu Veränderungen oder gar Rückschritten im Entwicklungsverlauf der erkrankten/behinderten Kinder, was zu einer Asymmetrie und dadurch zu Rollenkonfusion in der Geschwisterbeziehung führen kann – z. B., wenn das zweitgeborene Kind das erstgeborene in der Entwicklung »überholt« (Stoneman, 2005). Teilweise übernehmen die gesunden Geschwister dadurch verschiedene, nicht unbedingt alters-/entwicklungstypische Aufgaben und agieren als »Quasi-Eltern« (Sharpe & Rossiter, 2002), was zur Überforderung führen kann (Achilles, 2018; Jagla et al., 2017) – aber nicht muss.

Die Familie kann für ihre Mitglieder auch eine Ressource darstellen (Giallo & Gavidia-Payne, 2006), wenn die hier genannten Herausforderungen adäquat gemeistert werden und die gesunden Geschwister schneller als gleichaltrige Kinder Unabhängigkeit, Selbständigkeit und Verantwortungsbewusstsein entwickeln (Frick, 2009). Gelingt dies, können die von Gundlach et al. (2006) beschriebene überdurchschnittliche familiäre Lebensqualität, bei Familien mit Kindern mit Diabetes Typ I im Vergleich zu Familien mit gesunden Kindern aus deren Bekanntenkreis, sowie eine tiefe Verbundenheit innerhalb der Familie beobachtet werden (van Schoors et al., 2019).

Gelingt dies nicht, prägen negative Emotionen die Geschwisterbeziehung: Gesunde Geschwister von körperlich erkrankten Kindern und Jugendlichen beschreiben teils überwältigende Ängste und Sorgen um die erkrankten Geschwister (Lummer-Aikey & Goldstein, 2021). Geschwister von Kindern mit seltenen Erkrankungen beschreiben neben Ängsten und Sorgen auch Scham, Eifersucht und Ärger/Wut – Emotionen, die durch die Erkrankung bzw. deren Begleitumstände ausgelöst werden und sich auf die Geschwisterbeziehung auswirken (Haukeland et al., 2015). Geschwister von Kindern im Autismus-Spektrum (AS) äußerten, dass sie sich manchmal von den Verhaltensweisen der Geschwister »genervt« fühlen und sich wünschen, dass diese sich »normal« verhalten würden (Jagla et al., 2017). In Bezug auf Autismus ist zu berücksichtigen, dass dieser nach ICD-10 (Dilling, Mombour & Schmidt, 2015) nicht mehr als Krankheit oder Behinderung definiert wird, sondern als eine tiefgreifende Entwicklungsstörung. Inzwischen wird AS auch mit dem Begriff Neurodiversität in Verbindung gebracht. Neurodiverse Personen nehmen die Welt um sich herum anders wahr als neurotypische Personen, die quasi die gesellschaftlichen Erwartungen erfüllen. Aufgrund der tiefgreifenden Entwicklungsstörung, der damit verbundenen »anderen Wahrnehmung und Verarbeitung« der Umwelt, zeigen Personen mit AS-Verhaltensweisen, die nicht unbedingt den (gesellschaftlichen) Erwartungen entsprechen und oftmals als unangepasst gelten. Die Frage, die sich hieraus ergibt, ist, ob individuelle Verhaltensweisen und/oder die (gesellschaftlichen) Erwartungen an diese angepasst werden sollten.

All die bisher beschriebenen Emotionen sind zwischen Geschwistern, egal welcher Konstellation, zu beobachten, allerdings spielen die Intensität, die Dauer sowie die Kommunikations- und Bearbeitungsmöglichkeiten eine wichtige Rolle, wenn es um die Auswirkungen auf die Geschwister und deren Beziehung zueinander geht. Wichtig zu berücksichtigen ist zudem, dass negative Gefühle nicht allein auftreten, sondern mit positiven Emotionen gegenüber dem erkrankten Geschwister verwoben sind. Haukeland et al. (2015, S. 717) beschreiben dies beispielhaft anhand der Emotionen einer Schwester, die Eifersucht wegen der ungleichen Behandlung durch die Eltern und Verlegenheit/Scham wegen des »abnormalen« Verhaltens des Geschwisters empfindet. Auch ist sie traurig, wenn sie über den Zustand des Geschwisters nachdenkt, betont aber, dass sie glücklich über ihre empathischen Fähigkeiten ist, die sie durch das Zusammenleben entwickeln konnte. Die Beziehung zwischen Geschwistern ist also komplex und oft ambivalent.

11.1.2 Risikoerhöhende und -mindernde soziale Faktoren

Die sozialen Risikofaktoren zeigen sich vor allem in Interaktionen mit anderen und sind häufig mit negativen Emotionen verbunden. Bei Erkrankungen, die mit einem auffälligen Erscheinungsbild oder mit auffälligen Verhaltensweisen einhergehen, kann es vorkommen, dass die gesunden Geschwister, vor allem in der Öffentlichkeit, Scham empfinden. Besonders im Jugendalter ist es den gesunden Geschwistern wichtig, eher unauffällig und normkonform zu sein, um Stigmatisierung und Diskriminierung zu vermeiden; diese werden von gesunden Geschwistern durchaus beschrieben (Achilles, 2018). Oft fühlen sich nicht nur die gesunden Geschwister in der Öffentlichkeit diskriminiert bzw. ausgegrenzt, sondern die gesamte Familie, d. h. das Kind mit Behinderung, das gesunde Geschwister und die Eltern (Badnejvic, 2008). In der Regel versuchen Eltern, eine mögliche Stigmatisierung oder Diskriminierung des Kindes mit Erkrankung/Behinderung zu vermeiden, was oft durch Rückzug geschieht und eher zur Isolation der Familie bzw. einzelner Familienmitglieder führt (Achilles, 2018). Dadurch wird es auch für die gesunden Geschwister schwieriger, Kontakte zu knüpfen und aufrecht zu erhalten (Achilles, 2018). Vor allem finden sich Einschränkungen im sozialen Leben der gesunden Geschwister in Phasen, wenn das erkrankte Kind einen stationären Aufenthalt hat (Prachl & Landoldt, 2012) oder wenn die Erkrankung/Behinderung das Festhalten an familiären Routinen erfordert, die z. B. dazu führen, dass das gesunde Geschwister keinen Besuch mit nach Hause bringen darf. Ein weiterer sozialer Risikofaktor kann ein Loyalitätskonflikt sein, der sich »zwischen der Solidarität zum behinderten Geschwister und dem Wunsch nach Zugehörigkeit zu Gleichaltrigen« (Haberthür, 2005, S. 21) ausdrückt.

Der am häufigsten untersuchte risikomindernde soziale Faktor ist die soziale Unterstützung. Wenn sie aus der Peergroup der Geschwister kommt, fungiert sie als Schutz vor depressiven (Rueger, Malecki, Pyun, Aycock & Coyle, 2016) sowie ängstlichen Symptomen (Barrera, Fleming & Kahn, 2004). Soziale Unterstützung führt zudem zu einer Reduktion von Verhaltensauffälligkeiten (Barrera et al., 2004) und des Stressempfindens sowie zu einer Stärkung der Geschwisterbeziehung (Canary, 2008). Sowohl formelle als auch informelle Unterstützung aus sozialen Netzen wird von betroffenen Familien oft in Anspruch genommen (Hackenberg, 2008) und als unterstützend und positiv eingeschätzt (Canary, 2008).

11.1.3 Risikoerhöhende und -mindernde personale Faktoren

Die risikoerhöhenden personalen Faktoren, zu denen emotionale Belastungen und – bei erhöhter Vulnerabilität – auch die Ausprägung psychischer Auffälligkeiten gehören, entstehen oft durch Schwierigkeiten oder Probleme im Bereich der familiären oder sozialen Beziehungen. Studien, die emotionale Belastungen bis hin zur Ausprägung psychischer Auffälligkeiten betrachten, wurden sehr oft in der Zielgruppe der Geschwister von Kindern/Jugendlichen mit Krebserkrankungen oder im AS bzw. anderen tiefgreifenden Entwicklungsstörungen durchgeführt. Die Überblicksarbeit von Alderfer et al. (2010) konnte zeigen, dass Geschwister von krebskranken Kindern durchschnittlich unauffällige Ergebnisse hinsichtlich des Vorhandenseins von psychischen Auffälligkeiten oder psychiatrischen Erkrankungen aufwiesen (im Vergleich zu den Vergleichs- oder Normstichproben der jeweils eingesetzten Verfahren), dass es aber Subgruppen von Geschwistern gab, die Symptome von posttraumatischem Stress, ängstliche und depressive Symptome sowie eine herabgesetzte Lebensqualität zeigten. Es ist davon auszugehen, dass es sich hierbei vor allem um jüngere Geschwister handelte, die aufgrund der Veränderungen im familiären System und der reduzierten elterlichen Aufmerksamkeit vulnerabler waren (Alderfer et al., 2010). Das Alter der Kinder spielt also potentiell eine wichtige Rolle, was auf phasenweise erhöhte Vulnerabilität hindeutet (▶ Abb. 11.1). Die Befundlage ist jedoch widersprüchlich.

Alderfer und Hodges (2010) zeigten, dass die Geschwister im Vergleich zu den Normstichproben keine Auffälligkeiten hinsichtlich depressiver oder ängstlicher Symptome, aber dass sie mit der Krebserkrankung assoziierte (posttraumatische) Stresssymptome beschrieben. Das Elternurteil zeigte allerdings erhöhte Werte in Bezug auf internalisierende und externalisierende Symptome. Die Autorinnen erklären ihre Ergebnisse damit, dass es sich um eine Stichprobe von gesunden Geschwistern handelt, deren erkrankte Geschwister zwei Jahre nach Diagnosestellung noch immer in Behandlung sind und dass aufgrund der Erkrankung deutliche Einschränkungen auch in den sozialen Aktivitäten der gesunden Geschwister vorliegen (Alderfer & Hodges, 2010). Dauer der Erkrankung und Ausmaß des Hilfebedarfs bzw. Einbindung der Geschwister sind also weitere mögliche Einflussgrößen.

Posttraumatische Stresssymptome aufgrund einer Krebserkrankung fanden Kaplan, Kaal, Bradley und Alderfer (2013) bei ca. 60 % der 170 teilnehmenden Geschwister, 22 % erfüllten die Kriterien für eine Posttraumatische Belastungsstörung. Die Autor:innen erklären einerseits, dass es sich, wie auch bei Alderfer und Hodges (2010), um eine Stichprobe von gesunden Geschwistern handelt, deren erkrankte Geschwister sich gerade in Behandlung befinden, was auch für die gesunden Geschwister belastend sein kann und andererseits zeigen sie auf, dass die posttraumatischen Stresssymptome (Verärgerung, Vermeidung, intrusive Gedanken) durchaus als mögliche Verarbeitungsstrategie der Gesamtsituation verstanden werden können (Kaplan et al., 2013). Stresssymptome zeigten sich vor allem dann, wenn die gesunden Geschwister in die Behandlung ihrer krebserkrankten Geschwister, z. B. als potentielle oder tatsächliche Stammzellspender:innen, eingebunden waren (Pentz et al., 2014).

Das Aufwachsen mit einem Geschwister im AS, einer anderen tiefgreifenden Entwicklungsstörung und/oder einer intellektuellen Entwicklungsstörung (iE) kann zu personalen Risikofaktoren wie einer reduzierten Lebensqualität (Barnett & Hunter, 2012) sowie internalisierenden und externalisierenden Störungen (Thomas, Reddy & Sagar, 2016) führen. So beschrieben Petalas, Hastings, Nash, Lloyd und Dowey (2009), dass Geschwister von Kindern im AS und mit iE deutlich mehr emotionale Schwierigkeiten und Probleme aufwiesen als Geschwister von Kindern, bei denen eine iE, aber keine weitere Entwicklungsstörung vorlag.

Die schulische Leistungsfähigkeit wird in der Literatur ebenfalls als Aspekt der personalen Risikofaktoren gesehen. Familiäre und darauffolgend personale Belastungen treten besonders zur Zeit der Diagnosestellung auf (Alderfer et al., 2010; Prachl & Landolt, 2012). Geschwister von krebskranken Kindern weisen im Vergleich zu ihren Mitschüler:innen mehr Fehlzeiten und schlechtere Schulleistungen auf (Long et al., 2018).

Die risikomindernden personalen Faktoren werden unter psychischem Wohlbefinden und personalen Ressourcen zusammengefasst. So beschrieben Humphrey et al. (2015), dass Geschwister von Kindern mit lebensbedrohlichen oder lebensverkürzenden Erkrankungen im Vergleich zur Norm ein durchschnittliches Wohlbefinden aufwiesen. Shivers, Deisenroth und Taylor (2013) zeigten ein ähnliches Ergebnis bei Geschwistern von Kindern im AS. Der differenzierte Blick auf personale Ressourcen zeigt, dass Geschwister von chronisch kranken Kindern, aber vor allem von Kindern mit iE, im Vergleich zur Peergroup, eine deutlich ausgeprägtere Empathiefähigkeit haben (Perenc & Peczkowski, 2018); Schwestern von Kindern mit Erkrankungen oder Einschränkungen wiesen höhere Empathiewerte auf als Brüder (Perenc & Peczkowski, 2018). Gesunde Geschwister werden in der Literatur als verantwortungsvoll und unterstützend beschrieben (Perenc, Radochoński & Radochońska, 2015), wobei die Verantwortungsübernahme als sinnstiftend verstanden und auch außerhalb der Familie gezeigt wird (Baumann et al., 2005), was zu einer schnelleren Selbstständigkeit (Hackenberg, 2008) sowie einem positiven Selbstkonzept (Macks & Reeve, 2007) führen kann. Die beschriebenen risikomindernden Faktoren wirken sich wiederum positiv auf die Geschwisterbeziehung aus, die dann ebenfalls als Ressource erlebt wird (Hackenberg, 2008).

11.2 Geschwisterbeziehungen: Von emotionaler Nähe zu Rivalität und Macht

Die Geschwisterbeziehung kann anhand verschiedener Dimensionen charakterisiert werden (▶ Kap. 5), auch sind diese Dimensionen durch die Entwicklung von Fragebögen messbar gemacht worden (▶ Kasten 11.1).

Kasten 11.1

Psychometrische Erfassung der Geschwisterbeziehung

Zur Erfassung der Geschwisterbeziehung bei Kindern und Jugendlichen eignet sich *der Sibling Relationship Questionnaire* oder eine Kurzform (SRQ; Buhrmester & Furman, 1990; Furman & Buhrmester, 1985). Der SRQ bildet mit Hilfe von 16 Subskalen die vier übergeordneten Skalen Wärme/Nähe, relativer Status/Macht, Konflikt und Rivalität ab. Neben der 48 Items umfassenden Originalversion liegen verschiedene Kurzformen vor, diese bilden entweder die vier genannten Skalen oder nur die Skalen Wärme/Nähe und Konflikt ab. Sowohl für die Originalversion als auch für verschiedene Kurzformen liegt neben der Selbstbeurteilungsversion auch eine Version zur Fremdbeurteilung der Qualität der Geschwisterbeziehung durch die Eltern vor.

Buhrmester und Furman (1990) beschrieben für die Originalversion gute psychometrische Kennwerte. Die deutsche Version (SRQ-deu; Bojanowski, Riestock, Nisslein, Weschenfelder-Stachwitz & Lehmkuhl, 2015) umfasst 48 Items, die die 16 Subskalen abbilden, die wiederum die vier übergeordneten Skalen repräsentieren (▶ Abb. 11.2). Die psychometrische Prüfung zeigte Validitätshinweise sowie akzeptable bis sehr gute Reliabilitätskennwerte (Wärme/Nähe α=.95, Relativer Status/Macht α=.68, Konflikt α=.91, Rivalität α=.73). Normdaten aus einer Stichprobe von 961 Kindern und Jugendlichen im Alter von acht bis 18 Jahren liegen vor (Bojanowski, Riestock & Nisslein, 2019).

Für die Dimensionen Wärme/Nähe, relativer Status, Konflikt und Rivalität werden im Folgenden exemplarisch Befunde dargestellt, um die Besonderheiten für verschiedene Geschwisterkonstellationen aufzuzeigen. Teilweise lassen sich *Unterschiede auf allen Dimensionen* finden, wie z. B. beim Vergleich von Geschwistern von Kindern mit Angelman-Syndrom (einer starken körperlichen und intellektuellen Entwicklungsverzögerung und dem Fehlen der Sprachentwicklung) und Geschwister von typisch entwickelten (te) Kindern. Die Geschwister von Kindern mit Angelman-Syndrom wiesen höhere Werte bei den Skalen Wärme/Nähe, relativer Status/Macht und Rivalität sowie einen geringeren Wert bei der Skala Konflikt auf (Love, Richters, Didden, Korzilius & Machalicek, 2012). Singh und Mehra (2019) untersuchten Geschwister von Kindern mit iE und verglichen diese mit Geschwistern von te-Kindern. Hinsichtlich der Schwere der iE bildeten sie die drei Gruppen (leichte iE, moderate iE und schwere iE) und zeigten ebenfalls über alle vier Skalen hinweg statistisch signifikante Unterschiede: Die Geschwister von Kindern mit schwerer iE wiesen die höchsten Werte bei Wärme/Nähe und relativer Status/ Macht sowie die geringsten Skalenmittelwerte bei Rivalität und Konflikt auf. Auch die Geschwister von Kindern mit iE und chronischen (somatischen) Erkrankungen erreichten geringere Konfliktwerte als Geschwister von te-Kindern (Floyd, Purcell, Richardson & Kupersmidt, 2009). Insgesamt zeigen die Ergebnisse die besondere Situation von Geschwistern von chronisch kranken Kindern und Kindern mit Behinderung. Es ist davon ausgehen, dass die *Konflikte*, die unter Geschwistern *normal* sind, zwischen gesunden Geschwistern und chronisch kranken Geschwister bzw. Geschwistern mit iE eher vermieden werden. Floyd und Kolleg:innen (2009) beschreiben, dass das eher konfliktvermeidende Verhalten durch mögliche Schuldgefühle begründet sein kann. Love und Kolleg:innen (2012) weisen darauf hin, dass das Angelman-Syndrome mit einer schweren iE und Kommunikationsdefiziten eingeht, was einerseits dazu führt, dass (verbale) Konflikte kaum ausgetragen werden können und andererseits, dass Geschwister von Kindern mit iE und auch im AS eine empathische Haltung entwickeln, dass das Verhalten bzw. Verhaltensauffälligkeiten als Teil der Erkrankung/Behinderung verstanden wird und dass es deshalb nicht zu schweren Konflikten in der Geschwisterbeziehung kommt.

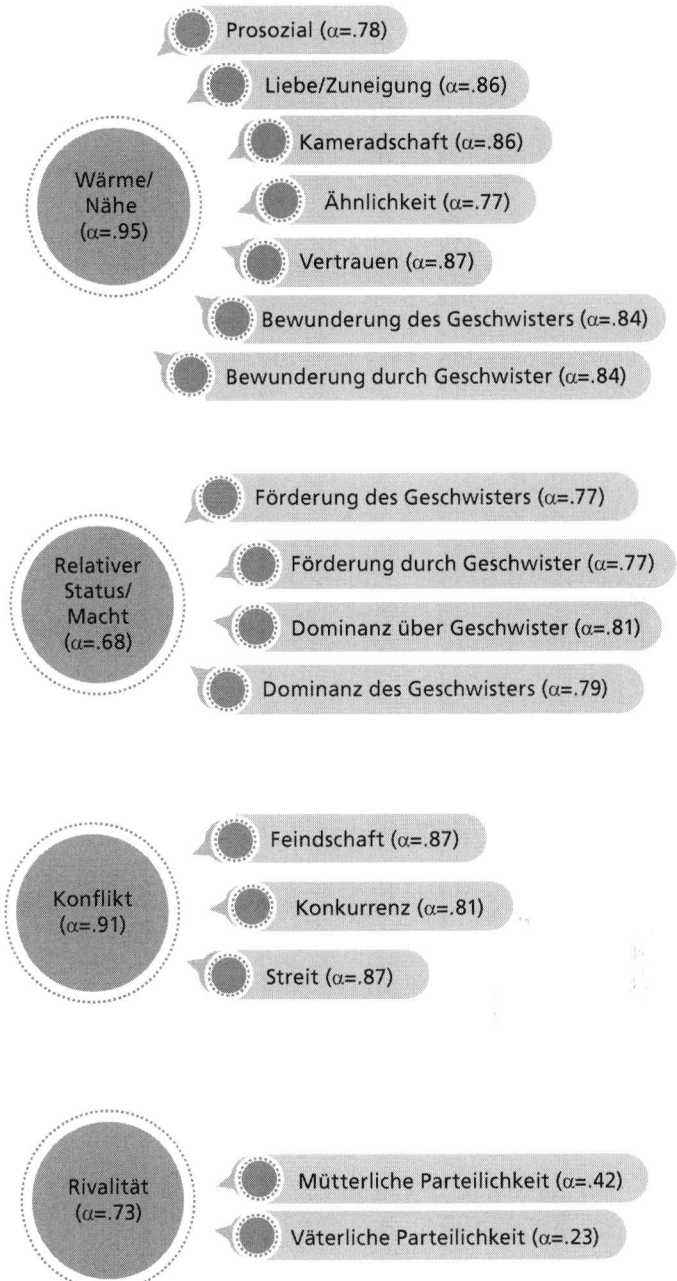

Abb. 11.2: Subskalen und Skalen des SRQ-deu (vgl. Bojanowski et al., 2015); eigene Darstellung.

Die Forschungsergebnisse in Bezug auf die Skala *Rivalität* sind nicht eindeutig und zeigen einerseits, dass die Geschwister von Kindern mit Erkrankungen oder Behinderungen eher höhere Werte bei der Skala Rivalität angeben als Geschwister von te-Kindern (Love et al., 2012), und andererseits das Gegenteil (Floyd et al., 2009, Sahli & Belgin, 2011, Zaidman-Zait, Yechezkiely & Rege, 2020). Die Ergebnisse lassen sich einerseits dadurch erklären, dass die erkrankten Geschwister bzw. Geschwister mit Behinderung wirklich mehr Aufmerksamkeit von den Eltern erhalten (Love et al., 2012) und andererseits, wie schon erwähnt, dass die gesunden Geschwister die Situation adäquat einschätzen und dadurch keine wesentliche Rivalität aufkommen lassen, wobei dies natürlich sehr vom Alter bzw. dem Entwicklungsstand des gesunden Kindes abhängt.

Fullerton, Totsika, Hain und Hastings (2016) verglichen Geschwister von Kindern mit lebensverkürzenden Erkrankungen mit Geschwistern von Kindern im AS. Sie konnten zeigen, dass die Geschwister von Kindern mit lebensverkürzenden Erkrankungen geringere *relative Status-/Machtwerte* aufwiesen als die AS-Geschwister. Der Vergleich von Geschwistern von Kindern mit iE mit te-Geschwistern zeigte, dass erstere einen höheren Wert auf der Skala Macht/relativer Status erreichten (Floyd et al., 2009). Geschwister von Kindern/Jugendlichen mit Sinnesbehinderungen wurden von Alamdarloo, Shojaee, Khaghaninejad und Asfichi (2019) sowie von Sahli und Belgin (2011) untersucht. Geschwister von blinden, gehörlosen und te-Kindern wurden von Alamdarloo et al. (2019) verglichen. Es zeigten sich signifikante Unterschiede zwischen den drei Gruppen bei der Skala Macht: Geschwister der Kinder mit Sinnesbehinderung wiesen höhere Mittelwerte auf. Auch auf der Skala Konflikt fanden sich Unterschiede: Geschwister der Kinder mit Sinnesbehinderung wiesen höhere Mittelwerte auf. Sahli und Belgin (2011) verglichen Geschwister von gehörlosen Kindern mit Geschwistern von te-Kindern und zeigten, dass Geschwister von gehörlosen Kindern signifikant höhere Mittelwerte hinsichtlich der Skalen Wärme und Macht sowie signifikant niedrigere Mittelwerte hinsichtlich der Skalen Konflikt und Rivalität beschrieben.

An dieser Stelle ist zu erwähnen, dass sich die Items der Skala relativer Status/Macht auf erzieherisch/helfende, aber auch dominierende Aspekte beziehen. Vor allem für gesunde Geschwister von Kindern mit iE oder im AS wird immer wieder beschrieben, dass diese mehr Verantwortung für ihr behindertes Geschwister übernehmen sowie das Geschwister unterstützen und ihm helfen (Achilles, 2018, Hackenberg, 1992); diese Aussagen können auf Geschwister von Kindern und Jugendlichen mit Sinnesbehinderungen übertragen werden (Sahli & Belgin, 2011).

Fast alle Studien zeigen, dass die Dimension *Wärme/Nähe* erhöht ist, wenn die Geschwisterbeziehung zwischen gesunden Geschwistern und deren Geschwistern mit Erkrankung/Behinderung untersucht wird. Dies ist besonders dann der Fall, wenn es sich um eine intellektuelle oder tiefgreifende Entwicklungsstörung handelt (Floyd et al., 2009, Fullerton et al., 2016, Zaidman-Zait et al., 2020). Sing und Mehra (2019) konnten in diesem Zusammenhang zeigen, dass der Skalenwert der Dimension Wärme/Nähe mit zunehmender Schwere der iE ansteigt. Die Autor:innen erklären dies mit der asymmetrischen Geschwisterbeziehung, die oft durch Wärme und positive Affekte und durch wenig negatives Verhalten geprägt ist (Floyd et al., 2009). Keine signifikanten Unterschiede hinsichtlich der Wärme/Nähe fand die iranische Arbeitsgruppe um Alamdarloo (2019), die Geschwister von Kindern mit Sinnesbehinderungen untersuchte und mit te-Kindern verglich. Dieses Ergebnis interpretierten sie dahingehend, dass sich die gesunden Geschwister so gut an die Beeinträchtigungen und die damit einhergehenden möglichen Schwierigkeiten im alltäglichen Zusammenleben angepasst haben, dass sie sich nicht von Geschwister mit te-Kindern unterscheiden.

Zusammenfassend ist festzuhalten, dass sich eine chronische Erkrankung oder eine Behinderung auf die Geschwisterbeziehung auswirkt, da – abhängig von der (Schwere der) Beeinträchtigung – eine asymmetrische Geschwisterbeziehung vorliegt. Die Studien zeigen, dass die gesunden Geschwister zumeist höhere Werte in der Dimension Wärme/Nähe aufweisen und abhängig von ihrem Entwicklungsstand sowie der Hilfsbedürftigkeit des Geschwisters mit Erkrankung/Behinderung Konflikte in der Geschwisterbeziehung bestehen bzw. Rivalität in Bezug auf die Eltern herrscht.

11.3 Unterstützungsangebote für Geschwister

Geschwister von chronisch kranken Kindern und/oder Kindern mit Beeinträchtigung haben, wie hier gezeigt werden konnte, ein erhöhtes Risiko für Entwicklungsschwierigkeiten, weiterhin liegen oft mehrere (soziodemografische) Risikofaktoren vor (Sievert, Kulisch, Engelhardt-Lohrke, Kowalewski & Jagla-Franke, 2023). Abhängig von der Erkrankung/Behinderung des Geschwisters können verschiedene Unterstützungswünsche bei den gesunden Geschwistern auftreten. Für Geschwister von Kindern im AS beschrieben Thomas und Kollegen (2016), dass diese sich Informationen über AS wünschen und sich gern mit anderen Geschwistern, die sich in einer ähnlichen Lage befinden, austauschen möchten, weiterhin möchten sie gern mehr Zeit mit den Eltern verbringen. Hinsichtlich der Geschwister von Kindern mit onkologischen Erkrankungen zeigte die Überblicksarbeit von Long und Kolleg:innen (2018), dass die Geschwister sich ebenfalls Informationen über die Erkrankung wünschen. Die Arbeitsgruppe konnte weiterhin aufzeigen, dass sowohl die Eltern als auch Personen, die professionelle Unterstützung für Geschwister anbieten, adäquat informiert werden sollten, wie die Bedürfnisse der gesunden Geschwister erfasst und befriedigt werden können (Gerhardt, Lehmann, Long & Alderfer, 2015).

Die Befunde zu Belastungen und Auffälligkeiten von Geschwistern chronisch kranker Kinder bzw. von Kindern mit Behinderung zeigen, dass es kaum gravierende psychische Auffälligkeiten gibt, sodass die Mehrzahl der Geschwister keine psychotherapeutische Intervention benötigt. Trotz allem sind unterstützende Angebote für diese (Risiko-)Gruppe angezeigt. Hierzu gehört laut Tröster (2013) die »angemessene Aufklärung« (S. 114), die ja auch in den Untersuchungen von Long et al. (2018) und Thomas et al. (2016) benannt wurde. Weiterhin sind eine »offene Kommunikation innerhalb der Familie« und »notwendige Freiräume« (Tröster,

2013, S. 114) wichtig. Gruppendiskussion und Selbsthilfegruppen, strukturierte Programme sowie Programme für Familien werden von Tröster (2013) als psychosoziale Unterstützungsmöglichkeiten vorgeschlagen, die verschiedene Ebenen adressieren. Selbsthilfegruppen sind in diesem Zusammenhang schwierig zu etablieren, da die Zielgruppe (Kinder und Jugendliche) keine Selbsthilfegruppe ins Leben rufen kann. Im Sinne einer angeleiteten Selbsthilfe kann aber im Rahmen einer formellen bzw. institutionalisierten Unterstützung ein Angebot erfolgen, in dem sowohl der Austausch untereinander angeleitet wird als auch eine Wissensvermittlung (Long et al., 2018, Thomas et al., 2016). Hinsichtlich der Programme für Familien bieten sich z. B. familienzentrierte Beratungsangebote an, die anraten, Gespräche mit der gesamten Familie, den Eltern und einzeln mit jedem Kind der Familie durchzuführen (Möller, Gude, Herrmann & Schepper, 2016). Die strukturierten Angebote für Geschwister beinhalten laut Tröster (2013, S. 114) »Fördermaßnahmen zur Verbesserung ihrer Stressbewältigungskompetenzen sowie gezielte Förder- und Trainingsmaßnahmen zur Stärkung ihrer Kompetenzen im Umgang mit ihrem chronisch kranken« Geschwister. Genau dieses Ziel verfolgt u. a. der GeschwisterCLUB. Dieser entwickelt bedarfsorientiert Gruppenangebote für Geschwister von Kindern mit chronischer Erkrankung oder Behinderung. Dem gesunden Geschwister soll die Möglichkeit gegeben werden, mit anderen Geschwistern in Kontakt zu kommen und sich über ihre Lebenssituation auszutauschen. Weiterhin sollen über Präventionsangebote für verschiedene Altersstufen die Stressbewältigungskompetenz gestärkt und die Ressourcen bzw. die Resilienz gefördert werden (GeschwisterCLUB, n.d.). Einen Überblick über die Angebote sowie deren erste Wirksamkeitsnachweise sind in Tabelle 11.1 dargestellt.

Tab. 11.1: Präventionsprogramme des GeschwisterCLUBs

Programm	Ziel und Setting	Zielgruppe	Evaluation
Supporting Siblings (Kowalewski et al., 2017)	Stärkung der Lebenskompetenzen, vor allem der Stressbewältigung; sechs Module, wöchentlich oder Kompaktkurs	Geschwister im Alter von 8 bis 12 Jahren	Kowalewski et al., 2014; Langner et al. 2016
GeschwisterTREFF »Jetzt bin ich mal dran!« (Spilger et al., 2015)	Ressourcenförderung (Stärkung von emotionalen Kompetenzen und des Selbstwertgefühls); acht Module, wöchentlich oder Kompaktkurs	Geschwister im Alter zwischen 7 und 14 Jahre	Engelhardt-Lohrke et al., 2020
GeschwisterTAG (Kowalewski et al., 2016)	Einstiegsangebot in der Begleitung von Geschwistern; einzelne Tage; Kennenlernen und Austausch untereinander	offenes Angebot	
Geschwister-KIDS (Zwack et al., 2022)	spielerisch und kreativ mit den Themen Gefühle, Stärken, Entspannung; acht Module, wöchentlich	Geschwisterkinder zwischen 3 bis 6 Jahre und ihre Eltern	Evaluation im Manual

Tab. 11.1: Präventionsprogramme des GeschwisterCLUBs – Fortsetzung

Programm	Ziel und Setting	Zielgruppe	Evaluation
GeschwisterTEENS (Zwack et al., 2022)	Förderung der Stressbewältigungskompetenzen sowie die Aktivierung ihrer Ressourcen; acht Module	Jugendliche Geschwister zwischen 13 und 17 Jahre	Jagla-Franke et al., 2022
Fit und Stark (Ernst & Kowalewski, 2019)	Schulung/Informationsvermittlung Ein-Tages-Veranstaltung	Geschwister ab dem 6. Lebenjahr	Ernst, Klein, Kowalewski & Szczepanski, 2020

Obwohl für die Programme des GeschwisterCLUBs bereits erste Evaluationsstudien vorliegen, steckt die Forschung in diesem Feld insgesamt weiterhin in den Kinderschuhen. Hierauf wiesen McKenzie Smith, Pereira, Chan, Rose und Shafran bereits 2018 in ihrer Überblicksarbeit und Metaanalyse zu Interventionsstudien für Geschwister von Kindern und Jugendlichen mit chronischen physischen und psychischen Einschränkungen hin. Sie zeigten, dass es nur wenig Literatur gibt, die einen Wirksamkeitsnachweis erbringt. Prä-Post-Studien würden zwar die Reduktion von Verhaltensauffälligkeiten und einen Wissenszuwachs hinsichtlich der Erkrankung/Behinderung belegen, so dass es Hinweise auf positive Effekte gäbe, aber fundierte Forschung sei dennoch notwendig, um aussagekräftige Ergebnisse zu erhalten. Dies ist auch heute noch der Fall.

11.4 Fazit

Geschwister von Kindern mit chronischer Erkrankung oder Behinderung stellen eine Risikogruppe dar, die neben den typischen Entwicklungsaufgaben oftmals besondere Herausforderungen in ihrem alltäglichen Leben zu bewältigen hat. Hinsichtlich der Geschwisterbeziehung zeigte sich in internationalen Studien, dass die Beziehung zwischen den Geschwistern trotz und z. T. gerade deshalb von Wärme und Nähe geprägt ist, abhängig vom Entwicklungsstand der gesunden Geschwister und der Erkrankung/Behinderung der betroffenen Geschwister, aber auch eine asymmetrische und konflikthafte Geschwisterbeziehung vorliegen kann. Unterstützungsangebote sind daher, abhängig von der Belastung der nicht-erkrankten Geschwister, stets indiziert. Sie reichen von Kennenlern-Angeboten und Austauschmöglichkeiten über strukturierte Präventionsangebote zu Beratungsangeboten für die gesamte Familie, wobei die Geschwister aber im Fokus stehen.

Literatur

Achilles, I. (2018). ...und um mich kümmert sich keiner! Die Situation der Geschwister behinderter und chronisch kranker Kinder (6. Auflage). Reinhardt.

Alamdarloo, G. H., Shojaee, S., Khaghaninejad, M. S. & Asfichi, M. M. T. (2019). Relationships of Iranian siblings of children with sensory disabilities and typically developing children. International Journal of Inclusive Education, 25(4), 531–544.

Alderfer, M. A. & Hodges, J. A. (2010). Supporting siblings of children with cancer: A need for family-school partnerships. School Mental Health, 2(2), 72–81.

Alderfer, M. A., Long, K. A., Lown, E. A., Marsland, A. L., Ostrowski, N. L., Hock, J. M. et al. (2010). Psychosocial adjustment of siblings of children with cancer: A systematic review. Psycho-Oncology, 19, 789–805.

Arnett, J. A., Žukauskienė, R. & Sugimura, K. (2014). The new life stage of emerging adulthood at ages 18–29 years: Implications for mental health. Lancet Psychiatry, 1, 569–576.

Badnjevic, S. (2008). Meine Schwester ist anders als ich... Geschwister behinderter Kinder – Ihre Entwicklungs-Chancen und -Risiken. Tectum.

Barnett, A. A. & Hunter, M. (2012). Adjustment of siblings of children with mental health problems: Behaviour, self-concept, quality of life and family functioning. Journal of Child and Family Studies, 21(2), 262–272.

Barrera, M., Fleming, C. F. & Kahn, F. S. (2004). The role of emotional social support in the psychosocial adjustment of siblings of children with cancer. Child: Care, Health & Development, 30, 103–111.

Baumann, S. L., Dyches, T. T. & Braddick, M. (2005). Being a sibling. Nursing Science Quarterly, 18(1), 51–58.

Bengel, J., Meinders-Lücking, F. & Rottmann, N. (2009). Schutzfaktoren bei Kindern und Jugendlichen – Stand der Forschung zu psychosozialen Schutzfaktoren für Gesundheit (Forschung und Praxis der Gesundheitsförderung, Bd. 35). BzgA.

Bojanowski, S., Riestock, N. & Nisslein, J. (2019). Deutsche Version des Sibling Relationship Questionnaire (SRQ-deu): Normierung an einer Schülerstichprobe. Psychotherapie, Psychosomatik, Medizinische Psychologie, 69, 81–86.

Bojanowski, S., Riestock, N., Nisslein, J., Weschenfelder-Stachwitz, H. & Lehmkuhl, U. (2015). Psychometrische Gütekriterien der deutschen Version des Sibling Relationship Questionnaire (SRQ-deu). Psychotherapie, Psychosomatik, Medizinische Psychologie, 65, 370–378.

Bredow, H., Craig, F., Dohna-Schwake, C., Frühwald, M., Garske, D., von Loewenich, V., Mellies, U., Nauck, F., Niehues, T., Rellensmann, G., Schumann, H. & Zernikow, B. (2008). Besonderheiten der pädiatrischen Palliativversorgung bei besonderen Patientengruppen. In B. Zernikow (Hrsg.), Palliativversorgung von Kindern, Jugendlichen und jungen Erwachsenen (S. 374–483). Springer Medizin.

Buhrmester, D. & Furman, W. (1990). Perceptions of sibling relationships during middle childhood and adolescence. Child Development, 61, 1387–1398.

Canary, H. E. (2008). Creating supportive connections: A decade of research on support for families of children with disabilities. Health Communication, 23, 413–426.

Dilling, H., Mombour, W. & Schmidt, M. H. (2015). Internationale Klassifikation psychischer Störungen: ICD-10 Kapitel V (F) – Klinisch-diagnostische Leitlinien. Hogrefe.

Dyke, P., Mulroy, S. & Leonard, H. (2009). Siblings of children with disabilities: Challenges and opportunities. Acta Pediatrica, 98, 23–24.

Engelhardt-Lohrke, C., Schepper, F., Herrmann, J., Kowalewski, K., Spilger, T., Weiß, C. & Martini, J. (2020). Evaluation eines manualisierten Gruppenprogramms für Geschwister von erkrankten oder behinderten Kindern. Praxis Kinderpsychologie Kinderpsychiatrie, 69, 203–217.

Erker, C., Yan, K., Zhang, L., Bingen, K., Flynn, K. E. & Panepinto, J. (2018). Impact of pediatric cancer on family relationships. Cancer Medicine, 7(5), 1680–1688.

Ernst, G., Klein, L., Kowalewski, K. & Szczepanski, R. (2020). Ich bin auch noch da – Schulung für Geschwister von chronisch kranken oder behinderten Kindern. *Klinische Pädiatrie, 232*, 300–306.

Ernst, G. & Kowalewski, K. (2019). *Fit und Stark – ModuS-Geschwisterworkshop für gesunde Geschwister von Kindern mit chronischer Erkrankung oder Behinderung.* Pabst.

Floyd, F. J., Purcell, S. E., Richardson, S. S. & Kupersmidt, J. B. (2009). Sibling Relationship Quality and social functioning of children and adolescents with Intellectual Disability. *American Association on Intellectual and Developmental Disabilities, 114*(2), 110–127.

Frick, J. (2009). *Ich mag dich – du nervst mich! Geschwister und ihre Bedeutung für das Leben.* Huber.

Fullerton, J. M., Totsika, V., Hain, R. & Hastings, R. P. (2016). Siblings of children with life-limiting conditions: psychological adjustment and sibling relationships. *Child: Care, Health and Development, 43*(3), 393–400.

Furman, W. & Buhrmester, D. (1985). Children's perceptions of the quality of sibling relationships. *Child Development, 56*, 448–461.

Gerhardt, C., Lehmann, V., Long, K. A. & Alderfer, M. A. (2015). Supporting siblings as a standard of care in pediatric oncology. *Pediatric Blood & Cancer, 62*, S750–S804.

GeschwisterCLUB. (n.d.). *Der Geschwisterclub.* https://www.geschwisterclub.de/geschwisterclub [Zugriffsdatum: 17.02.2024].

Giallo, R. & Gavidia-Payne, S. (2006). Child, parent and family factors as predictors of adjustment for siblings of children with a disability. *Journal of Intellectual Disability Research, 50*(12), 937–948.

Gundlach, S., Würz, J., Schmutzer, G., Hiermann, P., Kapellen, T., Galler, A., Wudy, S., Hauschild, M., Kiess, W. & Brähler, E. (2006). Gesundheitsbezogene Lebensqualität von Geschwistern an Diabetes mellitus Typ 1 erkrankter Kinder und Jugendlicher. *Deutsche Medizinische Wochenschrift, 131*, 1143–1148.

Haberthür, N. (2005). *Kinder im Schatten. Geschwister behinderter Kinder.* Zytglogge.

Hackenberg, W. (1992). *Geschwister behinderter Kinder im Jugendalter.* Edition Marhold.

Hackenberg, W. (2008). *Geschwister von Menschen mit Behinderung.* Reinhardt.

Haukeland, Y. B., Fjermestad, K. W., Mossige, S. & Vatne, T. M. (2015). Emotional experiences among siblings of children with rare disorders. *Journal of Pediatric Psychology, 40*(7), 712–720.

Humphrey, L. M., Hill, D. L., Carroll, K. W., Rouke, M., Kang, T. I. & Feudtner, C. (2015). Psychological well-being and family environment of siblings of children with life threatening illness. *Journal of Palliative Medicine, 18*(11), 981–984.

Jagla, M. (2019). *»Und was ist mit mir?« Belastungen, Ressourcen und Persönlichkeitsmerkmale bei Geschwistern von Menschen mit chronischen Erkrankungen und/ oder Behinderungen.* Dissertation, Flensburg: Europa-Universität.

Jagla-Franke, M., Milde, C., Höfner, H. & Zwack, T. (2022). GeschwisterTEENS – Ein Präventionskurs für jugendliche Geschwister. *Kinder- und Jugendmedizin, 22,* 277.

Jagla, M., Schenk, J., Franke, G. H. & Hampel, P. (2017). Gesunde Geschwister von Kindern mit Autismus-Spektrum-Störungen – Eine Mixed-Methods-Pilotstudie. *Praxis Kinderpsychologie und Kinderpsychiatrie, 66,* 702–718.

Kaplan, L. M., Kaal, K. J., Bradley, L. & Alderfer, M. A. (2013). Cancer-related traumatic stress reactions in siblings of children with cancer. *Families, Systems & Health, 31*(2), 205–217.

Kowalewski, K., Doroganova, A., Podeswik, A. & Spilger, T. (2016). *Versorgungskonzept GeschwisterCLUB. Der GeschwisterTAG. Das Einstiegsangebot in die Begleitung von Geschwistern chronisch kranker, schwer kranker und/oder behinderter Kinder.* Bundesverband Bunter Kreis e.V.

Kowalewski, K., Spilger, T., Podeswik, A. & Hampel, P. (2017). *SuSi. Supporting Siblings. Der Präventionskurs für Geschwister chronisch kranker, schwerkranker und/oder behinderter Kinder* (2., überarb. Aufl.). Bundesverband Bunter Kreis e.V.

Kowalewski, K., Wiese, J., Spilger, T., Podeswik, A., Stachura, C., Jagla, M. & Hampel, P. (2014). *SuSi. Supporting Siblings. Der Präventionskurs für Geschwister chronisch kranker, schwer kranker und/oder behinderter Kinder.* Bundesverband Bunter Kreis e.V.

Langner, J., Kowalewski, K., Spilger, T., Podeswik, A., Nissen, S. & Hampel, P. (2016). Supporting Siblings – Weitere Befunde des Lebenskompetenztrainings für gesunde Geschwister chronisch kranker und/oder behinderter Kinder. *Pädiatrische Praxis, 87*(1), 69–78.

Long, K. A., Lehmann, V., Gerhardt, C. A., Carpenter, A. L., Marsland, A. L. & Alderfer, M. A. (2018). Psychosocial functioning and risk factors among siblings of children with cancer: An updated systematic review. *Psycho-Oncology, 27*(6), 1467–1479.

Long, K. A., Marsland, A. L. & Alderfer, M. A. (2013). Cumulative family risk predicts sibling adjustment to childhood cancer. *Cancer, 119*(13), 2503–2510.

Love, V., Richters, L., Didden, R., Korzilius, H. & Machalicek, W. (2012). Sibling relationships in individuals with Angelman syndrome: A comparative study. *Developmental Neurorehabilitation, 15*(2), 84–90.

Lummer-Aikey, S. & Goldstein, S. (2021). Sibling adjustment to childhood chronic illness: An integrative review. *Journal of Family Nursing, 27*(2), 136–153.

Macks, R. J. & Reeve, R. E. (2007). The adjustment of non-disabled siblings of children with autism. *Journal of Autism and Developmental Disorders, 37*, 1060–1067.

McHale, S. M., Updegraff, K. & Feinberg, M. E. (2016). Siblings of youth with autism spectrum disorders: Theoretical perspectives on sibling relationships and individual adjustment. *Journal of Autism and Developmental Disorders, 46*, 589–602.

McKenzie Smith, M., Pereira, S. P., Chan, L., Rose, C. & Shafran, R. (2018). Impact of well-being interventions for siblings of children and young people with a chronic physical or mental health condition: A systematic review and meta-analysis. *Clinical Child and Family Psychology Review, 21*, 246–265.

Möller, B., Gude, M., Herrmann, J. & Schepper, F. (2016). *Geschwister chronisch kranker und behinderter Kinder im Fokus*. Vandenhoeck & Ruprecht.

Mulroy, A., Robertson, L., Aiberti, K., Leonard, H. & Bower, C. (2008). The impact of having a sibling with an intellectual disability: Parental perspectives in two disorders. *Journal of Intellectual Disability Research, 52*(3), 216–229.

Pentz, R. D., Alderfer, M. A., Pelletier, W., Stegenga, K., Haight, A. E., Hendershot, K. A. et al. (2014). Unmet needs of siblings of pediatric stem cell transplant recipients. *Pediatrics, 133*, e1156–e1162.

Perenc, L. & Peczkowski, R. (2018). Cognitive and affective empathy among adolescent siblings of children with a physical disability. *Disability and Health Journal, 11*, 43–48.

Perenc, L., Radochoński, M. & Radochońska, A. (2015). Prosocial competencies among adolescent siblings of the physically disabled. *Current Issues in Personality Psychology, 3*(4), 195–202.

Petalas, M. A., Hastings, R. P., Nash, S., Lloyd, T. & Dowey, A. (2009). Emotional and behavioural adjustment in siblings of children with intellectual disability with and without autism. *Autism, 13*(5), 471–483.

Prachl, A. & Landolt, M. A. (2012). How siblings of pediatric cancer patients experience the first time after diagnosis. *Cancer Nursing, 35*(2), 133–140.

Rueger, S. Y., Malecki, C. K., Pyun, Y., Aycock, C. & Coyle, S. (2016). A meta-analytic review of the association between perceived social support and depression in childhood and adolescence. *Psychological Bulletin, 142*(10), 1017–1067.

Sahli, A. S. & Belgin, E. (2011). The effect of hearing loss on the sibling relationship. *Journal of Hearing Science, 1*(2), 35–39.

Scheithauer, H. & Petermann, F. (1999). Zur Wirkungsweise von Risiko- und Schutzfaktoren in der Entwicklung von Kindern und Jugendlichen. *Kindheit und Entwicklung, 6*, 3–14.

Sharpe, D. & Rossiter, L. (2002). Siblings of children with a chronic illness: A meta-analysis. *Journal of Pediatric Psychology, 27*(8), 699–710.

Shivers, C. M., Deisenroth, L. K. & Taylor, J. L. (2013). Patterns and predictors of anxiety among siblings of children with autism spectrum disorder. Journal of Autism and Developmental Disorders, 43, 1336–1346.

Sievert, C., Kulisch, L. K., Engelhardt-Lohrke, C., Kowalewski, K. & Jagla-Franke, M. (2023). Risikofaktoren bei Geschwistern chronisch kranker/behinderter Kinder. *Prävention und Gesundheitsförderung 19*, 183–188. https://doi.org/10.1007/s11553-023-01044-5

Singh, R. & Mehra, M. (2019). The severity of mental challenge: Determinant of quality of sibling relationship. *Ethno-Medicine, 13*(2), 103–110.

Spilger, T., Engelhardt, C., Kowalewski, K. & Schepper, F. (2015). *Der GeschwisterTREFF »Jetzt bin ICH mal dran!« – Förderung der Resilienz von Geschwistern chronisch kranker, schwer kranker und/oder behinderter Kinder.* Bundesverband Bunter Kreis e.V.

Stoneman, Z. (2005). Siblings of children with disabilities: Research themes. *Mental Retardation, 43*, 339–350.

Thomas, S., Reddy, N. K. & Sagar, K. J. V. (2016). Review on psychosocial interventions for siblings of children with Autism Spectrum Disorder (ADS). *Journal of Psychosocial Rehabilitation and Mental Health, 50*, 101–107.

Tröster, H. (1999). Sind Geschwister behinderter oder chronisch kranker Kinder in ihrer Entwicklung gefährdet? Ein Überblick über den Stand der Forschung. *Zeitschrift für Klinische Psychologie und Psychotherapie, 28*, 101–107.

Tröster, H. (2013). Geschwister chronisch kranker Kinder und Jugendlicher. In M. Pinquart (Hrsg.), *Wenn Kinder und Jugendliche körperlich chronisch krank sind* (S. 101–117). Springer Medizin.

van Schoors, M., De Mol, J., Laeremans, N., Verhofstadt, L. L., Goubert, L. & van Pary, H. (2019). Siblings' experiences of everyday life in a family where one child is diagnosed with blood cancer: A qualitative study. *Journal of Pediatric Oncology Nursing, 36*(2), 131–142.

Walton, K. M. & Ingersoll, B. R. (2015). Psychosocial adjustment in sibling relationships in siblings of children with Autism Spectrum Disorder: Risk and protective factors. *Journal of Autism and Developmental Disorders, 45*, 2764–2778.

Yuwen, W., Lewis, F. M., Walker, A. J. & Ward, T. M. (2017). Struggling in the dark to help my child: Parents' experience in caring for a young child with juvenile idiopathic arthritis. *Journal of Pediatric Nursing, 37*, e23–e29.

Zaidman-Zait, A., Yechezkiely, M. & Regev, D (2020). The quality of the relationship between typically developing children and their siblings with and without intellectual disability: Insights from children's drawings. *Research in Developmental Disabilities, 96*, https://doi.org/10.1016/j.ridd.2019.103537

Zwack, T., Höfner, H., Dorn, E. & Kowalewski, K. (2022). *Praxishandbuch GeschwisterTEENS – Präventionskurs zur Förderung der Stressbewältigungskompetenzen für jugendliche Geschwister von Menschen mit Erkrankung oder Behinderung.* Bundesverband Bunter Kreis e.V.

Zwack, T., Höfner, H., Förderer, H. M. & Kowalewski, K. (2022). *Praxishandbuch GeschwisterKIDS – Ein Kurs für Geschwister von Kindern mit chronischer Erkrankung und/oder Behinderung im Alter von drei bis sechs Jahren und ihre Eltern.* Bundesverband Bunter Kreis e.V.

12 Die dunkle Seite der Geschwisterbeziehung: Sexualisierte Gewalt durch Geschwister

Esther Klees

> **Triggerwarnung:**
>
> Der nachfolgende Text befasst sich mit sexualisierter Gewalt und es werden u. a. Fallbeispiele angeführt. Bei manchen Menschen kann dieses Thema negative Reaktionen auslösen oder auch retraumatisierend wirken. Bitte achten Sie auf sich.

Geschwisterbeziehungen gehören zu den am längsten anhaltenden Beziehungen im Leben eines Menschen. Geschwister verbringen mehr Freizeit miteinander als mit irgendeiner anderen Person (McHale & Crouter, 1996). Der förderliche Einfluss von Geschwisterbeziehungen auf die psychosoziale Entwicklung ist empirisch längst gut belegt (vgl. z. B. White & Hughes, 2018; Brisch, 2020). Doch allzu schnell wird die Komplexität von Geschwisterbeziehungen vereinfacht und es wird übersehen, dass Geschwisterbeziehungen kompliziert und mehrdeutig sind und sich im Laufe der Zeit verändern (Sanders, 2004; Yates & Allardyce, 2021).

Interaktionen zwischen Geschwistern spielen sich größtenteils nicht vor den Augen der Erwachsenen ab, sondern eher *hinter den Kulissen.* Im Verborgenen werden die Grenzen sozial akzeptierter Interaktion ausgetestet, werden Ärger und Frustrationen offen ausgelebt (Punch, 2008). Die Ausübung von Macht und Kontrolle im Rahmen von Geschwisterrivalitäten ist ein Charakteristikum vieler Geschwisterbeziehungen (▶ Kap. 11). In einigen Familien gehen Geschwisterrivalitäten aber auch über Hänseleien und *normalen* Streit zwischen Geschwistern hinaus und die Schwelle zu emotionaler, körperlicher oder sexualisierter Gewalt wird überschritten (Yates & Allardyce, 2021), mit teils massiven Auswirkungen auf die sexuelle, emotionale, interpersonelle, neurologische und intellektuelle Entwicklung der jungen Menschen. Nachfolgend wird der Fokus auf das Thema *Sexualisierte Gewalt durch Geschwister* gerichtet. In Deutschland ist dieses Thema bislang ein großes Tabuthema – im Gegensatz zu anderen Ländern wie beispielsweise Großbritannien, den Vereinigten Staaten von Amerika, Israel oder Australien, wo ein zunehmendes Forschungsinteresse erkennbar und mittlerweile eine fachöffentliche Debatte über das Thema wahrnehmbar ist. Die internationale Forschung der letzten Jahrzehnte hat bereits vielfältige alarmierende Ergebnisse bezüglich der Häufigkeit, der innerfamiliären Risikofaktoren und Dynamiken, der Kurz- und Langzeitfolgen sowie fehlender Professionalität der Fachkräfte im Umgang mit der Problematik bereitgestellt, die in Deutschland weitestgehend unbekannt sind. Auch hierzulande bedarf es dringend einer (fach-)öffentlichen Auseinandersetzung mit dem Thema, damit betroffene Familien und auch Fachkräfte nicht länger mit dem Thema alleine gelassen werden und Hilfeansätze auf den Weg gebracht werden können.

12.1 Begriffsklärung

Die Bezeichnung »Sexualisierte Gewalt durch Geschwister« steht für sexuelle Kontakte zwischen biologischen, Adoptiv-, Halb-, Stief- oder Pflegegeschwistern, die sich vom entwicklungstypischen Sexualverhalten unterscheiden. Eine Machtposition wird ausgenutzt, um eigene (Macht-)Bedürfnisse durch sexuelle Handlungen zu befriedigen (Klees, 2008). In den meisten Fällen, die in Studien bekanntwerden, missbraucht ein älterer Bruder eine jüngere Schwester (King-Hill, McCartan, Gilsenan, Adams & Beavis, 2023). Oft sind es ältere Brüder, die in der Rolle des *Babysitters* auf ihre jüngeren Geschwister aufpassen. Fälle, in denen ein Bruder (zusätzlich) einen Bruder missbraucht oder in denen Schwestern sexualisierte Gewalt an Schwestern und/oder Brüdern ausüben, sind allerdings keine Seltenheit und dürfen nicht aus dem Blickfeld geraten, denn besonders in diesen Fällen wird die Offenlegung aufgrund der Tabuisierung erschwert.[1]

Sprachlich ist darauf zu achten, juristische und stark etikettierende Begriffe wie *Opfer* und *Täter:in* im Kontext sexualisierter Gewalt durch Kinder und Jugendliche zu vermeiden, da junge Menschen noch am Anfang ihrer Persönlichkeitsentwicklung stehen und einen Lern- und Entwicklungsprozess durchlaufen (King-Hill et al., 2023). Die Forschung zeigt, dass ein hoher Anteil der Kinder und Jugendlichen, der Geschwister durch sexuelle Verhaltensweisen geschädigt hat, zuvor selbst durch Misshandlungen geschädigt wurde (Klees, 2008; King-Hill et al., 2023). Die Ausübung sexualisierter Gewalt stellt häufig eine Coping-Strategie (Bewältigungsstrategie) eigener Misshandlungserfahrungen dar. Vor diesem Hintergrund greift die einfache Opfer-Täter:in-Dichotomie zu kurz. Darüber hinaus sind Kinder und Jugendliche, die sexualisierte Gewalt ausüben, keine *Mini-Erwachsenen-Täter:innen* – auch daher ist ein sensibler Sprachgebrauch geboten. Studienergebnisse zeigen, dass die meisten Kinder und Jugendlichen, auch Geschwister, das schädigende Sexualverhalten nicht im Erwachsenenalter fortführen (Hackett, Darling, Balfe, Masson & Phillips, 2022).

---

[1] Anmerkung der Herausgeberin: Auch ist das Thema über das binäre Geschlechtersystem hinaus von Relevanz. Siehe hierzu z. B. Martinez, K. & McDonald, C. (2021). Inter-sibling violence as a mechanism of hegemony: Retrospective accounts from a non-binary and LGBTQ+ sample in the United States. *Journal of Gender-Based Violence*, 5(2), 215–229. Auch hier sind uns andere Länder in der Forschung voraus.

12.2 Sexuelles Verhalten von Geschwistern als Kontinuum

Sobald sexuelles Verhalten zwischen Geschwistern beobachtet wird oder diese davon berichten, gilt es, diese Verhaltensweisen einzuordnen. Eltern, aber auch Fachkräfte fühlen sich mit dieser Aufgabe nicht selten überfordert. Simon Hackett (2011) hat mit seinem Kontinuum eine übersichtliche Kategorisierung des Sexualverhaltens junger Menschen vorgelegt.

Hackett (2011) unterteilt das Sexualverhalten in fünf Kategorien, die als Kontinuum zu verstehen sind. Nachfolgend wird die Abbildung aus dem Englischen übersetzt und inhaltlich sowie sprachlich modifiziert dargestellt (▶ Abb. 12.1). Im Anschluss wird auf die einzelnen Bereiche noch einmal im Detail eingegangen.

Normal
Zunächst ist zu beachten, dass sexuelles Verhalten zwischen Geschwistern nicht grundsätzlich missbräuchlich ist. Normales und entwicklungstypisches Sexualverhalten findet zwischen Geschwistern statt, die etwa im gleichen Alter sind. King-Hill und Kolleg:innen (2023) betonen, dass die Geschwister in der Regel zwischen vier und sechs Jahre alt sind (also im Vorschulalter!) und sie in etwa die gleiche körperliche Größe haben. Es besteht also ein *Machtgleichgewicht* zwischen den Beteiligten – die zentrale Grundvoraussetzung für einvernehmliche sexuelle Kontakte. Dieses entwicklungstypische Sexualverhalten kennzeichnet sich durch Spontanität, Neugier, Freiwilligkeit und Unbeschwertheit. Spielerisch wird der eigene Körper oder auch der des Geschwisterkindes erkundet und die Kontakte zielen nicht auf eine sexuelle Befriedigung ab. Ein weiteres Charakteristikum ist die Abwesenheit von Angst. Es werden keine Versuche unternommen, Geschlechtsverkehr auszuüben. Entwicklungstypisches Sexualverhalten zwischen Geschwistern findet immer mal wieder vereinzelt statt. Sobald Erwachsene die Kinder auffordern, diese Verhaltensweisen zu unterlassen, werden die Handlungen beendet (King-Hill et al., 2023). Eltern und Fachkräfte sollten auf Erzählungen über normales Sexualverhalten reagieren, indem den Kindern zugehört wird, die Kinder Antworten auf Fragen erhalten oder ihnen förderliche Botschaften im Sinne der Prävention von Grenzüberschreitungen und sexualisierter Gewalt vermittelt werden, wie zum Beispiel das Recht, »Nein« zu sagen und eigene Grenzen zu setzen.

> **Fallbeispiel:** Der fünfjährige Bruder und seine vierjährige Schwester zeigen sich gegenseitig ihre Genitalien, während sie in der Badewanne sitzen. Beide sind albern und lachen. Die Beziehung zwischen beiden ist liebevoll.

Unangemessen und problematisch
Im Gegensatz zum normalen und entwicklungstypischen Sexualverhalten führen das unangemessene und das problematische Sexualverhalten beide zu negativen Langzeitfolgen – insbesondere Depressionen und eine gesteigerte Erotisierung werden in Studien angeführt (z. B. Stroebel et al., 2013). Die sexuelle Verstrickung

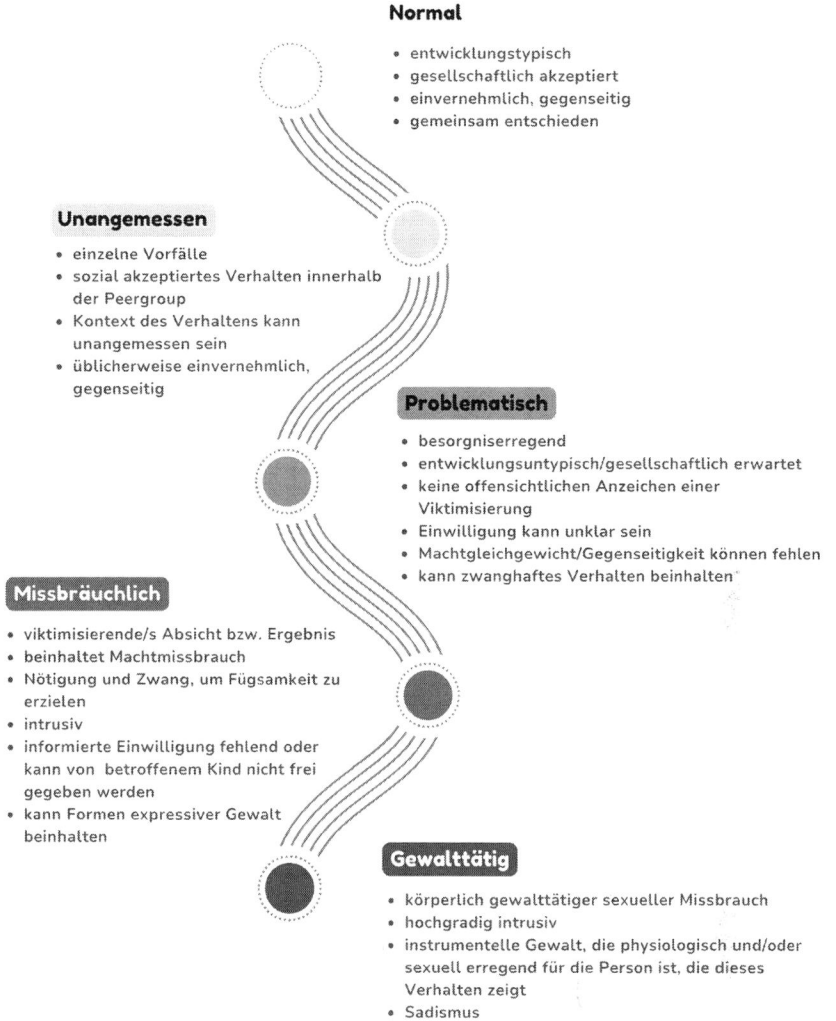

Abb. 12.1: Das Sexualverhalten von Kindern und jungen Menschen als Kontinuum (Hackett 2011, S. 122, Original englischsprachig, eigene Darstellung).

mit den Geschwistern erschwert die Individuation. Bei unangemessenen sexuellen Verhaltensweisen ist der Kontext der Handlungen unangemessen und es handelt sich typischerweise um einzelne Vorfälle. Problematische Verhaltensweisen treten in der Regel dann auf, wenn dieses Verhalten wiederholt und strukturiert auftritt oder wenn Fragen der Zustimmung und Gegenseitigkeit unklar sind.

Bereits bei diesen Formen muss aufseiten der Helfer:innen herausgearbeitet werden, welche Belastungen und Probleme zu dem gezeigten Verhalten geführt haben. Die jungen Menschen brauchen klare Regeln und Grenzen und müssen angeleitet werden, gesunde Beziehungen zu führen, um problematischen Entwicklungspfaden entgegenzuwirken.

Fallbeispiel für unangemessenes sexuelles Verhalten: Ein 14-jähriger Junge sendet seiner 13-jährigen Stiefschwester unter Alkoholeinfluss eine Textnachricht, die besagt, dass er sie begehrt und er gerne ihr Partner wäre, wenn sie nicht seine Schwester wäre (Yates & Allardyce, 2021).

Fallbeispiel für problematisches sexuelles Verhalten: 13-jährige Zwillingsbrüder schauen sich online Pornofilme an und masturbieren sich gegenseitig (Yates & Allardyce, 2021).

Missbräuchlich und gewalttätig
Bei diesen beiden Formen handelt es sich um *sexualisierte Gewalt*. Die Handlungen reichen von Hands-off-Kontakten (ohne direkten Körperkontakt wie z. B. dem Zwang, bei Masturbation zuzusehen) bis zu Hands-on-Kontakten (mit direktem Körperkontakt wie z. B. erzwungene vaginale, orale, anale Vergewaltigungen). Charakteristisch ist, dass ein Machtgefälle zwischen den Beteiligten besteht, das in einigen Studien grundsätzlich als gegeben gilt, wenn ein Altersunterschied von mindestens zwei Jahren zwischen den Geschwistern besteht – in anderen Studien wird ein Altersunterschied von fünf Jahren festgelegt. Bei sexualisierter Gewalt durch Geschwister ist es häufig so, dass ein älterer Bruder von seinen Eltern gebeten wird, auf seine jüngeren Geschwister aufzupassen. Es gibt aber auch Fälle, in denen jüngere Schwestern ihre älteren Brüder sexuell missbrauchen. Ein Machtgefälle muss also nicht immer infolge eines Altersunterschiedes vorliegen, sondern kann auch durch andere Kriterien, wie zum Beispiel einer kognitiven oder körperlichen Überlegenheit oder die Bevorzugung durch ein Elternteil, gegeben sein.

Ein weiteres Kennzeichen sexualisierter Gewalt ist, dass Nötigung und Zwang eingesetzt werden, um die Handlungen durchzuführen. Während einige sexualisiert übergriffige Geschwister offen drohen oder Gewalt einsetzen, gehen andere strategischer vor und üben deutlich subtiler Zwang aus und manipulieren weniger offensichtlich. Sexualisierte übergriffige Geschwister nutzen häufig die hohe emotionale Verbundenheit zu ihren Geschwistern aus, um die sexualisierte Gewalt auszuüben (Klees, 2008) und es ist folglich wenig *Überzeugungsarbeit* zu leisten. Einige Geschwister führen die sexualisierten Übergriffe direkt aus, indem sie ihre Geschwister darum bitten, bestimmte Handlungen durchzuführen oder an sich vornehmen zu lassen, andere betten die sexualisierten Übergriffe beispielsweise in Kinderspiele ein (Mutter-Vater-Kind: »Wir sind Mama und Papa und haben uns jetzt lieb.«; Doktorspiele: »Ich bin der Arzt und muss deinen Körper jetzt mal genau untersuchen.«) (Klees, 2008). Aus diesem Grund sind viele betroffene Kinder in dieser Entwicklungsphase nicht in der Lage, den Machtmissbrauch, das strategische Vorgehen und die ausbeuterische Struktur als solche zu erkennen – die sexualisierte Gewalt wird dann als etwas *Normales* verstanden. Zu bedenken ist auch, dass einige Betroffene infolge der körperlichen Stimulation Gefühle von Lust und Erregung bis hin zum Orgasmus empfinden, die stark verunsichernd sein können, ambivalente

Gefühle auslösen und die Schuldgefühle (»Ich wollte es selbst.«) verstärken. Erst rückblickend im Erwachsenenalter, Jahrzehnte später, wenn sich das Thema in Form von Langzeitfolgen wie Depressionen, Symptomen einer Posttraumatischen Belastungsstörung (Flashbacks, Erinnerungslücken, Alpträume etc.), Auffälligkeiten im Sexualverhalten zurückmeldet, gelingt es vielen Betroffenen, die sexuellen Verhaltensweisen als sexualisierte Gewalt einzuordnen. Sexualisierte Gewalt durch Geschwister geht also nicht immer mit offensichtlicher körperlicher Gewalt einher.

Abschließend sei auf weitere Spezifika sexualisierter Gewalt durch Geschwister verwiesen. Innerhalb der Familie besteht eine enorme Verfügbarkeit der Betroffenen und daher kann ein hohes Maß an Kontrolle seitens der übergriffigen Geschwister ausgeübt werden. Daraus resultiert ein erhöhtes Risiko einer Chronifizierung der sexualisierten Gewalt. Sexualisierte Gewalt durch Geschwister umfasst – im Vergleich zu außerfamiliärer sexualisierter Gewalt durch Kinder und Jugendliche – durchschnittlich mehr Übergriffe und intensive Formen, die über einen längeren Zeitraum ausgeübt werden (Latzman, Viljoen, Scalora & Ullman, 2011; O'Brien 1991; Tidefors, Arvidsson, Ingevaldson & Larsson, 2010). Daher sind Fälle nicht selten, in denen die sexualisierte Gewalt mehrmals pro Woche über einen Zeitraum von mehreren Jahren ausgeübt wird und es so zu hunderten sexualisierten Übergriffen kommt (Klees, 2008).

Fallbeispiel 1: Die achtjährige Schwester schaut sich gemeinsam mit ihren beiden älteren Brüdern Pornohefte an. Ihr zehnjähriger Bruder schlägt später vor, die Szenen nachzustellen. Seine Schwester ist neugierig und stimmt zu. Beide ziehen sich aus und es kommt zu Penetration. Die Schwester glaubt, es sei ein »normales Spiel«. Ihr Bruder möchte das »Spiel« anschließend öfter spielen und seine Schwester lässt sich darauf ein. Das Machtungleichgewicht begründet sich neben dem Altersunterschied auch dadurch, dass der Bruder sich immer wieder gewalttätig gegenüber seiner jüngeren Schwester verhält.

Fallbeispiel 2: Während des Schlafs penetriert der viereinhalb Jahre ältere Bruder seine Schwester mit Gegenständen. Er wiederholt diese Handlungen häufig über viele Jahre hinweg – bis er im Erwachsenenalter auszieht. Die Schwester berichtet von starken körperlichen Schmerzen und Dissoziationen, die ihr ermöglichen, der Situation »zu entfliehen«. Die Dissoziationen treten bis weit ins Erwachsenenalter auf.

Für psychosoziale Fachkräfte ist es wichtig, die sexuellen Handlungen adäquat einzuordnen, da jeweils unterschiedliche Implikationen für die Handlungspraxis daraus erwachsen. Dieser Prozess gestaltet sich in der Praxis oft schwierig, weil das nötige Hintergrundwissen zur psychosexuellen Entwicklung von Kindern und Jugendlichen fehlt. Insbesondere wenn junge Kinder im Vor- und Grundschulalter (vor dem 12. Lebensjahr) sexualisierte Gewalt ausüben, werden die Handlungen vorschnell als normales, entwicklungstypisches Sexualverhalten (Doktorspiele) eingeordnet. Leicht übersehen werden kann auch, dass sich Dynamiken verändern können. Beispielsweise suchen zunächst beide Geschwister die sexuellen Kontakte aus Neugierde oder zur Kompensation fehlender emotionaler Nähe seitens der Eltern und im Laufe der Zeit werden die sexuellen Handlungen nur noch von einem Geschwisterkind erzwungen. Wichtig ist, dass die missbräuchlichen und gewalttätigen sexuellen Verhaltensweisen nicht isoliert betrachtet werden, sondern der Blick auf die Familiendynamiken, auf Beziehungen und Machtverhältnisse gerichtet wird. Die sexualisierte Gewalt ist nur das Symptom einer tieferliegenden, oft dysfunktionalen Familiendynamik.

12.3 Das Tabu im Tabu

Führende Wissenschaftler:innen im Themenfeld bezeichnen sexualisierte Gewalt durch Geschwister als die häufigste Form innerfamiliärer sexualisierter Gewalt, die bis zu dreimal verbreiteter ist als sexualisierte Gewalt durch ein Elternteil (Yates & Allardyce, 2021). Einige größere Studien haben offengelegt, dass etwa 15 % der Kinder sexuelle Handlungen mit Geschwistern ausüben und etwa 5 % sexualisierte Gewalt durch Geschwister erfahren (Yates & Allardyce, 2021). Watts (2020, S. 7) spricht auch vor dem Hintergrund weiterer Forschungsergebnisse in Bezug auf »Amerika« von einer »stillen Epidemie«. Aufgrund der mangelnden Forschung ist es bis dato nicht möglich, valide Angaben zur Häufigkeit (Prävalenz) zu machen (King-Hill et al., 2023). Dies gilt insbesondere auch für Deutschland – hierzulande ist ein großes Forschungsdesiderat zu beklagen.

Fraglich bleibt zugleich, inwiefern das Phänomen mit zunehmender Forschung erfasst werden könnte. Studienergebnisse zeigen, dass die Mehrheit der Betroffenen sexualisierter Gewalt durch Geschwister ihre Erfahrungen nicht offenlegt (Hardy, 2001). Betroffene von sexualisierter Gewalt durch Geschwister legen die Handlungen noch seltener offen als kindliche Opfer erwachsener Täter:innen (Welfare, 2008).

12.3.1 Gründe für das eigene Schweigen

In Erfahrungsberichten von erwachsenen, weiblichen Betroffenen sexualisierter Gewalt durch Geschwister, die im Rahmen einer qualitativen Studie[2] ausgewertet wurden, zeigen sich vielfältige, nachvollziehbare Gründe für das Schweigen (▶ Tab. 12.1):

---

[2] Studie Sexualisierte Gewalt durch Geschwister aus der Betroffenen-Perspektive, Esther Klees, IU-Internationale Hochschule.

Tab. 12.1: Gründe für das Schweigen aus der Sicht betroffener, erwachsener Frauen

Grund	Erläuterung/Beispielaussagen
Normalitätsempfinden – fehlende Außenperspektive	»Ich bin so groß geworden.«, »So ist das Leben.«, »Ich dachte, das machen alle mit ihren Geschwistern.«
Schamgefühle	Scham in Bezug auf Nacktheit, sexuelle Posen, zu solchen Handlungen benutzt worden zu sein oder weil etwas Verbotenes getan wird: »Ich hätte niemals mit meiner Mutter darüber sprechen können, weil Sexualität bei uns ein absolutes Tabuthema war und ich mich so sehr geschämt habe.«
Schuldgefühle	»Ich habe nicht ›nein‹ gesagt.«, »Ich habe mich körperlich nicht gewehrt.«, »Ich habe mitgemacht.«, »Ich bin nicht, wie nach einem Streit mit meinem Bruder, zu meinen Eltern gegangen.« Schuldgefühle scheinen besonders groß zu sein, wenn das übergriffige Kind etwa gleichaltrig ist und wenn keine körperliche Gewalt eingesetzt wurde.
Erinnerungslücken und Verdrängung als Trauma-Reaktionen (bis hin zu Dissoziationen)	»Ich hatte lange Zeit Flashbacks, konnte mich nur an Bruchstücke erinnern. Ich musste das Bild im Erwachsenenalter erst mit meiner Therapeutin zusammensetzen.«, »Ich merke, wie eine Gardine von der Seite zugeht, und dann bin ich innerlich weg.«
Bindung zum übergriffigen Geschwisterkind	Oft besteht auch eine liebevolle Beziehung zum übergriffigen Geschwister oder eine Abhängigkeitsbeziehung: »Ich habe meinen Bruder immer sehr vergöttert, immer sehr in den Himmel gehoben.«, »Mein Bruder hatte zwei Persönlichkeiten, nachts hat er mich missbraucht und tagsüber war er ganz normal.«
Diverse Ängste	Eltern werden das Gesagte nicht glauben, nicht helfen, bestrafen; »Ich muss die Familie verlassen, wenn das rauskommt.«, »Ich muss ins Heim.«, »Mein Bruder muss dann ins Heim/ins Gefängnis.«, »Ich werde mit einer Offenlegung die gesamte Familie zerstören.«, »Mein Bruder wird den Kontakt abbrechen/wird mich bestrafen, wenn ich das erzähle.«
Fehlende Sprache	Im frühen Kleinkindalter aufgrund fehlender Sprachfähigkeit oder aufgrund fehlender Worte für Geschlechtsteile, Sexualität, sexualisierte Gewalt: »Ich hatte einfach keine Worte dafür.«
Reframing (Umdeutung)	Sexualisiert übergriffige Geschwister vermitteln falsche sexuelle Normen: »Das machen alle so.«; reden den Betroffenen ein, es sei alles nur ein »(Doktor-)Spiel« oder eine notwendige Untersuchung des Körpers, Betroffene übernehmen diese Sichtweise. »Erst als ich Jugendliche war, hat mir mein Freund gesagt, dass das nicht alle mit ihren Geschwistern machen.«
Erlernte Geheimhaltung	Kinder haben gelernt, Familiengeheimnisse zu wahren: »Das war eine Familiensache – die geht keinen etwas an.«

Abschließend sei erwähnt, dass es auch viele Betroffene gibt, die sich bereits im Kindesalter hilfesuchend an ihre Eltern gewandt haben, jedoch keine Unterstützung erhielten, sei es weil ihren Äußerungen kein Glauben geschenkt wurde (»Erzähle keine Lügen über deinen Bruder.«), sie mitverantwortlich gemacht wurden (»Warum hast du nichts gesagt? Dann hast du es auch selbst so gewollt.«) oder die Taten bagatellisiert wurden (»Er wollte eben mal was ausprobieren – stell' dich nicht so an.«). Eltern bagatellisieren, um eigene Schuldgefühle abzuwehren, um nicht in Loyalitätskonflikte zu geraten, die entstehen, weil sie Bezugspersonen für beide Kinder sind, und um *normal* als Familie weiterleben zu können.

12.3.2 Tabuisierung durch Fachkräfte

Tabuisierungs- und Bagatellisier.ungstendenzen sind nicht nur bei Eltern, sondern auch bei Fachkräften zu beobachten, die mit Fällen sexualisierter Gewalt durch Geschwister konfrontiert werden (Klees, 2008; Klees, 2018), wie auch die Fallstudie von Meysen und Kolleg:innen (2023) in Bezug auf Fachkräfte in Jugendämtern eindrücklich offenlegt. Vorschnell und leichtfertig werden sexuelle Handlungen als *Doktorspiele* abgetan und selbst in den Fällen, in denen die ausbeuterische Struktur als solche erkannt wird, werden die Handlungen und deren Auswirkungen u. a. aufgrund des jungen Alters der Kinder und Jugendlichen, die das schädigende Verhalten zeigen, oder aufgrund des geringen Altersunterschiedes zwischen den Geschwistern bagatellisiert. Auch die eigene Angst, sich mit diesem belastenden Thema auseinandersetzen zu müssen und möglicherweise Fehler in der Fallarbeit zu machen, kann zur inneren Abwehr und Minimalisierung führen.

Eine alarmierende Studie aus Schottland (Yates, 2018) zeigt, dass fallverantwortliche Sozialarbeiter:innen eher dazu neigten, intuitive Entscheidungen, aus dem Bauch heraus, zu treffen, anstatt ihr Handeln fachlich zu begründen. Das Denkmuster *Geschwister gehören zusammen* war in dieser Studie vorherrschend. Die Fachkräfte vermieden eine getrennte Unterbringung von Geschwistern in dem Glauben, dass Kinder anderen kein sexuelles Leid zufügen (dies galt besonders für Mädchen) und Geschwisterbeziehungen immer einen entwicklungsförderlichen Einfluss aufeinander haben. Eine Idealisierung der Geschwisterbeziehung war in der Denkweise der Sozialarbeiter:innen tief verwurzelt. Die wahrgenommene Bereitschaft zur Mitarbeit seitens der Eltern wurde stärker gewichtet als deren Fähigkeit, gut für ihre Kinder zu sorgen und diese vor weiterer sexualisierter Gewalt zu schützen. Diese Denkmuster wurden – Yates (2018) folgend – auch dann beibehalten, wenn dem widersprechende Beweise auftraten.

Entgegen diesen Tabuisierungs- und Bagatellisierungstendenzen reagieren einige Fachkräfte aber auch mit Dramatisierungen und unüberlegtem, eher durch Emotionen geleitetem Aktionismus auf die Offenlegung sexueller Verhaltensweisen zwischen Geschwistern – auch diese Dynamiken sind im Helfer:innensystem zu beobachten.

12.4 Familiencharakteristika

Die Ursachen sexualisierter Gewalt sind immer komplex und multifaktoriell und können auf verschiedenen Ebenen (individueller, familiärer oder gesellschaftlicher Ebene) verortet werden (Klees, 2008). Nachfolgend wird der Fokus auf die familiäre Ebene gerichtet. Sexualisierte Gewalt durch Geschwister kann grundsätzlich in allen Familien auftreten, auch in Familien, die sich durch Schutzfaktoren kennzeichnen (Yates & Allardcye, 2021). Es gibt keinen bestimmten *Archetyp* der Familien, sondern teilweise scheinen unterschiedliche familiäre Hintergründe das Risiko für das Auftreten sexualisierter Gewalt durch Geschwister zu begünstigen (Lewin, Spaegele, Attrash-Najjar, Katz & Talmon, 2023). Dennoch lassen sich auf der Basis internationaler Forschungsergebnisse bestimmte Kriterien zusammentragen, die in vielen Familien beobachtet werden (▶ Tab. 12.2):

Tab. 12.2: Familiendynamische Risikofaktoren für sexualisierte Gewalt durch Geschwister (vgl. Klees 2008; Klees 2021; King-Hill et al., 2023)

Familiendynamische Risikofaktoren
Emotionale und/oder physische Abwesenheit der Eltern (wenig Liebe/Geborgenheit, fehlende Beaufsichtigung der Kinder)
Große Familiengrößen (hohe Geschwisteranzahl)
Häusliche Gewalt (insbesondere emotionale und körperliche Gewalt durch Männer an Frauen)
Psychosoziale familiäre Stressfaktoren (finanzielle Probleme, Krankheiten, Drogenkonsum)
Sexuelle, physische oder emotionale Viktimisierung (Kinder und Jugendliche, die sexualisierte Gewalt ausüben, haben in der überwiegenden Mehrheit eigene Misshandlungserfahrungen gemacht)
Sexualisiertes Familienmilieu/fehlende Grenzen (u.a. freier Zugang zu Pornographie/Miterleben sexueller Kontakte der Eltern) oder sittenstrenges Familienmilieu (Verbot über Sexualität zu reden)
Transgenerationale Missbrauchs- und Gewaltdynamik (auch Eltern zuvor betroffen)

Ein Familiencharakteristikum wird an dieser Stelle etwas ausführlicher fokussiert. Die Forschung zeigt, dass ein hoher Anteil sexualisiert übergriffiger Geschwister selbst zuvor sexualisierte, körperliche und/oder emotionale Gewalt erfahren hat. Letztlich sind es sehr häufig die eigenen traumatischen Erfahrungen, die eigenen Gefühle der Ohnmacht, Hilflosigkeit und Angst, die durch die Ausübung sexualisierter Gewalt zu überwinden versucht werden. Daher darf in der Beratung und der Therapie kein verkürzter Blick auf das problematische Verhalten des übergriffigen Kindes/Jugendlichen erfolgen. Vielmehr gilt es, herauszuarbeiten, wie die hinter der sexualisierten Gewalt liegenden Bedürfnisse auf eine andere, nicht-schädigende Weise erfüllt werden und wie Ressourcen erweitert werden können. Auch der (traumapädagogische) Hilfebedarf des übergriffigen Kindes/Jugendlichen muss berücksichtigt werden.

Abschließend sei angemerkt, dass nicht alle jungen Menschen, die selbst (sexualisierte) Gewalt erfahren haben, diese auch weitergeben – der Großteil von ihnen tut dies nicht.

12.5 Folgen sexualisierter Gewalt durch Geschwister für Betroffene

Betroffene sexualisierter Gewalt durch Geschwister leiden unter vielfältigen Kurz- und Langzeitfolgen, die nachfolgend skizziert werden. Zu bedenken ist, dass diese Folgen teilweise auch durch die dysfunktionalen Familienstrukturen zu begründen sind.

Als Kurzzeitfolgen gelten: Schwangerschaft, sexuell übertragbare Krankheiten, körperliche Verletzungen, Symptome einer posttraumatischen Belastungsstörung, emotionale Probleme und Verhaltensauffälligkeiten (Yates, 2017).

Als häufigste Langzeitfolge im Erwachsenenalter gilt die Depression (Bertele & Talmon, 2023). Darüber werden in Studien in Bezug auf das Erwachsenenalter insbesondere Angstzustände, immense negative Auswirkungen auf das Selbstwertgefühl und Probleme, eine sexuelle Beziehung zu führen (Bertele & Talmon, 2023), angeführt. Viele erwachsene Betroffene meiden sexuelle Kontakte oder lassen diese eher widerwillig über sich ergehen (aufgrund von Schamgefühlen, Schuldgefühlen, wiederkehrenden Erinnerungen an die sexualisierte Gewalt, Schmerzen beim Geschlechtsverkehr, sexuellen Funktionsstörungen). Andere Betroffene führen sexuelle Beziehungen mit häufig wechselnden Sexualpartner:innen, ohne eine vertrauensvolle Beziehung einzugehen. Der Begriff *Hypersexualität* steht für diese Coping-Strategie (Bewältigungsstrategie) nach sexualisierter Gewalt, bei der Betroffene versuchen, die Kontrolle über die frühen sexuellen (Gewalt-)Erfahrungen zurückzugewinnen, indem sie selbst solche Situationen immer und immer wieder herbeiführen und nun selbst zu kontrollieren versuchen, um der anhaltenden Ohnmacht aus der Kindheit zu entfliehen (Watts, 2020).

Darüber hinaus zählen Dissoziationen, Flashbacks, Alpträume und intrusive Gedanken, Drogen- und Alkoholprobleme, anhaltende Gefühle von Scham und Schuld, dauerhafte Beziehungsprobleme, Probleme, anderen Menschen zu vertrauen, ein erhöhtes Risiko für erneute Opfererfahrungen, Essstörungen, Traumafolgestörungen, Suizidgedanken und -versuche zu weiteren Langzeitfolgen, die in der Forschung gut belegt sind (Yates & Allardyce 2021). Sexualisierte Gewalt durch Geschwister führt in vielen Fällen dazu, dass Betroffene sich im Erwachsenenalter von Familienmitgliedern distanzieren.

12.6 Die Hilfeplanung für die gesamte Familie

In der internationalen Fachliteratur wird die Bedeutung familienbezogener, traumasensibler, empathischer, nicht-verurteilender, ressourcenbasierter Interventionen (*Empowerment*) hervorgehoben (Yates & Allardcye, 2021; King-Hill et al., 2023). Alle Familienmitglieder brauchen Hilfe: das Kind, das andere durch seine sexuellen Verhaltensweisen schädigt, das Kind, das geschädigt wurde, die Eltern und auch nicht-direkt-betroffene Geschwister. Die »systemische Mehrspurenhilfe« (Bormann, 2018), bei der jedes Familienmitglied eine:n eigene:n Berater:in zur Seite gestellt bekommt, wird diesem komplexen Hilfebedarf gerecht. Dieses Konzept wird bereits an einigen wenigen Standorten in Deutschland umgesetzt.

Bevor es zur konkreten Ausgestaltung der Hilfe kommt, muss beim Bekanntwerden missbräuchlicher und/oder gewalttätiger sexueller Verhaltensweisen seitens des Jugendamtes geprüft werden, welche Maßnahmen zur Abwendung der Kindeswohlgefährdung getroffen werden. Nachfolgend werden die ersten Schritte im Hilfeprozess skizziert.

12.6.1 Sicherheit herstellen

Als zentrale Voraussetzung, um eine sorgfältige Einschätzung vornehmen zu können, gilt, dass alle Kinder der betroffenen Familie in Sicherheit sind – sowohl emotional als auch körperlich und sexuell (Yates & Allardcye, 2021). Nach dem Bekanntwerden sexualisierter Übergriffe muss daher auch geprüft werden, ob die betroffenen Kinder weiterhin zusammenwohnen können.

Wenn Zweifel an dem wirksamen Schutz des betroffenen Kindes bestehen (dazu ausführlich Queensland Government, n. d.) oder die Belastungen für das betroffene Geschwisterkind hoch sind, dann ist eine (vorübergehende) außerhäusliche Unterbringung des Kindes, das geschädigt hat, notwendig. In Fällen, in denen das übergriffige Kind nicht von getrennt-lebenden Elternteilen/Verwandten/Freund:innen, bei denen keine Kinder leben (!), aufgenommen werden kann, ist eine Fremdunterbringung im Rahmen der »Hilfen zur Erziehung« zu prüfen. Nicht selten werden Geschwister nach der Offenlegung sexualisierter Gewalt zusammengelassen. Das Risiko ist hoch, dass diejenigen, die geschädigt haben, ihre Geschwister weiterhin unter Druck setzen, zur Geheimhaltung zwingen oder die sexualisierte Gewalt fortsetzen – das geschieht oft in banalen Alltagssituationen zuhause, nicht selten auch trotz gut gemeinter Schutzkonzepte (»Wir hatten zwar dann getrennte Schlafzimmer, aber trotzdem habe ich mit den Übergriffen weitergemacht.«). Betroffene Geschwister wollen häufig, dass die sexualisierte Gewalt beendet wird, sie wollen aber nicht für das Auseinanderbrechen der Familie verantwortlich sein oder sprechen sich aufgrund der ambivalenten Beziehung zum übergriffigen Geschwisterkind, eigener Schuldgefühle oder des Nicht-Erkennen-Könnens der ausbeuterischen Struktur sexualisierter Gewalt gegen eine Fremdunterbringung des übergriffigen Geschwisters aus. Diese Widerstände müssen im Kontext der Missbrauchsdynamik verstanden werden – der Wille der Geschwister selbst oder der

Wille der Eltern kann nicht das professionelle Handeln begründen. Für die meisten Eltern ist die Offenlegung sexualisierter Gewalt ein großer Schock, eine große Überforderung und eine (vorübergehende) Fremdunterbringung hat in vielen Fällen auch für sie eine entlastende Wirkung. Es muss gut begründet werden, warum Geschwister nach einer Offenlegung sexualisierter Gewalt *nicht* getrennt werden und wie genau die Sicherheit trotzdem gewährleistet werden kann.

Wohnen die Geschwister weiterhin zusammen, muss unverzüglich ein Sicherheitsplan/ein Schutzkonzept installiert werden. Es müssen transparente Absprachen getroffen werden, u. a. in Bezug auf: die Schlafsituation (kein gemeinsames Schlafzimmer der Geschwister), die Badezimmernutzung (zeitversetzt), Spiele drinnen und draußen (unter Beaufsichtigung), den Umgang mit Nacktheit in der Familie (Grenzen und Intimsphäre achtend) und die Geschwisterrollen (übergriffigem Kind keine Verantwortung für andere Geschwister übertragen). Die Einhaltung der vereinbarten Familien-Regeln muss kontrolliert werden, denn ohne klare Regeln und eine entsprechende Überprüfung werden sehr wahrscheinlich weiterhin sexualisierte Übergriffe ausgeübt (Yates & Allardcye, 2021) – nach einer Studie von Yates (2018) in acht von neun Familien.

In Anbetracht der oft stark dysfunktionalen Familienstrukturen muss fortlaufend überprüft werden, inwiefern die Eltern in der Lage sind, Schutzkonzepte umzusetzen und ihre Kinder zu schützen. Das Kindeswohl darf während des gesamten Hilfeprozesses nicht aus dem Blick geraten. Um dies zu gewährleisten, werden in der Praxis auch sogenannte »Kinderschutzbeauftragte« eingesetzt (Pröls-Geiger & Maier, 2020, S. 320).

12.6.2 Einschätzung (Assessment)

Mit dem Ziel, einen ganzheitlichen Überblick zu erhalten, empfehlen King-Hill und Gilsenan (2023), die mit ihrem »Mapping-Tool« eine Arbeitshilfe für Fachkräfte vorgelegt haben, sechs Bereiche zu fokussieren und jeweils Informationen zu Bedenken und Stärken, vorhandener und erforderlicher Unterstützung zusammenzutragen. Abschließend werden die Maßnahmen und Ergebnisse in einem siebten Bereich zusammengefasst (▶ Tab. 12.3).

Tab. 12.3: Sechs Bereiche zur Einschätzung der erforderlichen Unterstützung (King-Hill & Gilsenan, 2023)

Bereich	Bezeichnung
1	Sexualverhalten der Geschwister
2	Familiendynamik & Erziehung
3	Wohnverhältnisse
4	Bildung
5	Gesundheit & Entwicklung

Tab. 12.3: Sechs Bereiche zur Einschätzung der erforderlichen Unterstützung (King-Hill & Gilsenan, 2023) – Fortsetzung

Bereich	Bezeichnung
6	Sozialer Kontext
7	Zusammenfassung der Maßnahmen und Ergebnisse

Zunächst gilt es (Bereich 1), die sexuellen Verhaltensweisen einzuordnen (Hacketts Kontinuum, ▶ Abb. 12.1), indem versucht wird, möglichst konkret mit beiden Geschwistern zu klären, welche Handlungen in welcher Intensität über welchen Zeitraum stattgefunden haben. Auch die Machtverhältnisse zwischen den Geschwistern werden hierfür analysiert (u. a. Geschwisterreihenfolge, Alter, Geschlecht, Körpergröße, Entwicklungsstand, Vorliegen einer Behinderung oder Entwicklungsverzögerung). In der Praxis zeigt sich häufig, dass zu Beginn einer Offenlegung nicht sofort der volle Umfang der sexualisierten Gewalt erzählt wird (Klees, 2008; Meysen et al., 2023), das geschieht erst nach einiger Zeit, wenn eine vertrauensvolle Beziehung zu den Fachkräften aufgebaut wurde. Die sexualisierte Gewalt darf nicht als isoliertes Phänomen betrachtet werden, sondern muss in einem breiteren Kontext der Familiendynamik verstanden werden. Daher sind in Bereich 2 die Interaktionen aller Familienmitglieder in den Blick zu nehmen: ihre Rollen, ihre Machtpositionen in verschiedenen Situationen und Kontexten, Beziehungen zwischen den Kindern der Familie, Beziehungen zwischen Elternteilen und Kindern, Beziehungen zwischen den Elternteilen untereinander, die individuelle Wahrnehmung und Bewertung der Beziehungen durch die Kinder selbst und die individuellen Bedürfnisse jedes Kindes (Yates & Allardcye, 2021). Auch der Umgang der Familie mit Sexualität sollte aufgegriffen werden. Gibt es Hinweise auf Misshandlungen oder häusliche Gewalt? Hat die Familie bereits Hilfe erhalten? Zudem muss die Frage geklärt werden, inwiefern Eltern ihre Kinder im Blick haben und auf sie aufpassen können. Im dritten Bereich werden die Wohnverhältnisse betrachtet (King-Hill & Gilsenan, 2023). Wer lebt im Haushalt der Familie? Teilen sich die Geschwister ein Zimmer? Teilen sich Personen ein Bett? Ist die häusliche Umgebung sicher? Im Bereich 4 wird die die Anbindung an Bildungseinrichtungen aufgegriffen. Besuchen beide Geschwister die gleiche Einrichtung? Ist die Schule über die Bedenken informiert? Gibt es Leistungs- oder Verhaltensauffälligkeiten? Im fünften Bereich, Gesundheit und Entwicklung, wird die Bedeutung von Gesundheits- und Entwicklungsproblemen in Bezug auf das Verhalten untersucht. Welche Sorgen und Bedürfnisse sind bei den Familienmitgliedern erkennbar? Gibt es Bedenken hinsichtlich der körperlichen oder mentalen Gesundheit der Kinder? Liegt eine Vorgeschichte von psychischen Erkrankungen oder Drogenmissbrauch in der Familie vor? Haben die Kinder entwicklungsbezogene Meilensteine erreicht? Im Bereich 6 wird der breitere soziale Kontext betrachtet. Dazu gehören soziale Medien ebenso wie die Peergroup und der Sozialraum vor Ort. Hat der junge Mensch ein gutes soziales Netzwerk (Freund:innen, Sportverein etc.)? Wie sieht dieses aus? Gibt es Bedenken hinsichtlich der Internet-/Social-Media-Nutzung? Gab es Kontakt mit Pornographie? Gibt es ein Unterstützungsnetzwerk der Familie? Auch der kulturelle

Kontext muss berücksichtigt werden in Bezug auf die Frage, welche Stärken und Unterstützung er bereithält, aber auch in Bezug auf die Fragen, inwiefern Barrieren für die Offenlegung und die Zusammenarbeit mit Fachkräften bereitgestellt werden (Yates & Allardcye, 2021). Basierend auf den vorherigen Überlegungen werden die erforderlichen Maßnahmen in Bereich 7 zusammengetragen. Hier werden auch Ideen zur Kooperation mit anderen Institutionen konkretisiert (King-Hill & Gilsenan, 2023). Eine wirksame Intervention kann nur durch eine gute multiprofessionelle Zusammenarbeit erfolgen.

12.7 Fazit

Sexualisierte Gewalt durch Geschwister bleibt häufig unentdeckt, weil betroffene Geschwister schweigen, Eltern leugnen und untätig bleiben und auch Fachkräfte mit den Dynamiken überfordert sind und zur Bagatellisierung neigen. Die in vielen Fällen jahrelang andauernde sexualisierte Gewalt führt zu starken Beeinträchtigungen der seelischen und körperlichen Gesundheit der Betroffenen und hat darüber hinaus negative Auswirkungen auf die gesamte Familie und letztlich auch auf die Gesellschaft (u.a. hohe Folgekosten). Um sexualisierte Gewalt durch Geschwister beenden zu können, muss diese zunächst als solche erkannt werden. Diesbezüglich bedarf es einer Sensibilisierung der Öffentlichkeit und im Besonderen der (angehenden) Fachkräfte sozialer Berufe, im Rahmen von Ausbildung, Studium und Fort- und Weiterbildungen.

Das Kontinuum von Hackett (2011) ist ein hilfreiches Instrument, um sexuelle Verhaltensweisen von Geschwistern besser einordnen zu können. Es zeigt auf, dass neben der Unterscheidung zwischen »normalem Sexualverhalten« und »sexualisierter Gewalt«, auch noch weitere Kategorien (unangemessen und problematisch) kindlichen Sexualverhaltens differenziert werden können, die professionelle Reaktionen erfordern. Einen ganzheitlichen Blick auf den gesamtfamiliären Kontext fördert darüber hinaus das »Mapping-Tool« (King-Hill & Gilsenan, 2023), mithilfe dessen das professionelle Denken von Fachkräften und deren Planung der Hilfe strukturiert werden können.

Sexualisierte Gewalt durch Geschwister ist ein Problem für die gesamte Familie, nicht nur für ein einzelnes Kind. Folglich darf sich auch die Intervention nicht nur auf das übergriffige Kind beschränken. Es bedarf dringend familienbezogener Interventionsansätze, die in Deutschland bislang vielerorts fehlen.

Literatur

Bertele, N. & Talmon, A. (2023). Sibling Sexual Abuse: A Review of Empirical Studies in the Field. *Trauma, Violence & Abuse, 24*(2), 420–428.

Bormann, M. (2018). »Jetzt ist aber auch mal gut.« Der Wunsch nach Heilung und Abschluss. In E. Klees & T. Kettritz (Hrsg.), *Sexualisierte Gewalt durch Geschwister* (S. 305–318). Pabst.

Brisch, K. H. (Hrsg.) (2020). *Bindung und Geschwister. Vorbilder, Rivalen, Verbündete.* Klett Cotta.

Bundesamt für Statistik. (2021). *Familien in der Schweiz. Statistischer Bericht 2021.* Verfügbar unter: https://www.bfs.admin.ch/bfs/de/home/statistiken/bevoelkerung/familien.assetdetail.17084546.html [Zugriffsdatum: 26.03.2024].

Hackett, S. (2011). Children and young people with harmful sexual behaviours. In C. Barter & D. Berridge (Hrsg.), *Children behaving badly? Peer violence between children and young people* (S. 121–135). Wiley-Blackwell.

Hackett, S., Darling, A. J., Balfe, M., Masson, H. & Phillips, J. (2022). Life course outcomes and developmental pathways for children and young people with harmful sexual behaviour, *Journal of Sexual Aggression.* https://doi.org/10.1080/13552600.2022.2124323

Hardy, M. S. (2001). Physical aggression and sexual behavior among siblings: A retrospective study. *Journal of family Violence, 16,* 255–268.

King-Hill, S. & Gilsenan, A. (2023). *Sibling Sexual Behaviour Mapping Tool.* Verfügbar unter: https://www.birmingham.ac.uk/schools/social-policy/departments/health-services-management-centre/research/projects/2022/sibling-sexual-behaviour-mapping/index.aspx [Zugriffsdatum: 26.03.2024].

King-Hill, S., McCartan, K., Gilsenan, A., Adams, A. & Beavis, J. (2023). *Understanding and Responding to Sibling Sexual Abuse* (Series: Palgrave Studies in Risk, Crime and Society). Palgrave Macmillan.

Klees, E. (2008). *Geschwisterinzest im Kindes- und Jugendalter. Eine empirische Täterstudie im Kontext internationaler Forschungsergebnisse.* Pabst.

Klees, E. (2018). Innerfamiliäre sexualisierte Gewalt durch Geschwister: das besondere Tabu. In E. Klees & T. Kettritz (Hrsg.), *Sexualisierte Gewalt durch Geschwister. Praxishandbuch für die pädagogische und psychologisch-psychiatrische Arbeit mit sexualisiert übergriffigen Kindern/Jugendlichen* (S. 21–32). Pabst.

Klees, E. (2020). Sexualisierte Gewalt durch Geschwister. Handlungsimpulse für die Praxis. In Bundesarbeitsgemeinschaft der Kinderschutz-Zentren e.V. (Hrsg.), *Sexuelle Gewalt an Kindern in familiären Lebenswelten – Zugänge und Hilfen* (S. 63–98). Eigenverlag.

Klees, E. (2021). Sexualisierte Gewalt durch Geschwister – Kindeswohlgefährdung statt harmloser Doktorspiele. Hilfebedarfe erkennen und mit der gesamten Familie arbeiten. *Das Jugendamt, 5,* 238–242.

Latzman, N., Viljoen, J., Scalora, M. & Ullman, D. (2011). Research on offenders and survivors. Sexual offending in adolescence: A Comparison of Sibling Offenders and Nonsibling Offenders across Domains of Risk and Treatment Need. *Journal of Child Sexual Abuse, 20,* 245–263.

Lewin, T., Spaegele, N., Attrash-Najjar, A, Katz, C. & Talmon, A. (2023). I got played by my best friend in my own home: survivor testimonies of sibling sexual abuse. *Journal of Sexual Aggression.* https://doi.org/10.1080/13552600.2023.2197929

McHale, S. & Crouter, A. (1996). The family contexts of children's sibling relationships. In G. Brody (Hrsg.), *Sibling Relationships: Their Causes and Consequences.* Ablex Publishing.

Meysen, T, Paulus, M., Derr, R. & Kindler, H. (2023). *Fallstudie Sexueller Kindesmissbrauch und die Arbeit der Jugendämter.* Verfügbar unter: https://www.aufarbeitungskommission.de/wp-content/uploads/Fallstudie_Sexueller-Kindesmissbrauch-und-die-Arbeit-der-Jugendaemter_bf.pdf [Zugriffsdatum: 26.03.204].

O'Brien, M. J. (1991). Taking sibling incest seriously. In M. Patton (Hrsg.), *Family sexual abuse. Frontline research and evaluation* (S. 75–92). Sage.

Punch, S. (2008). ›You can do nasty things to your brothers and sisters without a reason‹: Siblings' backstage behaviour. *Children & Society, 22*(5), 333–344.

Pröls-Geiger, C. & Maier, H. (2020). Sexualisierte Gewalt in der Familie – Herausforderungen für die Gestaltung von Kooperationsprozessen. In K. Burmester & Bundesarbeitsgemeinschaft der Kinderschutz-Zentren (Hrsg.), *Sexuelle Gewalt an Kindern in familiären Lebenswelten. Zugänge und Hilfen.* Bundesarbeitsgemeinschaft der Kinderschutz-Zentren e.V.

Queensland Government. (n. d.). *Decide whether the child with harmful sexual behaviours can remain at home.* Verfügbar unter: https://cspm.csyw.qld.gov.au/practice-kits/child-sexual-abuse/working-with-children-who-display-sexually-reactiv/responding/decide-whether-the-child-with-sexually-reactive-be#Safety_indicators [Zugriffsdatum: 26.3.2024].

Sanders, R. (2004). *Sibling Relationships: Theory and Issues for Practice.* Palgrave Macmillan.

Stroebel, S., O'Keefe, S., Beard, K., Kuo, S., Swindell, S. & Stroupe, W. (2013) Brother-sister incest: Data from anonymous computerassisted self interviews. *Journal of Child Sexual Abuse, 22*(3), 255–276.

Tener, D. & Silberstein, M. (2019). Therapeutic interventions with child survivors of sibling sexual abuse: The professionals' perspective. *Child Abuse & Neglect, 89,* 192–202.

Tidefors, I., Arvidsson, H., Ingevaldson, S. & Larsson, M. (2010). Sibling incest: A literature review and a clinical study. *Journal of Sexual Aggression, 16*(3), 347–360.

Watts, B. (2020). *Sibling sexual abuse. A guide for confronting America's silent epidemic.* Independently published.

Welfare, A. (2008). How Qualitative Research Can Inform Clinical Interventions in Families. Recovering From Sibling Sexual Abuse. *Australian and New Zealand Journal of Family Therapy, 29*(3), 139–147.

White, N. & Hughes, C. (2018). *Why Siblings Matter: The Role of Brother and Sister Relationships in Development and Well-being.* Routledge.

Yates, P. (2017). Sibling sexual abuse: Why don't we talk about it? *Journal of Clinical Nursing, 26*(15–16), 2482–2494.

Yates, P. (2018). »Siblings as Better Together«: Social Worker Decision Making in Cases Involving Sibling Sexual Behaviour. *British Journal of Social Work, 176,* 176–194.

Yates, P. & Allardyce, S. (2021). *Sibling sexual abuse: A knowledge and practice overview.* Verfügbar unter: https://www.csacentre.org.uk/app/uploads/2023/09/Sibling-sexual-abuse-report.pdf [Zugriffsdatum: 26.03.2024].

IV Fazit und Ausblick

13 Synergien unterschiedlicher Perspektiven auf Geschwister in Forschung und Praxis

Meike Watzlawik und Holger von der Lippe

Die erste Assoziation bei Geschwistern sind meist zwei Kinder, die dieselben Eltern haben. Hier fallen aus Geschichte, Kultur und Politik verschiedene Beispiele ein: Kain und Abel, Romulus und Remus, die Gebrüder Grimm, Hans und Sophie Scholl, Hänsel und Gretel, Hanni und Nanni, die Brüder Löwenherz, aber auch Anna und Elsa (aus dem Film *Frozen*), die schauspielenden Brüder Hemsworth oder die Klitschkos, ehemalige Boxer und heute u.a. auch politisch engagierte Brüder. Tatsächlich haben viele der hier genannten weitere Geschwister: Seth ist der Bruder von Kain und Abel und bei den Scholls gab es noch Inge und Elisabeth sowie den im Krieg verschollenen Werner und die früh verstorbene Thilde Scholl. Diese stehen gesellschaftlich nur weniger im Fokus.

Auch in der Forschung hat man sich oft auf Dyaden konzentriert, vor allem auf Eltern in traditionellen Zweierbeziehungen sowie ihren Einfluss auf die Kinder, wobei deutlich mehr Personen als zwei für die Entwicklung von Geschwistern bedeutsam sind (z.B. Großeltern, Stiefeltern oder Gleichaltrige). Die Geschwisterbeziehung selbst wurde ebenfalls untersucht, aber es bleibt weiterhin schwierig, deren Komplexität und Verwobenheit mit anderen sozialen Beziehungen darzustellen – gerade heute in einer pluralistischen und sich schnell wandelnden Gesellschaft. Der Appell an die Forschung – und auch Praxis – bleibt also bestehen, sich stärker mit Geschwisterbeziehungen auseinander zu setzen (▶ Kasten 13.1 für exemplarische Forschungslücken). Die Autor:innen in diesem Buch geben dafür konkrete Anregungen und diskutieren, worauf geachtet werden muss.

Kasten 13.1

> **Beispiele für konkret benannte Forschungslücken**
>
> Geschwisterbeziehungen…
>
> - von mehr als zwei Geschwistern (einschl. Drillinge),
> - von Brüdern und geschlechterdiversen Konstellationen,[1]

---

[1] In den letzten zehn Jahren sind immer mehr Studien zu Geschwisterbeziehungen veröffentlicht worden, bei denen auch andere als binäre Geschlechtsidentitäten berücksichtigt werden, z.B. Rachael Exleys Dissertation zum Thema *Transgender Wellbeing and Sibling Relationships: A Systematic Literature Review*. Exley (2021) betont, dass Geschwister von trans*Personen eine zentrale Rolle spielen, wenn es um Themen wie Akzeptanz und Selbstbehauptung geht, und plädiert dafür, die gesamte Familie bei der Planung von psychotherapeutischen Interventionen mit einzubeziehen bzw. mitzudenken.

- in Stieffamilien, vor allem in sekundären Stieffamilien,
- in Stieffamilien nach Stieffamilien (erneute Trennungen),
- in Pflege- und Adoptivfamilien,
- in nicht-traditionellen Familienkonstellationen (z. B. Regenbogenfamilien),
- in Wechselwirkung mit anderen Beziehungen (Eltern, Freund:innen etc.) über die Zeit.

Weitere Forschungsbereiche/-aspekte:

- (Sexualisierte) Gewalterfahrungen in Geschwisterbeziehungen,
- Einbezug von ethnischer, sozialer und kultureller Vielfalt in der Geschwisterforschung,
- Entwicklung von trauernden Geschwistern sowie von nachgeborenen Kindern,
- Evaluation und Weiterentwicklung von Unterstützungsmaßnahmen für Geschwister (z. B. bei Verlust, psychischer Erkrankung, Behinderung).

13.1 Dynamische Systeme in ihrer Komplexität erfassen

Geschwisterbeziehungen unterliegen Veränderungen – kurz-, mittel- und langfristig –, so dass wir es mit einem dynamischen und nicht statischen Gegenstand zu tun haben, der sich entsprechend nur schlecht auf einzelne Faktoren (z. B. Geburtsreihenfolge) reduzieren lässt. Die Veränderungen der Beziehungen über die Zeit reichen von Tagesschwankungen (z. B. durch aktuelle Stimmungsunterschiede) bzw. kurzen Phasen, in denen Geschwister weniger oder mehr miteinander zu tun haben (wollen) (z. B. durch nicht geteilte Hobbys), über Lebensphasen, wenn z. B. weniger Kontakt im mittleren Erwachsenenalter besteht, weil die eigene Partnerschaft, Kinder oder der Beruf viel Aufmerksamkeit fordern, bis hin zu sehr grundsätzlichen Veränderungen der Geschwisterbeziehung durch kritische Lebensereignisse (z. B. Erkrankung eines Geschwisters, Pflegebedürftigkeit oder Tod der Eltern).

Schwankungen in der Beziehungsqualität sind besonders gut im Kindes- und Jugendalter zu beobachten – sie sind darauf aber nicht beschränkt (vgl. Erbschaftsstreitigkeiten im Erwachsenenalter; ▶ Kap. 4). Im jungen Alter werden vor allem alltägliche Konflikte ausgetragen, Allianzen mit einem Geschwister gebildet und mit einem anderen aufgekündigt, oder die Anwesenheit von Dritten verändert die Dynamik zwischen den Kindern. Dies gilt für Kernfamilien, aber auch Stief- oder Pflegefamilien.

M. (6) lebt bei Pflegeeltern. Ihr Bruder L. (10) lebt im Heim. Zu einem weiteren älteren Bruder besteht gar kein Kontakt. M. und L. sehen sich alle zwei bis drei

Wochen, wenn L. von den Pflegeeltern seiner Schwester für das Wochenende abgeholt wird. Laut der Pflegemutter braucht es dann mehrere Stunden, bis sich alles »normalisiert«. Die Geschwister würden erst einmal aufdrehen und seien schwer zu bändigen. Auch würde die Dynamik durch den sporadischen Kontakt mit den getrenntlebenden, leiblichen Eltern beeinflusst, der in der Regel zu Irritationen führe.

Zum einen ist bei diesem Beispiel die gemeinsame Zeit ein wichtiger Faktor, der das geschwisterliche Verhalten und die Beziehung zueinander beeinflusst, zum anderen sind dies aber auch die Systeme, mit denen die Kinder zu tun haben bzw. verknüpft sind: die Stiefeltern, die leiblichen Eltern, die Erzieher:innen im Heim und ggf. die nicht verfügbaren Geschwister (der leibliche Vater lebt mit einer neuen Partnerin und Kind zusammen). Es gilt also, die spezifischen (familiären) Kontexte zu betrachten, was in diesem Buch aus Platzgründen nicht allumfassend geleistet werden konnte. So fehlen beispielsweise Einblicke in die Dynamik von polyamoren oder Regenbogenfamilien. Darüber hinaus sollte der spezifische historisch-gesellschaftliche Rahmen mit einbezogen werden, weil durch ihn die Geschwisterbeziehung ebenfalls stark beeinflusst wird. Hier sei beispielhaft auf die Ein-Kind-Politik in China, Fluchterfahrungen oder die gesellschaftlich geprägten Erwartungen an Töchter oder Söhne bzw. die Erstgeborenen verwiesen. Die Notwendigkeit, den Blick zu erweitern, betonen im Grunde alle Autor:innen dieses Buches, wenn sie wiederholt fordern, Geschwisterbeziehungen zu kontextualisieren, weil sie nur dann verstanden werden können (▶ Abb. 13.1 für eine exemplarische Übersicht und potentielle Wechselwirkungen). Allerdings kann dies sowohl in der Forschung als auch in der Praxis herausfordernd sein – wenn z. B. die Beteiligten nicht gut aufeinander zu sprechen sind.

Neben den genannten Einflussfaktoren – und dies ist nur eine Auswahl – kommt hinzu, dass sich die sozialen Bezüge mit wachsender Autonomie der Kinder automatisch verändern. Da dies nur längsschnittlich untersucht werden kann, überrascht es nicht, dass beispielsweise kurz- bis mittelfristige Geschwisterpositionseffekte im Kindheits- und Jugendalter wenig erforscht sind. Neyer et al. (▶ Kap. 2) stellen diesbezüglich die Hypothese auf, dass die von Adler oder Sulloway postulierten Effekte sich eventuell früh in der Entwicklung manifestieren könnten, aber »im Laufe der weiteren Entwicklung von anderen Einflüssen – etwa durch Gleichaltrige – überlagert und nivelliert werden«.

Auch die Veränderungen im Erwachsenenalter sind gleichermaßen dynamisch und weiterhin nicht ausreichend untersucht. So erwähnt Wempe (▶ Kap. 4) Tomans Annahme, dass die erlebte Geschwisterdynamik die spätere Dynamik in Liebesbeziehung prägen kann. Dies *kann* durchaus sein, wie empirische Befunde zeigen, aber es ist auch hier Vorsicht geboten, da »die Signifikanzen an hohen Fallzahlen nicht auf den Einzelfall herunterzubrechen [sind], Tomans Aussagen sollten also nicht als ›Horoskop‹ für eine konkrete Paarbeziehung genutzt werden (›Schatz, es kann mit uns nichts werden…‹)« (von Schlippe, 2021, S. 387), da die komplexen Rahmenbedingungen der menschlichen Sozialisation nicht auf Lernerfahrungen unter Geschwistern reduziert werden können. Ähnlich argumentieren Neyer et al. (▶ Kap. 2), wenn sie Folgendes festhalten: »Weder die nomothetische Annahme einer kom-

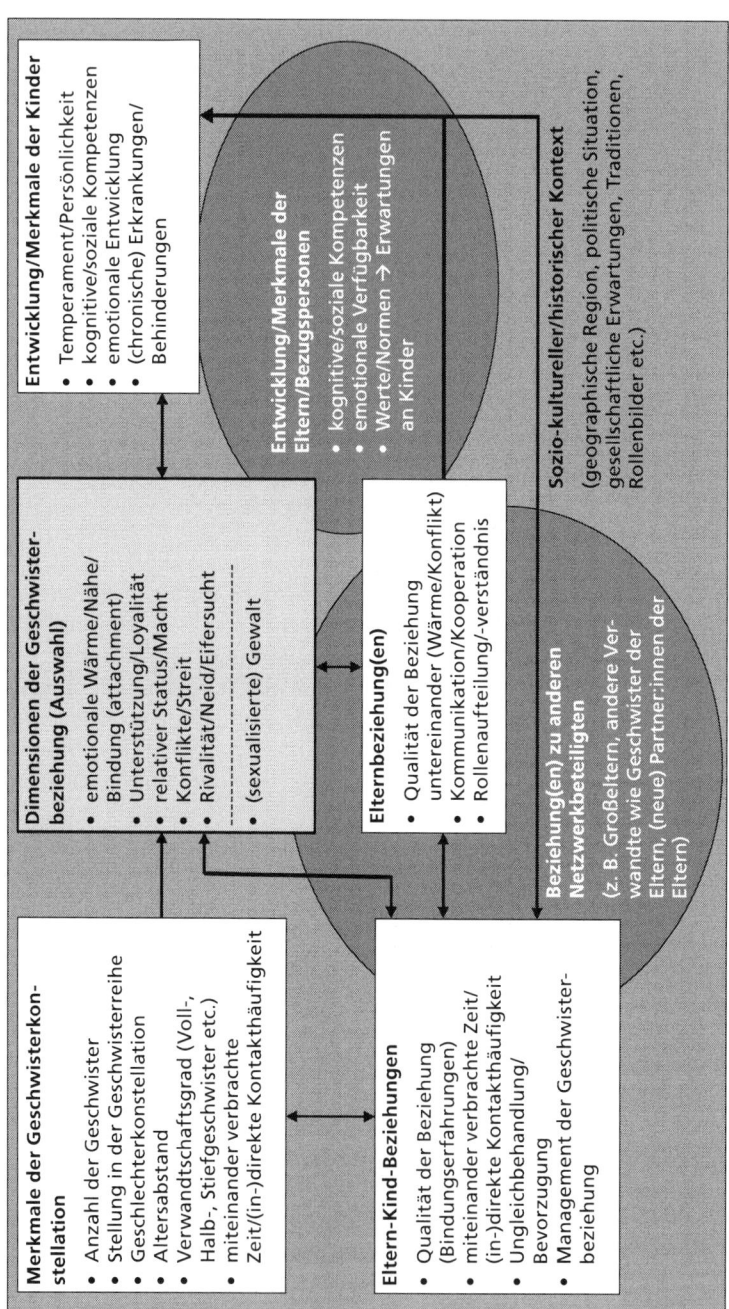

Abb. 13.1: Potentielle Einflüsse auf die Geschwisterbeziehung und mögliche Wechselwirkungen (in Anlehnung an Walper et al., 2009, S. 37, unter Berücksichtigung von Baham et al., 2008)

pensatorischen noch einer problematischen Rolle von Geschwistern kann der Bedeutung der Geschwister im jeweiligen Einzelfall gerecht werden.« Es gilt also zum einen, die Annahmen aus nomothetischer Forschung als Hypothesen zu nutzen, aber im Einzelfall ggf. auch wieder zu verwerfen bzw. zu spezifizieren; zum anderen sollte die Forschung, die notwendigerweise oft Komplexität reduziert, um Phänomene greifbar zu machen, gezielter versuchen, diese abzubilden, wobei die Auswahl der erfassten Einflussgrößen und das methodische Vorgehen gut überlegt werden will.

13.2 Einflussgrößen und nicht-geteilte Umwelten

> Und dann sind natürlich neben der persönlichen Bedeutung der Geschwister unendlich viele andere Einflussgrößen mit Fragen umspielbar, wie etwa die Familienatmosphäre, die Beziehungsqualität der Eltern, die Veränderung der Beziehungen im Kontext von Trennung, Scheidung, Wiederverheiratung der Eltern, die Anwesenheit oder das Fehlen von Großeltern und Verwandten, die Wohnverhältnisse (eigenes Zimmer?), die Region, in der man groß wird, und vieles andere mehr. (von Schlippe, 2021, S. 389)

Das Zitat, das noch einmal die Vielfalt der Einflussgrößen aufzeigt, beginnt mit der »persönlichen Bedeutung der Geschwister«, die diese füreinander haben. Die Beziehung von Kindern aus einem System kann von diesen sehr unterschiedlich bewertet werden. Geschwister sind sich also nicht unbedingt einig in der Beschreibung und auch Bewertung der Beziehungsqualität, Rollen und Behandlung durch andere, was in der Forschung und ggf. auch Praxis berücksichtigt werden muss. Wenn Geschwister beispielsweise gefragt werden, was sie aneinander mögen oder nicht mögen, wie wir es in einem eigenen Projekt getan haben (vgl. Watzlawik, 2008), können die Antworten sehr unterschiedlich ausfallen.

> Bruder 1: Meistens fängt mein Bruder Streit an und das find ich nicht so gut und dass er, und dass er eigentlich in der Nacht nicht schnarcht, weil ich steh meistens immer auf, wenn es in der Nacht schnarcht, dann ist es aber meistens meine Schwester und eigentlich ist er ganz in Ordnung, ja dass er fast nur Playstation spielt.

> Bruder 2: Dass er immer mit mir spielt und dass er immer freundlich ist.

Ein extremeres Beispiel als das oben erwähnte, findet sich bei Dunn und Plomin (1996), wenn Nancy (10) auf dieselbe Frage (Was magst du, was magst du nicht an deinem Geschwister?) in Bezug auf ihren sechsjährigen Bruder Carl Folgendes antwortet:

> Er ist nett zu mir. Und abends kommt er in mein Bett, von Mami. Ich glaube, ich wäre sehr allein ohne Carl. Ich spiele viel mit ihm und er denkt sich immer neue Sachen aus und es ist richtig aufregend. Nach der Schule holt er mich am Ausgang ab, dass finde ich sehr nett… Er ist sehr lieb… Ich weiß nicht, was ich ohne meinen Bruder machen würde.

Carl sagt hingegen:

> Sie ist ziemlich eklig, und wir reden nicht viel miteinander. Eigentlich weiß ich nicht viel über sie. (Interviewer: Was magst du besonders an ihr?) Nichts. Manchmal, wenn ich etwas falsch mache, schimpft sie mich richtig böse aus. (S. 111)

Zum einen sind in diesem Beispiel die Bewertungen höchst unterschiedlich, zum anderen sind aber auch die Kriterien, die die Kinder zur Beschreibung ihrer Beziehung heranziehen, sehr verschieden. Wenn Forschende also Dimensionen vorgeben, um die Geschwisterbeziehung zu erfassen, könnte es sein, dass die für die Forschung relevanten Aspekte nicht diejenigen abdecken, die für die Kinder am bedeutsamsten sind (z. B. nächtliche Ruhestörung bzw. mangelnde Rückzugsmöglichkeiten). Es bietet sich also an, die eigenen Vorannahmen immer wieder zu hinterfragen und qualitativ-induktiv zu überprüfen, was für bestimmte Geschwistersysteme – neben den bekannten – die subjektiven Stellschrauben für Beziehungen sind.

Auch spezifische Ereignisse, »wie die Trennung der Eltern, Erkrankungen, der Tod eines Familienmitglieds oder weniger dramatische Erlebnisse wie der gemeinsame Familienurlaub oder der geteilte Musikunterricht [können] ganz unterschiedliche Einflüsse auf Geschwister haben, je nachdem wie sie von ihnen verarbeitet werden« (Neyer et al., ▶ Kap. 2). Dementsprechend machen Geschwister – von außen betrachtet – die gleichen Erfahrungen (geteilte Umweltbedingungen), aus der Innenperspektive sind diese aber alles andere als gleich (nicht geteilte Erfahrungen). Letztere sind für die Entwicklung wahrscheinlich bedeutsamer, was aber genauer untersucht werden muss.

13.3 Warum ist das alles relevant?

Insgesamt sind viele Aspekte von Geschwisterbeziehungen noch nicht ausreichend untersucht, auch wenn, wie aufgezeigt, vor allem die Zweierkonstellation immer wieder in den Fokus gerückt wird. Warum ist aber eine genauere Betrachtung der Geschwisterbeziehung in ihrer Vielfalt überhaupt relevant? Woran sich auch die Frage anschließt, warum dieses Buch geschrieben wurde. Die Gründe werden in den einzelnen Kapiteln immer wieder deutlich: Es geht nicht nur darum, Forschungslücken zu füllen. Durch das Vorantreiben der Geschwisterforschung werden Ableitungen für präventive Maßnahmen (z. B. bei Entwicklungskrisen, psychischen Erkrankungen, Fremdplatzierungen) und für Interventionen (z. B. bei Verlust eines Geschwisters bzw. Gewalterfahrungen in der Geschwisterbeziehung) wie Beratung und Therapie möglich, vor allem für die Familien selbst, aber auch darüber hinaus. Aber auch individuelle Beratungs- oder Therapieanliegen können aus der Perspektive der Geschwisterdynamik besser verstanden werden, wenn sich z. B. herausstellt, dass die bereits in der Kindheit etablierten Rollenmuster noch in späteren Beziehungen außerhalb der Familie das eigene Erleben und Verhalten beeinflussen. Zwar trifft es nicht auf alle Geschwisterbeziehungen zu, dass sie die »am längsten währende[n], unaufkündbare[n] und annähernd egalitäre[n] menschliche[n] Beziehung[en sind], die auf einer gemeinsamen Vergangenheit« beruhen (Seiffge-Krenke, 2004, S. 226), aber dennoch bieten sie, wenn es gut läuft, in vielerlei Hinsicht ein wichtiges Lernumfeld für viele Menschen.

Geschwister können sich bei Entwicklungsaufgaben bzw. kritischen Lebensereignissen unterstützen und sie sehen sich über die Lebensspanne hinweg häufig damit konfrontiert, die eigene Beziehung neu auszuhandeln. So gilt es oft immer wieder aufs Neue, sich aufeinander einzulassen und voneinander abzugrenzen, was ein ambivalentes Unterfangen ist und dementsprechend herausfordernd sein kann, vor allem wenn am Ende eine Einigung gefunden werden soll, die für alle Beteiligten akzeptabel ist. Es werden also Fähig- und Fertigkeiten trainiert – ggf. mit inner- und außerfamiliärer Unterstützung –, die in allen gut funktionierenden intimen Beziehungen gefragt sind. Und so fördert man letztendlich das, was den Menschen sowohl zufrieden als auch gesund alt werden lässt. Robert Waldinger, Leiter der *Harvard Study of Adult Development*, bringt dies in einem Interview sehr treffend auf den Punkt (Mineo, 2017, o. S.):

> When we gathered together everything we knew about them [the research participants] about at age 50, it wasn't their middle-age cholesterol levels that predicted how they were going to grow old […]. It was how satisfied they were in their relationships. The people who were the most satisfied in their relationships at age 50 were the healthiest at age 80. […] And those good relationships, they don't have to be smooth all the time […] as long as [the participants] felt that they could really count on the other when the going got tough […].

Literatur

Baham, M. E., Weimer, A. A., Braver, S. L. & Fabricius, W. V. (2008). Sibling relationships in blended families. In J. Pryor (Hrsg.), *The International Handbook of Stepfamilies: Policy and Practice in Legal, Research, and Clinical Environments* (S. 175–207). John Wiley & Sons, Inc.
Dunn, J. & Plomin, R. (1996). *Warum Geschwister so verschieden sind.* Klett-Cotta.
Mineo, L. (2017, April). *Health: Good genes are nice, but joy is better. Harvard study, almost 80 years old, has proved that embracing community helps us live longer, and be happier.* The Harvard Gazette. https://news.harvard.edu/gazette/story/2017/04/over-nearly-80-years-harvard-study-has-been-showing-how-to-live-a-healthy-and-happy-life/
Seiffge-Krenke, I. (2004). *Psychotherapie und Entwicklungspsychologie.* Springer.
von Schlippe, A. (2021). Geschwister: Zwischen Nähe und Distanz, zwischen Intimität und Feindseligkeit. *Kontext, 52*(4), 382–394.
Walper, S., Thönnissen, C., Wendt, E.-M., Bergau, B. (2009). *Geschwisterbeziehungen in riskanten Familienkonstellationen. Ergebnisse aus entwicklungs- und familienpsychologischen Studien.* Sozialpädagogisches Institut des SOS Kinderdorf e.V.
Watzlawik, M. (2008). *Sind Zwillinge wirklich anders? Geschwister in der Pubertät.* Tectum.

V Verzeichnisse

Zu den Autor:innen

Elisabeth Borschel: Dr., Psychologin. Seit 2012 wissenschaftliche Mitarbeiterin am Lehrstuhl für Persönlichkeitspsychologie und Psychologische Diagnostik der Friedrich-Schiller-Universität Jena. Dort promovierte sie 2016. Ihre Forschungsschwerpunkte liegen im Bereich Identitätsentwicklung, soziale Beziehungen und residentielle Mobilität. Außerdem befindet sie sich in der fortgeschrittenen Ausbildung zur Psychologischen Psychotherapeutin, Fachrichtung Tiefenpsychologie.

Ina Bovenschen: Dr. phil., Diplom-Psychologin. Weiterbildung in systemischer Beratung. Seit 2015 wissenschaftliche Referentin am Deutschen Jugendinstitut e. V., von 2002 bis 2023 wissenschaftliche Mitarbeiterin am Lehrstuhl für Entwicklungs- und Pädagogische Psychologie an der FAU Erlangen-Nürnberg. Psychologische Sachverständige im Bereich der Familienrechtspsychologie. Forschungsschwerpunkte in den Themenfeldern Bindungsentwicklung von Kindern und Kinder in Pflege- und Adoptivfamilien.

Paul Bränzel: Dipl.-Sozialarbeiter/Sozialpädagoge mit sozialwissenschaftlichem Masterabschluss (M. S. W.). Mit Unterbrechungen seit 2015 wissenschaftlicher Referent am Deutschen Jugendinstitut e. V. mit dem Schwerpunkt Adoption, umfangreiche Expertise im Bereich der deutschen Pflegekinderhilfe.

Christine Entleitner-Phleps: Dr. phil., wissenschaftliche Mitarbeiterin am Deutschen Jugendinstitut e. V. in der Abteilung Kinder und Kinderbetreuung, zuvor in der Institutsleitung als persönliche Referentin von Prof. Dr. Sabine Walper. Sie forscht zu kindlichem Aufwachsen in der Familie mit besonderem Blick auf Trennungs- und Scheidungsfamilien.

Melanie Jagla-Franke: Prof. Dr., M. Sc., Dipl. Reha.-Psych. (FH), Fachkraft für Geschwisterkinder, studierte Rehabilitationspsychologie an der Hochschule Magdeburg-Stendal und promovierte zum Thema Geschwisterkinder an der Europa-Universität Flensburg. Seit 2022 Professorin an der Hochschule Neubrandenburg für das Fach Gesundheitswissenschaften: Psychologie und Beratung.

Leonore Julius: Informatikerin, seit mehr als 25 Jahren verschiedene Vorstandsfunktionen in der Angehörigenselbsthilfe auf Landes- und Bundesebene, sechs Jahre Geschäftsführerin des Bundesverbands der Angehörigen psychisch erkrankter Menschen (BApK), Mitglied im Vorstand von GeschwisterNetzwerk.de und AngehörigenNetzwerke.de, Themenschwerpunkte u. a. forensische Psychiatrie, Kinder und

Geschwister psychisch erkrankter Menschen, psychische Erkrankungen in der Arbeitswelt.

Selina Kappler: Pädagogin (M. A.) und Kinder- und Jugendlichenpsychotherapeutin (VT). Seit 2016 wissenschaftliche Referentin am Deutschen Jugendinstitut e.V. mit dem Themenschwerpunkt Adoption.

Esther Klees: Diplom-Sozialpädagogin und Professorin für Soziale Arbeit an der IU Internationale Hochschule. Sie promovierte 2008 an der Universität Bielefeld zum Thema »Sexualisierte Gewalt durch Geschwister« und forscht, lehrt und publiziert seitdem zu diesem Themenschwerpunkt. Sie war u. a. als Geschäftsführerin der Deutschen Gesellschaft für Prävention und Intervention (DGfPI) e. V. tätig und ist Gründungsmitglied der Bundesarbeitsgemeinschaft »Arbeit mit Kindern, Jugendlichen und jungen Erwachsenen mit sexualisiert grenzverletzendem Verhalten«.

Bettina Lamm: Dr., Dipl.-Psych., Geschäftsführerin des Niedersächsischen Instituts für frühkindliche Bildung und Entwicklung mit Arbeitsschwerpunkt frühkindliche Entwicklung und Sozialisationsstrategien im kulturellen Kontext. Sie war viele Jahre im Forschungsbereich Entwicklung und Kultur an der Universität Osnabrück tätig. Arbeitsschwerpunkte: Familiäre und institutionelle Erziehungsstrategien im Kulturvergleich, Kultursensitive Entwicklungspsychologie.

Gerd Lehmkuhl: Univ.-Prof. em. Dr. med., Dipl.-Psych., Arzt für Psychiatrie und Neurologie, Kinder- und Jugendpsychiatrie, Psychotherapeutische Medizin, Psychotherapie/Psychoanalyse. Von Oktober 1988 bis Februar 2015 Direktor der Klinik und Poliklinik für Psychiatrie, Psychosomatik und Psychotherapie des Kindes- und Jugendalters der Universität zu Köln. Dozent und Lehranalytiker (DGIP, DGPT, DAGG), von 1990 bis 2014 verantwortlicher Redakteur der *Zeitschrift für Individualpsychologie*. Langjähriger Mitherausgeber der *Zeitschrift für Kinder- und Jugendpsychiatrie und Psychotherapie* sowie der *Leitfäden für Kinder- und Jugendlichenpsychotherapie*.

Ulrike Lehmkuhl: Univ.-Prof. em. Dr. med., Dipl.-Psych., Ärztin für Psychiatrie und Neurologie, Kinder- und Jugendpsychiatrie, Psychotherapeutische Medizin, Psychotherapie/Psychoanalyse. Von Oktober 1991 bis März 2015 Direktorin der Klinik und Poliklinik für Psychiatrie, Psychosomatik und Psychotherapie des Kindes- und Jugendalters, Universitätsmedizin-Berlin, Campus Virchow-Klinikum. 1987 bis 2005 Vorsitzende der Deutschen Gesellschaft für Individualpsychologie; Lehranalytikerin DGIP/DGPT, DAGG, Dozentin am Alfred-Adler-Institut Berlin. Langjährige Mitherausgeberin der Beiträge für *Individualpsychologie* sowie der *Praxis der Kinderpsychologie und Kinderpsychiatrie*.

Judith Lehnart: Professorin für Psychologie mit den Schwerpunkten Persönlichkeitspsychologie und Beratung an der Katholischen Hochschule Mainz. Sie promovierte 2010 an der Friedrich-Schiller- Universität Jena zu Persönlichkeit und sozialen Beziehungen im frühen Erwachsenenalter. Seit 2017 ist sie auch als Psychologische Psychotherapeutin tätig. Ihre Arbeitsschwerpunkte liegen in den Bereichen Persönlichkeit und Soziale Beziehungen, Klinische Psychologie/Psychodiabetologie, Interventionen Sozialer Arbeit und (integrative) Beratung.

Franz J. Neyer: Professor für Persönlichkeitspsychologie und Psychologische Diagnostik an der Friedrich-Schiller-Universität Jena. Zuvor hatte er Professuren an den Universitäten Vechta und Potsdam inne. Er promovierte 1994 an der Ludwig-Maximilians-Universität München und habilitierte sich 2002 an der Humboldt-Universität zu Berlin. Seine Forschungsschwerpunkte liegen im Bereich Persönlichkeit und soziale Beziehungen. Er ist beteiligt am von der Deutschen Forschungsgemeinschaft geförderten Deutschen Familien- und Beziehungspanel *pairfam*.

Reinhard Peukert: Professor Emeritus für Sozialpsychiatrie und Sozialmanagement an der Hochschule Wiesbaden, u. a. Einführung des Masterstudienganges Gemeindepsychiatrie (in Kooperation mit der Hochschule Fulda). Langjähriges Mitglied des geschäftsführenden Vorstands der Aktion Psychisch Kranke, Bonn, und langjähriger Vorsitzender des Landesverbandes Hessen der Angehörigen psychisch erkrankter Menschen. Gründungsmitglied von GeschwisterNetzwerk.de und der AngehörigenNetzwerke.de, dort Vorstandsmitglied.

Birgit Wagner: Prof. Dr., seit 2014 Professorin für Klinische Psychologie und Verhaltenstherapie an der Medical School Berlin und psychologische Psychotherapeutin. Sie ist im wissenschaftlichen Beirat des Bundesverbandes verwaiste Eltern und trauernde Geschwister Deutschland e. V. Ihr Forschungs- und Praxisschwerpunkt sind die komplizierte Trauer und Traumafolgestörungen.

Sabine Walper: Prof. Dr., seit 2001 Professorin für Allgemeine Pädagogik und Bildungsforschung mit dem Schwerpunkt Jugend- und Familienforschung an der Ludwig-Maximilians-Universität München, von 2012 bis September 2021 Forschungsdirektorin und seit Oktober 2021 Direktorin und Vorstandsvorsitzende des Deutschen Jugendinstituts e. V. München. Sie ist u. a. Präsidentin der Deutschen Liga für das Kind, Mitglied des Wissenschaftlichen Beirats für Familienfragen am BMFSFJ und der Kinderrechtekommission des DFGT, Mitglied im Beirat des Unabhängigen Beauftragten für Fragen des sexuellen Kindesmissbrauchs und Mitinitiatorin des von der Deutschen Forschungsgemeinschaft geförderten Deutschen Beziehungs- und Familienpanels *pairfam*.

Christiane Wempe: Dr., Dipl.-Psych., ist promovierte (Freie Universität Berlin) und habilitierte (Universität Mannheim) Diplom-Psychologin sowie approbierte Psychotherapeutin für Kinder, Jugendliche und Erwachsene (Verhaltens- und Gesprächstherapie) in eigener Praxis. Sie hatte Lehrstuhlvertretungen an den Universitäten Siegen und Kassel sowie an der PH Karlsruhe inne und ist aktuell sowohl Dozentin als auch Supervisorin am IFKV Bad Dürkheim. Publiziert hat sie vor allem in den Bereichen Klinische, Entwicklungs- und Familienpsychologie.

Susanne Witte: Dr. phil., Dipl.-Psych., wissenschaftliche Referentin am Deutschen Jugendinstitut e. V. in der Abteilung Familie und Familienpolitik, Fachgruppe Familienhilfe und Kinderschutz. Ihr Forschungsschwerpunkt ist Kinderschutzforschung, insbesondere im internationalen Vergleich. Ihre Doktorarbeit schrieb sie über Geschwisterbeziehungen in Familien, in denen es zu Misshandlung, Missbrauch oder Vernachlässigung kam.

Stichwortverzeichnis

A

Abwehrmechanismen 34, 37, 39
Adoleszenz 20, 37, 39, 84, 93, 150
Als-ob-Modus 40
Altersstereotype 24
alterstypische Entwicklungsthemen 20
alterstypische Veränderungen 19
Ambivalenz 9, 11, 21, 34, 43, 50, 95, 132, 140, 142, 145, 152, 171, 177
Anamnese 42, 51
Angststörung 117, 137, 153, 154, 176
Anpassungsleistungen 14, 28, 39, 145, 149–151
asymmetrisch 21, 92, 151, 158, 159, 161
Autismus-Spektrum 152
Autonomie 47, 60, 61, 64, 80, 133

B

Beobachtungslernen 22
Beziehungsgeschehen 36, 37, 39
Beziehungsgestaltung 10, 19, 60, 68, 81, 82, 90, 95, 96
Beziehungsnarrative 19
Beziehungsnetzwerk 19, 21, 28, 29, 59, 67, 85, 126, 179
Beziehungsqualität 53, 63, 64, 94, 106
Big Five 24, 26
Bindungsbeziehung 20, 67
Bindungsperson 51, 85
Bindungstheorie 20, 21, 33, 64

C

Coping-Strategien 14, 135, 143, 167, 176
Crossover-Effekte 22

D

Defizitorientierung 14, 150
Depression 51, 52, 105, 117, 123, 125, 134, 137, 141, 151, 153, 154, 168, 171, 176
Desiderat 25, 172
differenzielle Persönlichkeitsentwicklung 23
Dissoziation 171, 173, 176
divergentes Denken 25
Dominanzhierarchie 20, 23, 43, 51, 67, 120
dysfunktional 125, 172, 176, 178

E

Einflussfaktor 23, 28, 39, 48, 65, 119
elterliche Primärobjekte 32, 35, 38, 39
emotionale Entwicklung 38, 40, 166
emotionale Nähe 51, 69, 84, 85, 98, 105, 125, 155
Emotionsregulation 32, 41
Empathiefähigkeit 20, 152, 155, 156
Entthronung 20, 26, 36, 40, 50
Entwicklungsaufgaben 14, 19, 32, 39, 48, 49, 53, 149, 161
entwicklungspsychologisch 13, 20, 38, 39, 42, 47
Entwicklungsstörung 135, 152–154, 158, 159
entwicklungstypisch 150, 151, 156, 161, 167, 168, 171
Entwicklungsverzögerung 156, 179
epidemiologisch 121, 137
Epigenetik 77, 137, 138
Essstörungen 134, 176
evolutionspsychologisch 22–24
Exploration 82, 84, 93
externalisierend 105, 154
Externalisierungsprobleme 28
Extraversion 24

F

Familienbindung 19, 44, 67, 69, 89, 93, 121, 122
Familiendynamik 21, 22, 26, 46, 69, 106, 120, 122, 149, 172, 178, 179
Familienkomplex 34, 35
Familienkonstellation 27, 33, 35, 36, 110
familienpsychologisch 46, 56
Familienrollen 9, 32, 49, 52, 92, 131, 141, 142, 179
Familiensystem 23, 24, 96, 125
familientherapeutisch 46, 47, 51, 53, 55–57, 190
Fixierung 35, 43
Flashback 120, 171, 173, 176
Fürsorgebedürfnisse 22, 66, 109, 111

G

Geburtsposition 12, 23, 36, 47, 48, 56, 111
Geduld 25
Gegenübertragungsgeschehen 32, 43
gemischtgeschlechtliche Geschwister 20, 62
Generationsgrenze 39
Geschlechterkonstellation 23, 26, 48
Geschlechterrollen 84
Geschlechtsstereotype 24, 26
Geschwisterdyade 27, 64, 92, 98
Geschwisterdynamik 37, 42, 44, 47, 51, 57, 104, 126, 190
Geschwisterkomplex 37
Geschwisterkonflikt 33
Geschwisterkonstellation 13, 32, 33, 55, 90, 94, 98, 103, 152, 156
Geschwisterliebe 19, 43, 60
Geschwisterpaar 33, 55, 85
Geschwisterposition 23, 25–27, 32, 36, 38, 39, 43
Geschwisterpositionseffekte 23–26, 187
Geschwisterreihenfolge 13, 35, 36, 38, 41, 42, 85, 95, 111, 179
Geschwisterrivalität 19, 22, 26, 35, 65, 69, 96, 106, 166
Geschwisterrollen 10, 14, 59, 149, 151, 178
Geschwistersolidarität 65, 69, 153
Geschwistertrauer 14, 49, 55, 115, 121
Geschwisterverlust 12, 48, 51, 55, 107, 115–118, 120, 121, 123, 124, 126, 132
gesellschaftliche Stereotype 23, 26
Gewissenhaftigkeit 25
globalsüdlich-kollektivistisch 13

H

Herkunftsfamilie 23, 29, 33, 44, 55, 102–104, 106, 107, 109, 111, 142
horizontale Beziehungsebene 32, 33, 37, 38, 42–44

I

Ich-Entwicklung 36, 37
Ich-Psychologie 32
Idealisierung 56, 122, 150, 174
Identitätsentwicklung 29, 32, 37, 39, 41, 44, 84, 108, 115, 122, 123
Impulsivität 25, 43, 69, 116
Individualpsychologie 36
Individuation 39, 169
individuelle Identität 84
individuelle Persönlichkeitsentwicklung 23, 29, 33
individuelle Persönlichkeitsveränderung 28
infantile Neurosen 37
Inobhutnahme 23
Intelligenzquotient 25
Intelligenztest 25
Intelligenzvorteil 23, 25
Interaktionserfahrung 12, 39
Interaktionsquantität 20
interdependent 66, 67
internalisierend 105, 154
Internalisierungsprobleme 28
interpersonell 40, 166
interpsychische Objektwelt 37
Intersubjektivität 37
intrapsychische Struktur 33, 37, 41, 42

K

kognitive Entwicklung 38, 84, 116, 123, 166
Kompensationseffekte 22, 29
Konflikt und Rivalität 155, 156, 158
Kontrasteffekt 23
Kontrollüberzeugung 25
kulturpsychologische Geschwisterforschung 59
kulturspezifisch 63, 64, 68
kulturvergleichende Geschwisterforschung 13, 59, 63, 68, 69

L

Latenzphase 38
laterale Beziehungsebene 37
Lebensspanne 10, 14, 19, 20, 29, 32
Lebensstil 36
Lebenszufriedenheit 25, 51, 109
libidinös 39, 42, 43
Liebesobjekt 35, 37
Lindauer Psychotherapiewochen 10
Loyalitätskonflikt 96, 153, 174

M

Machtposition 24, 36, 43, 48, 50, 96, 167, 170–172, 179
Mehrlinge 13, 77–79, 81–85
Mehrlingsbeziehung 20, 85
Mentalisierungsfähigkeit 32, 40, 60
Metaanalyse 22, 25, 28, 94, 161
Metapsychologie 35, 38
monokulturell 63, 69

N

narzisstisch 26, 37
neurotische Disposition 35
Neurotizismus 24
nomothetisch 23
normativ 60, 149

O

Objektbegehren 37
Objektbeziehungstheorie 32, 38, 41, 44
Objektbildung 37
objektiver Beziehungsstatus 21
Objektkonstanz 40
ödipal 32, 35, 38, 39, 43
Ödipus-Komplex 35
offene Systeme 10, 69
Offenheit für Erfahrung 23, 24

P

Paarbeziehung 22, 60, 92
Paaridentität 84
Parentifizierung 39, 106
pathogen 36, 50
Peerbeziehung 19, 28, 29, 46, 123, 126, 144, 153, 155, 179
persönliche Umwelt 21, 28, 94, 98, 152
Persönlichkeit 20, 21, 23–28, 36, 54, 131, 173
Persönlichkeitseigenschaften 24–27
Persönlichkeitsentwicklung 26–29, 32, 37, 39, 133, 135, 142, 167
Persönlichkeitsfacetten 25
persönlichkeitspsychologisch 13, 19, 23, 24
Persönlichkeitsraum 24
Persönlichkeitsunterschiede 19, 23, 27, 28
politische Orientierung 24, 25
posttraumatische Belastungsstörung 117, 119, 120, 154, 171, 176
Prävalenz 117, 121, 124, 138, 172
primäres Sexualziel 35
Propinquität 29
prosoziale Einstellungen 20, 150
prosoziale Verhaltensweisen 20, 65, 66
psychische Gesundheit 14, 33, 39, 51, 104, 105, 115, 118, 124, 137, 149, 155
Psychodynamik 38, 42, 44
psychodynamisch 33, 38
Psychoedukation 125, 144
psychometrisch 155, 156
Psychopathologie 44
Psychose 134
psychosexuell 37, 171
psychosozial 39, 41, 105, 121, 125, 126, 160, 166, 171, 175

R

Regression 38, 41
Reminiszenz 48
Resilienz 51, 79, 123, 133, 151, 160
Ressourcen 22, 34, 48, 53, 56, 67, 69, 79, 97, 101, 106, 150, 155, 160, 175
Reziprozität 25
Risikobereitschaft 23, 25
Rollenerwartung 12

S

Schichtzugehörigkeit 24, 60, 61, 64–67, 69
Schizophrenie 131, 136, 138, 140
Schlafstörung 116, 118
Selbstbestimmung 60, 81
Selbstbewusstsein 64, 67, 84, 124, 133
Selbstbild 41
Selbstkonzept 64, 155
Selbstverwirklichung 60, 67
Selbstwert 81, 160, 176
sexualisierte Gewalt 14, 55, 166, 167, 170–177, 179, 180
Sexualverhalten 167, 168, 171, 178, 180
soziale Beziehungen 19, 32, 59
soziale Differenzierungstheorie 26, 27

201

soziale Geschwister 101, 103, 109, 111
soziale Kompetenzen 47, 49, 53, 133
soziale Lerntheorie 26
soziale Rollen 60, 67
Sozialisation 27, 39, 46, 64, 66, 69
soziokulturelle Normen 22, 24, 61, 65
sozioökonomisch 21, 24, 27
Spaltung 37, 46
Spiegelung 40
Spillover-Effekte 22
Status/Macht 155, 156
Stellvertretungsrolle 122
Stieffamilie 14, 89–95, 97, 98
Stigma 139
Stigmatisierung 26, 119, 135, 139, 141, 144, 153
Stressbewältigungskompetenz 160
Stressoren 22, 175
Strukturmodell 35, 38
Subjektwerdung 37, 38
Suizid 117–120, 134, 140, 141, 176
symbiotisch 40, 41, 43
systemisch 13, 22, 46, 47, 52, 56, 143, 177

T

therapeutisches Einzelsetting 10
Todeswunsch 41, 140
transgenerational 56, 119, 123, 137, 175
Trauerstörung 117, 121, 124
Trauerverarbeitung 118, 121, 125
Trauma 134, 137, 145, 166, 173, 175

U

Übertragungsgeschehen 32, 33, 37, 43, 44
Umweltbedingungen 27, 28, 35, 77, 81, 118
unumkehrbare Zeit 10

V

Verarbeitungsstrategie 132, 154
Vererbungsangst 136, 138
Verhaltensauffälligkeiten 111, 134, 153, 156, 161, 176, 179
verhaltensgenetisch 27
Vermeidungsverhalten 65, 120, 138, 143, 154
vertikale Beziehungsebene 32, 35, 37, 38, 42, 44
Verträglichkeit 24
Vertrauen zu anderen 25, 98, 140, 141, 176, 179
virtuelle Zwillinge 12
Vorbildfunktion 20, 39, 109, 121
Vulnerabilität 119, 136, 150, 153, 154

W

Wahrnehmungsentwicklung 40, 152
Wärme/Nähe 155, 156, 158
Wechselmodell 89, 91
westlich-individualisiert 12, 60